Kirstin Rinne

Trainingslust statt Reiterfrust

Kirstin Rinne

Trainingslust statt Reiterfrust

Müller Rüschlikon

Impressum

Einbandgestaltung: tebitron, Gerlingen

Titelbild: Christiane Slawik

Bildnachweis:
Archiv Kirstin Rinne: Seiten 25, 30, 33, 38, 41, 46, 48, 53, 59, 60, 61, 67, 69, 72, 80, 85, 88, 89, 90, 93, 98, 99, 100, 101, 103, 107, 111, 112, 114, 115, 116, 119, 121 oben, 122, 125, 126, 127, 132, 138, 141, 143, 145, 146, 147, 151, 154, 155 – Comics: Susanne Malessa: Seiten 13, 51, 57, 71, 113, 152, 153, 158

Archiv CAVALLO: Seite 139

Kerstin Diacont: Seiten 8, 9, 10, 26, 27, 28, 29, 35, 39, 42, 44, 47, 50, 55, 64, 65, 68, 78, 79, 81, 82, 83, 86, 102, 108, 109, 117, 118, 120, 121 unten, 123, 128, 129, 130, 131, 144, 148,
Archiv Diacont: Jürgen Wahrhusen: Seite 97 – Claudia Seeland: Seite 106 – Annette Gaul: Seite 137

ISBN 978-3-275-01617-4

Postfach 103743, 70032 Stuttgart
Ein Unternehmen der Paul Pietsch Verlage Gmbh+Co
Lizenznehmer der Bucheli Verlags AG, Baarerstr. 43, CH-6304 Zug

1. Auflage 2007

Sie finden uns im Internet unter www.mueller-rueschlikon-verlag.de

Lektorat: Claudia König
Innengestaltung: Kerstin Diacont
Druck: Druck- und Medienzentrum Gerlingen GmbH, 70839 Gerlingen
Bindung: K. Dieringer, 70839 Gerlingen
Printed in Germany

Danksagung

Danke

Dass dieses Buch überhaupt entstehen konnte, verdanke ich vielen Menschen, die mich auf meinem reiterlichen Weg begleitet haben und zum größten Teil noch immer Einfluss auf mein Reiterleben nehmen.

Allen voran steht mein Lebenspartner Karsten Reinke, der sich von dem Pferdevirus »anstecken« ließ, der immer zur Stelle ist, wenn ich ihn brauche und der wesentlich als Berater und Fotograf zur Entstehung dieses Buches beigetragen hat.

Er achtet darauf, dass ich mir nicht allzu viel Stress auflade und unterstützt mich, wann immer es nötig ist.

Gleich darauf folgt meine gute und langjährige Freundin und Mit-Pferdebesitzerin Steffi Klingenburg. Ohne Steffis Unterstützung und Mithilfe wäre unsere Stute Moonlight in den letzten Monaten wohl zum Waisenpony oder dieses Buch niemals fertig geworden.

In diesem Zusammenhang auch noch ein dickes Danke schön an alle Freunde, die Verständnis dafür aufbrachten, wenn ich mich in letzter Zeit ein wenig rar machen musste. Leute, es kommen wieder bessere Zeiten!

Ganz besonders möchte ich mich außerdem bei Familie Fockenberg bedanken, die den Hof führt, auf dem wir mit unserem Pony zu Hause sind.

Insbesondere Maria und Heinz Fockenberg haben immer ein offenes Ohr für die großen und kleinen Sorgen ihrer Einsteller und unternehmen alles, damit wir uns mit unseren Pferden dort wohl fühlen können.

Ein weiterer Dank richtet sich natürlich auch an die Stallgemeinschaft Fockenberg.

Viele meiner Stallkollegen und Kolleginnen haben sich an diesem Buchprojekt beteiligt, haben mir Fotos zugesendet und mir weitere Ideen geliefert. Danke, Ihr seid klasse!

Einen besonderen Dank verdient an dieser Stelle auch Frank Klingenburg. Obwohl ihm Pferde ein wenig »unheimlich« sind, hat er sich mutig »in die Höhle des Löwen« gewagt, um für dieses Buch Fotos zu machen.

Ein ganz dickes Dankeschön verdient auch meine sympathische Westerntrainerin Susanne Rossack. Bei ihr habe ich den optimalen Unterricht für mich gefunden. Hier stimmt für mich sowohl die fachliche, als auch die menschliche Kompetenz.

Last but not least bedanke ich mich bei all jenen, die mit ihrem Wissen, Ihrer Kritik und/oder ihrer aktiven Unterstützung meine Einstellung zu den Pferden geprägt und damit indirekt zur Entstehung dieses Titels beigetragen haben.

Inhalt

Kapitel 1 10

MITTENDRIN

ERFAHRUNGEN

Das größte Glück dieser Erde 10
Reiten in den 70-ern 10
Friede, Freude, Eierkuchen 11
Erste Bekanntschaft mit dem Trainingsblues 12

TRAININGSFRUST

Düstere Zweifel und Unsicherheit 12
Und jeder weiß es besser ... 13
Auf der Suche nach dem eigenen Weg 14
Ein Kampf gegen Windmühlen 15

NEUE WEGE

Abschied und ein neuer Anfang 15
Ende gut, alles gut 16
Allzu menschlich 17

DEM REITERGLÜCK AUF DER SPUR

Hilfe-Rufe 17
Kurserlebnisse 22
Überall die gleichen Probleme 22
Reiterglück 23
Erste Lösungsansätze 23
Was kann dieses Konzept? 24
Wo befindet sich der Haken? 24

Kapitel 2 25

REITERGLÜCK UND TRAININGSFRUST

HINTERGRUNDINFORMATIONEN

Einige Worte zum Reiterglück 25
Die Merkmale und Auswirkungen reiterlichen Glücks 26
Auch das ist Reiterglück 27
Unsere Fehler bei der Suche nach dem großen Glück 28
Die Schattenseiten der Reiterei 30
Wann und wie sich Trainingsfrust äußert 31
Vor dem Trainingsfrust ... 32
Haben Sie den Trainingsblues? 35

UNTER DIE LUPE GENOMMEN ...

Der Heimatstall – Freizeitoase oder Haifischbecken? 36
Stall-Frusties, Nomaden und Glückskekse 36
Gute Gründe, schlechte Gründe 38
Die Lage/Umgebung 40
Die »Wohnung« Ihres Pferdes 40
Auslauf, Weidegang und Sozialkontakte 41
Die Fütterung 41
Zusatzleistungen 43
Die Zielgruppe der Stallbetreiber 43
Fort- und Weiterbildungsmöglichkeiten 43
Die Atmosphäre am Stall 44
Das Preis-Leistungsverhältnis 45
Reitschulen 45

TRAUMPFERD ODER ALPTRAUM?

Die Auswahl des Pferdes 46
Die Pferderasse 46
Die Größe des Pferdes 47
Das Wesen/der Charakter des Pferdes 49
Die Gesundheit des Pferdes 49
Der Kostencheck 50
Allgemeine Ratschläge zum Pferdekauf 52
Auf der sicheren Seite – Der Kaufvertrag 52
Pro und contra Reitbeteiligung 53
Schulpferde – keine Pferde »Zweiter Klasse« 56

TRAINING UND UNTERRICHT

Reitlehrer 57
Der Unterricht 59
Trainingsmethoden 61
Die Reitweise 63

WAS DAS REITERLEBEN SONST NOCH BEEINFLUSST

Wenn Pferde unser Leben auf den Kopf stellen 64
»Entweder Dein Pferd oder ich!« – Wenn der Lebenspartner streikt 65
»Mama ist immer bei ihrem Pferd« – Reitende Mütter und ihre Schwierigkeiten 66
»Du hast nur Deine Pferde im Kopf« – Wenn Freunde meutern 68
Pferde und Beruf 70
Das liebe Geld ... 70

ARBEITSBEREICH 1

Wie zufrieden sind Sie wirklich? 75
Auswertung 77

Kapitel 3 79

DAS ZIEL VOR AUGEN

WAS SIE ÜBER IHRE REITERLICHEN ZIELE WISSEN SOLLTEN

Warum brauchen Reiter klare Ziele? 79
Die Unterscheidung zwischen Grob- und Teilzielen 81
Wann reiterliche Ziele frustrieren und wann sie Glück bringen 83
Nehmen Sie Ihr Reiterglück selbst in die Hand 83
Reiterliche Ziele formulieren, aber richtig! 84
Welche Ziele sind Ihnen wirklich wichtig? 85
Ein gutes Ziel ist messbar 86
Vorhandene Ressourcen nutzen, neue Ressourcen entdecken 87
Kein Land in Sicht? 87

WIE SIE SCHRITTWEISE IHRE ZIELE ERARBEITEN

Dem reiterlichen Ziel auf der Spur 88
Nehmen Sie sich wichtig 89
Was ist los in Ihrem Reiterleben? 90
Ihre eigene Prioritätenliste 91
Ihr Grobziel 92
Die Analyse 93
Die Überprüfung des Ziels 94

ARBEITSBEREICH 2

Formulieren Sie Ihr Grobziel 94

WAS SIE ÜBER TEILZIELE WISSEN SOLLTEN

Was genau sind Teilziele überhaupt? 97
Was geschehen kann, wenn ein Reiter keine Teilziele besitzt 97
Sind Reiter ohne Teilziele zufriedener? 99
Warum Reiter Teilziele haben sollten 99
Wie Sie sich auf die Ausarbeitung Ihrer Ziele vorbereiten 102
Wie Sie aus einem Grobziel mehrere Teilziele machen 103

ARBEITSBEREICH 3

Legen Sie Ihre Teilziele fest 104

Kapitel 4 106

FREIZEITREITEN - MIT SPASS, ZIEL UND EIGENEM STIL

RESSOURCEN ERKENNEN UND NUTZEN

Was Künstler mit erfolgreichen Reitern gemeinsam haben 106
Was Ihnen helfen kann, den eigenen Stil zu entwickeln 107
Ihre ganz persönliche »Vorratskammer« – Ressourcen erkennen und nutzen 108
Eigenlob stinkt nicht 109
Schwächen unerwünscht? 110
Reitlehrer, Trainer und Co. 112
Reiterkram und Krempel 112
Trainingszentren, Reitanlagen, usw. … 113
Es ist nicht alles Gold was glänzt 114
Brach liegende Ressourcen 114

ENTSCHEIDUNGEN FÄLLEN OHNE REUE

Was sind richtige, was sind falsche Entscheidungen? 115
Wie Ressourcen und Ziele Ihre reiterlichen Entscheidungen beeinflussen 117
Vorsicht, Falle! Wie Sie garantiert die falschen Entscheidungen treffen 118
Der Umgang mit reiterlichen Fehlentscheidungen 124
Die Sache mit dem Bauchgefühl 126
Welcher Entscheidungstyp sind Sie? 127
- Der »Wurzel«-Typ 128
- Der Alpha-Typ 129
- Der neutrale Beobachter 131
Wie Sie Ressourcen effektiv für Ihre reiterlichen Ziele nutzen 132

ARBEITSBEREICH 4

Hilfen erkennen und nutzen 135

Kapitel 5 **137**

WIE SIE IHREN EIGENEN STIL IM REITERALLTAG ENTWICKELN UND WAHREN

REITER UND DER INNERE SCHWEINEHUND

Zwischen Theorie und Praxis 137
Der innere Schweinehund und seine Gesichter 139
Wieso ist der innere Schweinehund so mächtig? 140
So tricksen Sie den inneren Schweinehund aus 141
Schluss mit den faulen Ausreden 143
Schluss mit den Verunsicherungen 143
Wenn es Hunde und Katzen regnet 144
Fehlende oder überfüllte Reithalle 144
Termine, Termine ... 145
Beeinflussung durch Dritte 145
Lustlosigkeit 146

SELBSTBEWUSST UND FAIR DIE REITERLICHEN ZIELE VERFOLGEN

Rechnen Sie mit Schwierigkeiten 147
Warum Sie andere in Ihre Pläne einweihen sollten 148
Wie Sie Überzeugungsarbeit leisten 149
Stehen Sie zu Ihren Zielen 151
Stehen Sie zu Ihrem Unterricht 151
Stehen Sie zu Ihrer Trainingsmethode 152
Stehen Sie zu Ihrem Pferd 153
Stehen Sie zu Ihrem Heimatstall 154
Stehen Sie zu Ihren Stallkollegen 154
Stehen Sie zu den Dingen, die Sie nicht wollen 155
Stehen Sie zu Ihren Fehlern 156

ANHANG

Noch ein paar Zeilen zum Abschluss 158

MEIN VERTRAG MIT DEM REITERGLÜCK **159**

Kapitel 1

MITTENDRIN

ERFAHRUNGEN

Das größte Glück dieser Erde

Vor dem Einstieg in den fachlichen Bereich dieses Buches möchte ich Ihnen gerne etwas über meinen eigenen reiterlichen Weg berichten. Meine Schilderungen werden Ihnen sicherlich zeigen, wie »schleichend« sich der unliebsame Trainingsfrust entwickeln kann und welche Begleiterscheinungen er mit sich bringt. Wie »steinig« der Weg aus dem reiterlichen Tief verlaufen kann, wenn kein klares Konzept vorhanden ist, wird hier ebenfalls deutlich.

Meine Erlebnisse stehen stellvertretend für viele andere. Ich bin sicher, dass sich der größte Teil meiner Leser mit genau dieser Geschichte identifizieren kann. Wenn Sie nach dem Lesen dieses ersten Kapitels sagen können: »So ähnlich ist das bei mir auch!«, dann haben Sie den besten Einstieg in den fachlichen Teil meines Buches gefunden.

Reiten in den 70ern

Betrachten wir uns die Reiterszene der 70-er-Jahre, so fällt vor allem Folgendes auf: Es herrschte »Zucht und Ordnung« ...

Ich besuchte in den späten 70er-Jahren die erste Reitschule, in der es zuging wie in hunderten anderen Reitschulen auch. Das Prinzip gestaltete sich einfach: Der Mensch in der Mitte der Halle brüllte Befehle. Diejenigen, die in einer 15er- oder 20er-Abteilung mit, vor Anstrengung hochroten Köpfen um ihn herumritten, hatten einen Mordsrespekt, um nicht zu sagen: die Panik vor den Wutausbrüchen des Reitlehrers in den Augen. Das Ganze erinnerte mehr an den Führungsstil eines Bundeskasernenhofes als an eine Reitschule, wie wir sie heute kennen.

Ängstliche Reiter waren übrigens unerwünscht und dienten höchstens der allgemeinen Volksbelustigung. Wenn alle Mobbing-Versuche fehlschlugen und die »Hasenfüße« sich noch immer nicht freiwillig dazu entschlossen, das Feld zu räumen, setzte man sie kurzerhand auf die Pferde, die am spektakulärsten bocken oder steigen konnten. Im Regelfall war das »Problem« damit schnell beseitigt. Blieb der »Angsthase« wider Erwarten oben, wurde er gefeiert und fortan in die Stallgemeinschaft aufgenommen. Flog er runter, verschwand er normalerweise freiwillig.

Alte oder kranke Pferde landeten eher früher als später auf dem Schlachthof, untalentierte Reitschüler mehrfach im Sand. Verhaltensauffällige Pferde liefen viele Stunden am Tag im Unterricht mit – und zwar solange, bis man ihnen ihre »Marotten« ausgetrieben hatte.

Die Pferde waren auf gammeligem Stroh in so genannten »Ständern« untergebracht. Private Pferdebesitzer (das waren i. d. R. die Reichen), kamen immerhin in den Genuss, eigene Boxen für ihre Vierbeiner zu erhalten.

Abgesehen von den üblichen, kleinen »Zickereien« unter den Reitmädels, gab es keinen großartigen Stress. Kaum jemand hätte es gewagt, das bestehende System anzuzweifeln. Was der Reitlehrer sagte und tat, war Gesetz und wurde kaum hinterfragt oder gar angezweifelt. Schließlich war er der erfahrene Fachmann und musste es wissen. Kurzum: Es gab klare Richtlinien, denen es sich zu unterwerfen galt. Über die Vor- und Nachteile dieser Zeit lässt sich streiten. Vereinzelte Reitschulen erinnern in ihrem Führungsstil auch heute noch an die klassischen Richtlinien der 70er. Sicherlich gab es schon damals hervorragende Ansätze; nicht umsonst besitzen auch in der heutigen Zeit die Erkenntnisse der berühmten Rittmeister von damals ihre unumstrittene Gültigkeit. Da früher jedoch kaum Alternativen geboten wurden, gestaltete sich das Leben der Freizeitreiter weitaus unkomplizierter. Sich Gedanken um die Pferdehaltung, die Reitweise, die Umgangsmethode zu machen, war nicht zwingend notwendig für den einzelnen Reiter. Was uns in den (wenigen) Reitschulen »serviert« wurde, wurde im Regelfall akzeptiert. Warum hätte es auch anders sein sollen? Denn damals waren die Elemente des »Horsemanship«, die »Pferdeflüsterei« und all die anderen alternativen Ausbildungsmethoden kaum bekannt – ergo: Die »Qual der Wahl«, vor der Reiter heute in vielerlei Hinsicht stehen, blieb aus.

Obwohl Pferde für mich »das Größte« waren, führte für mich persönlich die »konservative« Art der Pferdeausbildung und deren Begleiterscheinungen einige Jahre später dazu, dass ich der Reiter-Szene enttäuscht den Rücken zukehrte.

Friede, Freude, Eierkuchen

Wie überaus entspannt und friedlich ein Reiterleben verlaufen kann, wenn man sich erst einmal mit einem bestehenden System identifizieren kann, diese Erfahrung machte ich erst in den späten 90ern.

Ich glaubte, ein für alle Mal vom Pferdevirus »geheilt« worden zu sein, als für mich Jahre später die fixe Idee, doch noch einmal auszureiten, in einem Desaster endete. Es semmelte mich nämlich derartig heftig von einem 1,80er-Riesen hinunter, dass ich mir gleich mehrere Brustwirbel brach, mir eine heftige Gehirnerschütterung und einige, unschöne Schürfwunden zuzog.

Eigentlich hatte ich mir nach meinem Unfall geschworen, mich nie wieder auf etwas anderes als ein Schaukelpferd zu setzen. Dennoch landete ich Jahre später – wie sollte es anders sein – erneut in einer Reitschule.

Natürlich war ich auf Grund all meiner bisherigen Erfahrungen ausgesprochen skeptisch. Doch schon nach sehr kurzer Zeit stellte sich heraus, dass dieser »neue« Stall sich wesentlich von meiner alten Reitschule unterschied. Zunächst fühlte ich mich wie in einem großen, modernen Pferdeparadies. »Wir sind n u r Freizeitreiter«, hieß es. »Es gibt keinen Turnier-Stress und keine riesigen Anforderungen. Geritten wird in Anlehnung an die klassische Reitweise. Es gibt aber auch Leute, die im Gelände einen Westernsattel benutzen. Der Unterricht soll vor allem Spaß machen; das ist das Wichtigste für uns. Wenn dir das reicht, wird es für dich hier richtig nett werden.«

»Nett« war es in der Tat in den ersten zwei Jahren. Ich bekam Einzelunterricht, ritt später in der Abteilung der Fortgeschrittenen und legte ca. ein Jahr später meine Reiterpass-Prüfung ab (Anm.: Den »Basispass Pferdekunde« gab es zur damaligen Zeit noch nicht).

Der Reitunterricht auf den Schulpferden war für mich in der Anfangszeit genau das Richtige. Aufgrund meiner Ängste teilte man mir grundsätzlich sehr ruhige Pferde zu, und es wurde nicht viel verlangt. Es reichte mir aus, das jeweilige Pferd in den drei Grundgangarten einigermaßen zu beherrschen, einige Bahnfiguren reiten zu können und in der Abteilung Späße mit den anderen Reitern zu machen. Ich fühlte mich pudelwohl in der netten Stallgemeinschaft. Ohne ein konkretes Ziel vor Augen zu haben, paddelte ich (wie alle anderen Reiter des Hofes) zufrieden auf der Welle der »anspruchslosen Freizeitreiterei« mit. Für mich gab es keinen Grund, irgendetwas oder irgendjemanden in Frage zu stellen. So, wie es war, war es für mich okay, richtig und gut. Wahrscheinlich hätte sich all das bis heute nicht verändert, wenn nicht ein ganz besonderes Pferd meinen Weg gekreuzt hätte …

Erste Bekanntschaft mit dem Trainingsblues

»Bjarki« hieß das Pferd, das im Frühjahr des Jahres 2000 mein unkompliziertes und einfaches Reiterdasein komplett über den Haufen walzte – und das im wahrsten Sinne des Wortes.

Dem Hofbesitzer war mein Wunsch nach einem eigenen Pferd nicht verborgen geblieben, und er versprach mir, sich nach einem geeigneten Vierbeiner für mich umzusehen.

So kam es, dass der Norweger »Bjarki« an unserem Stall Einzug hielt. Mit seiner stattlichen Statur, dem wachen, aufmerksamen Blick und den wunderschönen, dunklen Augen, eroberte das Fjordpferd schnell nicht nur mein Herz, sondern auch das meiner guten Freundin und Stallkollegin Steffi, mit der ich mir den Norweger bald teilen sollte. Es hieß, das damals 7-jährige Endmaß-Pony sei zuvor E-Dressuren gelaufen, sei absolut unkompliziert, kerngesund und sehr rittig.

Bald stellte sich heraus, dass die viel gerühmten und angepriesenen Eigenschaften »unkompliziert« und »sehr rittig« für Bjarki in unserem Besitz offensichtlich keine Gültigkeit mehr besaßen. Im gesamten Umkreis unseres Reitgeländes gibt es wohl kein Feld, auf dem ich mit Bjarki nicht unfreiwillig gelandet wäre. Vorsichtig ausgedrückt hatte unser propperes Kerlchen eine »leichte« Neigung zum Durchgehen. In der Stallgasse gelang es ihm mehrfach, sich loszureißen, obwohl er beidseitig ausgebunden war. Zum Reiten kamen wir darüber hinaus nicht immer. Das ging auch gar nicht, weil Bjarki nämlich irgendwann beschlossen hatte, sich auf der Koppel einfach nicht mehr einfangen zu lassen. Ansonsten war er jedoch ein enorm »nettes« Pferd. Immerhin hatte Bjarki uns nie gebissen oder nach uns geschlagen.

TRAININGSFRUST

Düstere Zweifel und Unsicherheit

Dass unsere vierbeinige Errungenschaft uns oft in nicht ganz ungefährliche Situationen brachte, wurde von vielen anderen Reitern, inklusive dem Stallbesitzer gerne »schön geredet«. »Och«, bekamen wir zu hören, »der Kleine ist halt jung und hat noch Power. Spätestens, wenn er 10 Jahre alt ist, gibt sich das von alleine …!«. Äußerster Beliebtheit erfreute sich auch diese Aussage: »Der steckt in den Flegel-Jahren; da müsst ihr durch …« oder: »So schlimm ist der überhaupt nicht; ich habe schon auffälligere Pferde gesehen. Was der so anstellt, ist doch lustig!«

Dass sich unser »lustiges Problem« für uns ganz gar nicht witzig gestaltete, verstanden die Wenigsten. Späße über meine wieder aufkeimende Ängstlichkeit und Steffis unermüdlichen Biss, unserem Pony im Gelände seine »Marotten« austreiben zu wollen, waren an der Tagesordnung.

Ich zweifelte zwischenzeitlich ernsthaft an der Funktionstüchtigkeit meines Hirns. Vielleicht hatten die Anderen ja Recht und ich machte aus einer winzigen Mücke einen ausgewachsenen Elefanten? Vielleicht betrachtete ich das Ganze viel zu duster und das Licht am Ende des Tunnels war schon längst in Sicht?

Meine Zweifel und Unsicherheiten behielt ich weitgehend

für mich; denn auf Grund der bisherigen Reaktionen hatte ich den Eindruck gewonnen, ohnehin nicht verstanden zu werden. Trotzdem wurden meine Zweifel von meinem aufmerksamen Umfeld mit allergrößter Zielsicherheit wahrgenommen. Noch heute wundere ich mich manchmal, mit welch sicherem Gespür Reiter die Unsicherheiten Anderer »lesen«, und wie schnell sie hilfsbereit zur Stelle sind. Dank dieser Mechanik (die es an geradezu jedem Stall gibt) wurde ich ungewollt zur willkommenen »Zielscheibe« für Ratschläge aller Art.

Damit Sie mich nicht falsch verstehen: Sehr viele Ratschläge waren besonders gut gemeint; und ich unterstelle niemandem, dass mir oder meinem Pferd bewusster Schaden zugefügt werden sollte. Dennoch: Die vielen Tipps – und waren sie auch noch so gut gemeint – brachten mich, rückblickend betrachtet, nicht einen einzigen Millimeter in meinem Training weiter.

Sowohl Steffi als auch ich waren sehr bald mit unserem dürftigen Reiterlatein am Ende, zumal sich nach wenigen Monaten außerdem herausstellte, dass unser Pony – schon bevor es in unseren Besitz gelangte – an Spat (einer chronischen und nicht heilbaren Gelenks-Entzündung) erkrankt war. Das machte ihn nur eingeschränkt reitbar und erschwerte die Sache für uns ungemein.

Sie werden das kennen: Wenn man als Reiter nicht mehr weiter weiß und sich mit einem (oder mehreren) Problem/-en nur noch im Kreise dreht, ist man geneigt, sich an jeden »Rettungsanker« zu klammern, der einem zugeworfen wird. So gelangten wir, in der Anfangszeit des »Trainings-Blues – an einen Punkt, an dem wir uns einfach nicht mehr zu helfen wussten, und waren dankbar für jeden Tipp, den wir erhalten konnten. Ich bat sogar bewusst um Hilfe und befragte verschiedene Leute zu unserem speziellen Problem. Wie ich leider erfahren sollte, ging dieser Schuss nach hinten los« …

Und jeder weiß es besser …

Zuerst wendete ich mich an die »erfahrenen« Leute meines Vertrauens und fragte sie, wie wir unsere umfangreichen Schwierigkeiten in den Griff bekommen könnten.

Vonseiten der Stallkollegen und Reitlehrer hagelte es gut gemeinte Ratschläge. »Ihr müsst den nur mal ordentlich fordern; dann powert der Kleine auch nicht mehr so!«, hieß es. Oder: »Galoppieren muss der, bis er nicht mehr weiß, wo oben und wo unten ist.« Besonders »schön« war auch dieser Tipp: »Mindestens ein Jahr lang dürft ihr den nur noch im Schritt reiten. Dann vergisst der bald die dritte Gangart!«

Nachdem ich mich mit keinem dieser Ratschläge so richtig anfreunden konnte, wendete sich so mancher »Ratgeber« beleidigt von mir ab. »Da bekommst Du so einen tollen Tipp von mir… und Du willst es nicht einmal ausprobieren…«, bekam ich häufig zu hören.

Ungefähr zeitgleich witterten auch jene Menschen ihre

3 Stunden später....

Chance auf Meinungsäußerung, die ich bislang außer acht gelassen hatte. So erhielten wir nicht nur von zehn verschiedenen Leuten zehn verschiedene Antworten auf ein und dieselbe Frage. Wir bekamen auch Antworten auf Fragen, die wir nie gestellt hatten; und zwar von Leuten, die wir nie gefragt hatten. Am Ende dieses neckischen Frage-und-Antworten-Spieles waren wir genauso schlau wie vorher. Genau genommen wussten wir eigentlich gar nichts mehr. Es war zum verrückt werden!
Letztendlich machten wir weiter wie gehabt, wir versuchten dies ein bisschen und das ein wenig, gingen windige Kompromisse mit unserem Pferd ein und drehten uns komplett im Kreis. Steffi wagte sich nach wie vor mit unserem »Anti-Helden« ins Gelände, ich kurvte mehr oder weniger lustlos mit Bjarki in der Halle herum und versuchte, beim Reiten die Ratschläge des Tierarztes zu befolgen. In Betracht des aufgewendeten Engagements kam erstaunlich wenig bei der ganzen Geschichte herum. Viel mehr arteten unsere ganzen Bemühungen in eine unstrukturierte Hampelei aus, die nichts weiter anrichtete, als Zeit, Geld und Nerven zu kosten.

Auf der Suche nach dem eigenen Weg

Ich hatte mich schon mit dem Gedanken arrangiert, niemals mit unserem Pferd entspannt ins Gelände reiten zu können und fand langsam Gefallen an der Hallenreiterei, als ich während einer Reitstunde eines Besseren belehrt wurde. Während des Unterrichtes ließ Bjarki sich von einem durchgehenden Pferd anstecken. Dummerweise war ich just in diesem Augenblick gerade dabei, den Sattelgurt vom Pferd aus nachzuziehen und verlor jede Kontrolle über Bjarki. So raste der Norweger kreuz und quer mit mir durch die Halle. Ich rutschte so ungünstig von meinem Pferd, dass ich gegen die Bande schlug und mir eine Nierenquetschung zuzog.
Nach diesem Erlebnis war meine Angst wieder genauso präsent wie nach dem bösen Sturz vor einigen Jahren. Darüber hinaus fraß uns das Pferd buchstäblich »die Haare vom Kopf«, ich hatte berufsbedingt etwas weniger Zeit für Bjarki und außerdem waren meine Nerven inzwischen so dünn wie die Fäden eines Seidenspinners. Ich ahnte: Es gibt eigentlich nur zwei Möglichkeiten für uns: Entweder, ich hole mir Hilfe bei einem Fachmann oder das Pferd muss weg!
Natürlich war es mir nach meinem Wieder-Einstieg ins Reiterleben nicht verborgen geblieben, dass sich die Reiter-Szene während meiner Pferde-freien-Zeit stark verändert hatte. Ich wusste, dass es inzwischen verschiedene Ausbildungsansätze gab, dass sich so genannte »Pferdeflüsterer« auf dem Markt tummelten und »Horsemanship« die Pferdewelt eroberte.
All das fand ich sehr faszinierend, zunächst sah ich jedoch keine Veranlassung, mich näher mit diesen Themen zu befassen. Erstens wurden Ausbildungsansätze dieser Art sowieso von unserem Stallbesitzer belächelt, zweitens arbeitete keiner meiner Stallkollegen auf diese »andere Art«, und drittens war es für mich nicht möglich gewesen, Neues auszuprobieren, solange ich Schulpferde ritt. Denn »Experimente« dieser Art wurden bei uns nicht gern gesehen.

Nachdem Bjarki mich so unsanft in den Dreck befördert hatte, erinnerte ich mich wieder an alles, was ich gelesen hatte. Da Steffi und ich die Erfahrung gemacht hatten, dass wir mit der »herkömmlichen« Vorgehensweise keinen Meter weiterkamen, freundeten wir uns mit dem Gedanken an, etwas Neues auszuprobieren und betrachteten dies als eine weitere, vielleicht sogar letzte Chance. Über eine Anzeige in der CAVALLO erfuhr ich von einem Seminar zum Thema »Pferd – Mensch – Verständigung«, das von dem bayerischen Pferdetrainer Michael Geitner angeboten wurde. Die Be strict-Trainingsmethode war zum damaligen Zeitpunkt noch nicht so weit verbreitet wie heute; daher wusste ich nicht, worauf ich mich einließ. Das angeforderte Informationsmaterial überzeugte mich jedoch von der Qualität. So fuhr ich – trotz der Unkenrufe vieler Stallkolleginnen – nach Norddeutschland, um einen Kurs zu besuchen. Das war im Sommer des Jahres 2000. Bjarki musste zwar zu Hause bleiben, doch die Teilnehmer ohne Pferd hatten vor Ort die Gelegenheit, die Übungen mit den Pferden des Veranstalters auszuprobieren.
Während des Tages-Kurses wurde mir nicht nur klar, dass ich im Umgang mit Bjarki viele Fehler gemacht hatte; ich wusste auch, wie ich diese vermeiden kann. Als ich am nächsten Tag mein Pferd besuchte, war für

mich klar, dass ein neuer Abschnitt für mich und unser Pony beginnen würde.
Fortan arbeitete ich täglich mit Bjarki. Binnen kürzester Zeit machte unser Norweger am Boden erstaunliche Fortschritte. Wenig später fiel auch den ersten Stallkolleginnen auf, dass unser Pony sich zum Positiven verändert hatte. Der Rest bestaunte meinen veränderten Umgang mit dem Pferd und wirkte leicht befremdet ...

Ein Kampf gegen Windmühlen

Je häufiger ich mit unserem Pony arbeitete, desto zuverlässiger wurde es am Boden. Ich war so vertieft in meine Arbeit und mit einer solch großen Überzeugung dabei, dass ich anfangs kaum wahrnahm, wenn ich bei meiner Arbeit beobachtet wurde. Nicht jeder verstand, was ich da tat und viele wollten es auch gar nicht wissen. »Als Nächstes bringt sie ihrem Pferd noch das Seilchen springen bei«, spotteten Einige. Oder: »Nun hat sie ein Seminar besucht und glaubt gleich, die Weisheit mit Löffeln gefressen zu haben.« In meiner Begeisterung störte mich das wenig. Düstere Prophezeiungen säumten meinen Weg. Es hieß: »Jetzt funktioniert das Pferd noch, aber irgendwann hat es garantiert die Nase voll von diesem neumodischen Kram und wird noch viel schlimmer als früher.« Manche glaubten gar, ich würde meinem Pony irgendwelche seltsamen Zauberformeln ins Ohr flüstern. Natürlich war das ein völliger Unsinn, aber die Gerüchteküche brodelte. Da ich darauf ohnehin nur wenig Einfluss hatte, beschloss ich, meinen Weg konsequent weiter zu gehen, mich nicht bei meiner Arbeit zu verstecken und den Interessierten die Methode zu erklären. Ich glaubte und hoffte, früher oder später müsste jeder sehen, dass diese Form des Trainings alles Andere als Humbug ist
Trotzdem gab es einige interessierte Leute, mit denen es Spaß machte, sich auszutauschen.
Als ein weiterer Kurs mit Michael Geitner in unserer Nähe organisiert wurde, an dem viele private Einsteller unseres Hofes teilnahmen, war ich zwar froh, mit meinem Training nun nicht mehr allein auf weiter Flur zu stehen, doch einfacher wurde es im Endeffekt dadurch nicht.
Vielmehr war unsere, früher so harmonische Stallgemeinschaft fortan in zwei Lager geteilt. Etwa zum gleichen Zeitpunkt wurde ich von Michael Geitner gefragt, ob ich bereit sei, die Texte für seine Bücher zu verfassen. In diesem Zusammenhang begleitete ich ihn kurzzeitig zu Kursen und es entstand die Idee, auch mir zu ermöglichen, in Zukunft Seminare zur Methode abzuhalten. Als dies an meinem Heimatstall bekannt geworden war, wurde ich von den Pferdebesitzern unseres Hofes häufiger auf die Methode angesprochen und um Rat gefragt. Nach langen Diskussionen erlaubte mir der Stallbesitzer, den anderen Pferdebesitzern Unterricht zu erteilen; besonders gerne gesehen wurde es jedoch nicht.

Abzüge auf der Beliebtheitsskala handelte ich mir außerdem ein, weil ich mich etwa zeitgleich dazu entschloss, Bjarki im Westernstil reiten zu wollen. Bei der Wahl unserer ersten Trainerin waren wir noch sehr unerfahren, was die Westerreitweise anbelangte. So kam es, dass wir uns an eine Trainerin wendeten, deren Unterricht für uns und unsere Pferde viel zu leistungsorientiert ausfiel. Aber immerhin erhielten wir einen ersten kleinen Einblick in die neue Reitweise.
Auch die Tatsache, dass wir eine »Profi-Trainerin« an den Hof geholt hatten, sorgte für ordentlichen »Zündstoff« am heimatlichen Stall. »Jetzt reitet die das dicke, kranke Pony auch noch cowboymäßig und wird schrecklich ehrgeizig!«, hieß es bald oder: »Das arme Spat-Pferd muss wohl bald Turniere gehen.« Steffi ritt unser Pony nach wie vor in Anlehnung an die klassische Reitweise. Obwohl unser Pferd sehr gut zwischen den beiden Reitweisen unterscheiden konnte, wurde auch deshalb kein gutes Haar an mir gelassen. Ich verfolgte trotzdem meinen Weg, aber um mich herum brodelte es wie in einem Hexenkessel.

NEUE WEGE

Abschied und ein neuer Anfang

Mit unserem ersten eigenen Pferd und dem neuen Sachverstand fiel meine – bis dahin – schöne, heile Reiterwelt formschön in sich zusammen. Notgedrungen erkannte ich, dass ein größerer Wissensstand nicht nur Vorteile mit sich bringt.

Traurig musste ich irgendwann feststellen, dass ich mit meinen »neuen« Vorstellungen und dem Weg, den ich einschlug, nicht mehr in das bestehende System unseres Heimatstalls hineinpasste.
Im weiteren Verlauf der ganzen Geschichte wurde nicht nur über den Sinn und Zweck unserer Ausbildungsmethode gestritten, sondern auch über meine Reitweise, die Wahl des Tierarztes, die Art der Haltung und Fütterung unserer Pferde. Irgendwann war es kaum mehr möglich, überhaupt noch miteinander zu reden. Die »Fronten« verhärteten sich zunehmend, es herrschte nur noch »dicke Luft«. Fast drei Jahre lang kam es immer wieder zu Streitigkeiten. Was uns am Hof hielt, waren die Menschen, die inzwischen ähnlich dachten und die Hoffnung, dass die Wogen sich eines Tages doch noch glätten würden.
Im Frühjahr des Jahres 2004 spitzte sich die Lage an unserem Hof weiter zu. Der fortwährende Streit eskalierte. So kam es, dass Steffi, ihre Tochter und ich mit Bjarki den Stall verließen. Unsere engsten Freunde schlossen sich mit ihren Pferden an, und somit waren 4 Pferde mit ihren insgesamt 8 dazugehörigen Zweibeinern am 1. April 2004 auf dem unbestimmten Weg in eine neue Zukunft.

Ende gut, alles gut

Einem glücklichen Zufall und der riesigen Hilfsbereitschaft unserer neuen Stallbesitzer ist es zu verdanken, dass der Umzug für uns Pferdebesitzer und unsere Vierbeiner schnell und reibungslos über die Bühne gegangen war. Nachdem wir den Hofbesitzern unsere Situation geschildert hatten, wurden flugs vier neue Boxen für unsere Pferde angelegt. Wir erhielten nagelneue Spindschränke und unsere Pferde die wahrscheinlich großzügigste Futterversorgung, die denkbar ist.
Der erste gute Eindruck von unserem neuen Zuhause bestätigte sich auch auf lange Sicht. Noch heute befinden wir uns mit unseren Pferden auf diesem großen, aber familiär geführten Hof in bester Pferde- und Menschengesellschaft.
Hier sind wir keineswegs die anders denkenden »Exoten«. Abgesehen davon, dass Klassisch- und Westernreiter insgesamt friedlich unter einem Dach mit ihren Pferden arbeiten, werden von den Einstellern außerdem die unterschiedlichsten Ausbildungsansätze genutzt. Die Wahl des Reitlehrers oder Trainers bleibt jedem Pferdebesitzer selbst überlassen, und die großzügig angelegte Anlage bietet für die Anwender der verschiedenen Reitweisen und Methoden nahezu alle Möglichkeiten. Die Hofbesitzer sind ständig darauf bedacht ihre Einsteller zufrieden zu stellen. Stetig wird an neuen Gebäuden oder Reitplätzen »getüfftelt«, um die Anlage noch größer und schöner herzurichten. Es wundert uns häufig sehr, wie es für die Hofbesitzer möglich ist, bei all diesem Stress, auch noch Spaß und immer ein offenes Ohr für die Einsteller zu haben.
Für gute Laune sorgen außerdem Aktivitäten wie »Bauernolympiaden«, gemeinsame Ausritte, »Playdays« usw. Wie überall dort, wo viele verschiedene Menschen aufeinander treffen, gibt es hin und wieder Meinungsverschiedenheiten, doch die halten sich, trotz der großen Stallgemeinschaft, in Grenzen. Im Allgemeinen akzeptiert man sich und kommt miteinander aus. Ich kann nur vermuten, dass es an der Führung des Hofes liegt und daran, dass sich jeder Einsteller hier »zu Hause« fühlen darf.
Für Steffi, Eileen und mich gab es eine weitere Veränderung: Schweren Herzens haben wir uns etwa ein Jahr nach unserem Stallwechsel dazu entschlossen, Bjarki nach einem weiteren, schweren Spatschub »in Rente« zu schicken. Daher darf er heute an der Nordsee sein Rentendasein genießen.
Inzwischen nutzen wir mit unserer kleinen Paint-Mix-Stute »Moonlight Mistery« die Möglichkeiten der Anlage. Wir reiten inzwischen alle freizeitorientiert im Western-Stil, arbeiten am Boden und im Gelände mit der Stute und freuen uns sehr über die Fortschritte, die wir mit unserem Pony erleben dürfen. Auch das Hengstfohlen unserer Stute, welches sich in Familienbesitz befindet, ist sehr gut auf unserem Hof untergebracht.
Natürlich muss auch ich hin und wieder Rückschläge einstecken; nicht immer läuft alles »wie am Schnürchen«. Doch Steffi und ich ziehen bei der Ausbildung unserer Stute »an einem Strang« – und zwar mit einem Konzept und einem klar formulierten Grobziel: Wir möchten unsere Stute zu einem zuverlässigen Freizeit- und Familienpferd ausbilden und uns für dieses Ziel reiterlich auf der Basis der Westernreiterei weiterentwickeln.

Turnierambitionen hegen wir bislang nicht, legen aber Wert auf unsere reiterliche Weiterentwicklung sowie die Gesamtentwicklung unserer kleinen Stute.

Die guten Rahmenbedingungen am Hof haben erheblich dazu beigetragen, dass ich meinen eigenen Weg im Umgang mit den Pferden gehen kann; und das ohne Stress, ohne Kampf und ohne Verunsicherungen durch Menschen, die glauben, es besser zu wissen.

Das Fazit

- Wer in einer eingeschworenen Stallgemeinschaft »anders« denkt, hat es nicht leicht.
- Tipps und Ratschläge der Stallkollegen sind für den Einzelnen nicht immer produktiv.
- Wer kein klares Ziel vor Augen hat, »verzettelt« sich schnell.
- Grundsätzlich weiß es sowieso jeder besser.
- Wenn die Rahmenbedingungen es nicht zulassen, ist es schwierig, den eigenen Stil zu entwickeln.

Allzu menschlich

Man kann fast alles verändern, um seinem Traum vom Reiterglück ein Stück näher zu kommen. Wir können uns auf die Suche nach einem neuen Stall machen. Es liegt in unserer Hand, den »richtigen« Reitlehrer für uns zu finden. Wir sind in der Lage, unsere Tierärzte und Trainingsmethoden selbst auszuwählen ... Nur eines ändert sich wahrscheinlich nie: Und das ist das »Reitervolk« im Allgemeinen sowie im Besonderen.

Kaum waren die Leute an unserem neuen Heimatstall auf uns und unser Pferd aufmerksam geworden, ließen die ersten Kommentare nicht lange auf sich warten. »Der läuft aber schlecht! Bewegt der sich immer so?!«, »Euer Pferd lahmt. Merkt Ihr das nicht?«, »Lasst mal Euren Sattel checken. Ich habe eine gute Adresse für Euch!«, »Meint Ihr nicht, dass das Pferd mit seinem Spat in einem Offenstall besser aufgehoben wäre?«, »Bei wem habt Ihr denn Unterricht? Das Pferd macht ja gar keine Fortschritte ...«, »Das Pferd hat doch überhaupt keinen Gehorsam ... Habt Ihr es mal mit Bodentraining probiert?« usw., usf. ...

Früher hätte mich so etwas entweder auf die Palme gebracht oder hochgradig verunsichert. Ich hätte gleich den Sattler angerufen, den Stallbesitzer bekniet, möglichst schnell einen Offenstall für unser Pferd zu basteln und meinen Reitlehrer in die Wüste geschickt. Ich wäre felsenfest davon überzeugt gewesen, dass alle anderen am besten wissen, was für mich und unser Pferd gut und richtig ist. Ich hätte Stunden lang überlegt, was mit mir und meinem Bodentraining nicht in Ordnung ist und mich noch am gleichen Tag auf telefonischem Wege bei 20 Freundinnen ausgeheult.

Nach den Erfahrungen, die ich an meinem vorherigen Stall gemacht hatte, bin ich zu dem Schluss gekommen, dass wir Reiter nun einmal ein »eigenes Völkchen« sind. Wir erteilen gerne Ratschläge, wir lassen andere mitunter bei jeder passenden und unpassenden Gelegenheit an unseren Erfahrungen teilhaben, und es fällt uns schwer zu erkennen, dass es manchmal wesentlich besser ist, einfach einmal den Mund zu halten.

Inzwischen bin ich dazu übergegangen, mir zwar alle Kommentare anzuhören, doch welche Dinge mir weiterhelfen könnten (und welche nicht), entscheide ich und niemand sonst!

Andersherum betrachtet, käme ich heute auch nicht mehr auf die Idee, jemanden meine bevorzugte Arbeitsmethode »aufzuschwatzen«. »Leben und leben lassen«, lautet meine Devise. So erspare ich mir unnötigen Stress, der letztlich niemandem weiterhilft.

Unser Umfeld können wir nicht umkrempeln. Einfacher ist es, unsere eigene Einstellung zu verändern.

DEM REITERGLÜCK AUF DER FÄHRTE

Hilfe-Rufe

Nach dem Erscheinen meines letzten Buches, »So wird dein Pferd zum Freund – Be strict für Kids«, meldeten sich Menschen bei mir, die sich für die Be strict-Trai-

ningsmethode interessieren. Seither habe ich unzählige Telefonate mit den verschiedensten Pferdemenschen geführt und habe viele dieser Menschen eine Zeit lang auf ihren Wegen begleitet.
Die Erkenntnisse, die ich hierbei gewann, haben für mich letztendlich dazu geführt, ein Buch wie dieses zu schreiben. Denn im Laufe der Zeit kreuzten unendlich viele Menschen meinen Weg, die von dem klassischen »Trainingsfrust« eingeholt worden waren.
Hier einige Beispiele:

Carina und Snowy

Eines Tages erreichte mich der Anruf von der siebzehnjährigen Carina, die – wie es schien – geradezu unlösbare Schwierigkeiten mit ihrem Ponywallach Snowy hatte.
Der, damals fast fünfjährige, Isländer-Mix wurde mir von Carina als »nicht berechenbar und ungehorsam« beschrieben. Sie erzählte mir, Snowy sei am Boden ein absolut umgängliches Pferd; unter dem Sattel jedoch hochexplosiv. »Kaum sitze ich oben, da geht es auch schon los«, klagte die junge Besitzerin verzweifelt. »Ich komme mir vor, wie auf einem Pulverfass. Snowy spannt sich an wie ein kleiner Flitzebogen und schafft es, mich innerhalb weniger Sekunden in den Dreck zu befördern. Ich spiele mit dem Gedanken, mein Pferd zu verkaufen. Dabei habe ich Snowy mit der Hand aufgezogen und möchte mich eigentlich überhaupt nicht von dem Burschen trennen.«
Des Weiteren berichtete Carina, sie habe bereits »sämtliche Methoden« ausprobiert, sei aber nie wesentlich vorangekommen. Was mich stutzen ließ, war diese Aussage von Carina: »Wenn ich den anderen am Hof erzähle, dass ich Dich gerufen haben, werden die mich für total durchgeknallt halten.«
Ohne mir jedoch weitere Gedanken darüber zu machen, beschloss ich, mir ein eigenes Bild von Snowy zu machen und besuchte Carina in ihrer kleinen Stallgemeinschaft mit insgesamt zehn Einstellern. Sehr schnell stellte sich heraus, dass Snowy am Boden keineswegs das »kleine, brave Lamm« war, das mir seine Besitzerin beschrieben hatte. Vielmehr bestand zwischen Carina und ihrem Snowy der Deal: »Wenn du tust, was ich will, haben wir keine Probleme miteinander.« Das Problem war nur, dass Snowy derjenige war, der die Regeln aufstellte und Carina diejenige, die die Regeln brav befolgte. Das heißt: Solange sich Carina an Snowys Regeln hielt, war – oberflächlich betrachtet – alles in bester Ordnung. Wollte Snowy beispielsweise links abbiegen, verzichtete Carina großzügig auf die Idee, den rechten Weg gewählt zu haben. Wollte Snowy am Wegesrand fressen, wurde es von Carina erlaubt. War es Snowys Wille, sich raupenartig fortzubewegen, verlangte Carina von ihm kein schnelleres Tempo. Kurz: Die Beiden hatten sich zwar »irgendwie« arrangiert; doch von einer »gesunden« Mensch-Pferd-Beziehung konnte hier keineswegs die Rede sein.
Nun, beim Reiten, machte sich das Kernproblem der beiden erst für die Besitzerin bemerkbar, denn erstmals sollte es für Snowy hier nach Carinas Regeln laufen – logisch, dass er da nicht einfach so mitspielte …
Als ich Carina meine ersten Eindrücke schilderte und mit ihr lange über die Vorteile des konsequenten, reiterlichen Verhaltens sprach, war die Pferdebesitzerin zuerst erstaunt, doch später recht angetan von der Idee, ihr eigenes Verhalten umzustellen. Während wir uns unterhielten, standen einige Stallkolleginnen von Carina bei uns und hörten neugierig zu.
Noch am gleichen Tag beschloss Carina, unter meiner Anleitung einige Basisübungen am Boden mit Snowy auszuprobieren. Schon nach kurzer Zeit waren die ersten Fortschritte erkennbar. Carina gab das Tempo vor, sie bestimmte, wann und wo Snowy fressen durfte und sie ließ sich auf keine Kompromisse bei der Wahl der Richtung ein. Am Ende dieser ersten Trainingseinheit strahlte Carina und meinte: »Super, das ist genau das Richtige für Snowy und mich!«

Als ich die beiden zum zweiten Mal besuchte, klappte es noch um einiges besser; wir konnten die Übungen aus dem Basisprogramm sogar schon um einige Elemente erweitern. »Unglaublich«, meinte Carina. »Mir fällt jetzt sofort auf, wenn Snowy Mist baut und er wird immer gehorsamer. Ich muss ihn kaum noch korrigieren!«
Ich besuchte Snowy und Carina noch einige Male. Nach der fünften oder sechsten Trainingssequenz bemerkte ich schon, dass Carina irgendwie bedrückt wirkte. Sie konnte mir aber nicht sagen, woher ihre Niedergeschlagenheit kam. Auch beim Training wollte es nicht so recht klap-

pen; alte Verhaltensmuster von Carina schlichen sich erneut ein, und es schien fast so, als müssten wir mit unserem Training wieder bei »Null« beginnen. Und weil es am Boden nicht vernünftig lief, brauchten wir ans Reiten nicht einmal zu denken.

Ich habe die Erfahrung gemacht, dass sich bei jedem Pferdemenschen während des Lernprozesses nach einigen Einheiten so etwas wie eine Stagnierung einstellt, die völlig normal ist. Als sich jedoch nach den folgenden zwei Trainingseinheiten weitere Rückschläge ergaben, wollte ich von Carina wissen, was los ist.

Schließlich gestand sie mir, dass sie seit Wochen nicht mehr trainiert habe. »Meine ganzen Freunde spotten und meinen, das mit dem Bodentraining sei doch nur was für Westernreiter. Alle sagen, wer Bodentraining macht, ist nur zu blöd zum Reiten. Am Anfang habe ich noch heimlich trainiert, damit mich keiner dabei sieht. Doch irgendwie haben die anderen das doch mitbekommen. Inzwischen reden sie nicht einmal mehr mit mir.«

Wie die Geschichte weiterging? Nach langen Überlegungen einigte ich mich mit Carina darauf, das Training zu unterbrechen um es ggf. zu einem späteren Zeitpunkt erneut aufzunehmen. Carina versuchte mehrmals, mit ihren Stallkolleginnen zu sprechen, stieß dabei aber nur auf taube Ohren. Als der Stallbesitzer sich zudem noch auf die Seite der anderen Mädchen stellte und Carina untersagte, »solchen neumodischen Kram« an seinem Hof einzuführen, beschloss die junge Pferdebesitzerin des lieben Friedens Willen am Hof zu bleiben und weiterhin so zu trainieren wie alle anderen auch.

Monate später erhielt ich noch einmal einen Anruf von Carina. Sie erzählte mir, sie sei mit ihren Eltern in die Niederlande gezogen. Snowy ist noch immer in ihrem Besitz. Das Training nach Be strict hat sie inzwischen wieder aufgenommen, und sie konnte eine Reitlehrerin finden, die sie auf ihrem Weg unterstützt.

Beate und Roy

Beate und ihren Haflingerwallach Roy traf ich an einem warmen Sommertag im Juli 2005. Gemeinsam mit der Traberstute Mäusi, die sich ebenfalls in Beates Besitz befand, teilte sich der Hafi die noble Stallgasse mit den äußerst großzügigen Boxen.

Beate hatte sich an mich gewendet, um sich in erster Linie neue Anregungen für ihr Training zu holen. Sie hatte die Bücher von Michael Geitner gelesen, war begeistert von der Methode und wollte, dass ich sie bei ihren ersten Schritten in das unbekannte Trainingsterrain begleite.

Beim Betreten des kleinen, aber feinen Privatgeländes fiel mir die ungewöhnliche Bandbreite angesammelter Trainingsmaterialien ins Auge.

Überall entdeckte ich verschiedene Arbeitshalfter namhafter Trainer, unterschiedliche Führstricke, Longen und Ropes, sowie Bodenarbeitsmaterialien aller Art. Von einer hochmodernen Wippe, über funkelnagelneue Flatterbandvorrichtungen (es waren genau drei an der Zahl) bis hin zur Brücke, die häufig von Westernreitern genutzt wir, war so gut wie alles vorhanden.

Der beleuchtete Reitplatz wirkte ausgesprochen gepflegt, die Wiesen waren vorbildlich umzäunt und zudem gab es einen wunderschönen, überdachten Round Pen. In Betracht dessen, dass auf der Anlage nur zwei Pferde gehalten wurden, hatte das ganze Ambiente einen gewissen Hauch von Luxus.

Während ich mich über die guten Trainingsmöglichkeiten freute, zeigte mir Beate die Sattelkammer, die gleichzeitig auch als Reiterstübchen diente. Was mich dort erwartete, übertraf bei Weitem alles, was ich bisher gesehen hatte. Die kleine, stilvoll eingerichtete Kammer mit der gemütlichen Sitzecke war außerordentlich gut sortiert. Neben 5 verschiedenen Sätteln (1 Vielseitigkeitssattel, 2 Westernsättel, 1 Wandersattel und 1 Dressursattel) und verschiedenen Trensen mit unterschiedlichen Gebissen entdeckte ich nicht nur eine kleine Reiter-Bibliothek mit hochwertigen Büchern, sondern auch eine hochmoderne Video- und DVD-Anlage.

Im Gespräch mit Beate erfuhr ich, dass all die Pferdebücher im Stüberl nicht nur zur Zierde dort standen, sondern dass sie die Fachbücher ganz offensichtlich auch gelesen hatte. Beate wirkte extrem gut informiert und besaß unumstritten ein fachliches, theoretisches Hintergrundwissen, das mich erstaunte. Fröhlich und auf sehr sympathische Weise berichtete sie mir von ihren Besuchen auf diversen, ausländischen Ranches, von den Seminaren, an denen sie bislang teilgenommen hatte und von den bekannten Trainerinnen und Trainern, die sie bisher persönlich kennen lernen durfte.

»Für meine Pferde möchte ich immer nur das Beste vom Besten«, erklärte mir Beate. »Ich versuche mich fortzubilden, wann immer es geht. Meinen Tieren kommt das natürlich sehr zu Gute!« Diese lobenswerte Einstellung sowie die Tatsache, dass sie offensichtlich auch meine bevorzugte Trainingsweise als »das Beste vom Besten« betrachtete, freute mich selbstverständlich sehr. Trotzdem wollte ich von ihr wissen: »Was interessiert Dich an diesem Trainings-System, und was erwartest Du?«
Beate druckste ein wenig herum; schließlich antwortete sie: »Nun ja, die Methode ist sehr bekannt geworden. Ich denke, dass es eine gute Ergänzung für mein bisheriges Training sein wird. Hauptsächlich geht es mir um Roy, meinem Haflinger. Irgendwie stellt er sich quer und kapiert nie, was ich von ihm will.«
Auch hier vereinbarte ich mit Beate, dass ich mir zunächst einmal kommentarlos ihren Umgang mit Roy ansehen würde, um mir ein eigenes Bild von den beiden zu machen. Später wollte ich das Bodentraining beobachten sowie einige Reitsequenzen – eigentlich ein sehr einfaches und schlüssiges Grundprinzip meiner Arbeit. Beate war jedoch leicht irritiert. »Was meinst Du denn mit mache alles so wie immer?«, wollte sie von mir wissen. Ich bat sie, mich einfach zu ignorieren und ihr Training so zu gestalten als wäre ich an diesem Tage nicht zu Besuch. »Aha!«, machte Beate und sah mich an, als hätte ich von ihr verlangt, ihr Pferd zu einem doppelten Salto zu überreden. Es folgte noch ihre verunsicherte Frage, welche Trainingsausrüstung sie am besten wählen solle, bevor sie sich schließlich eines der Trainingshalfter und einen Führstrick schnappte und mit ihrer Ausrüstung in Roys Box verschwand.
Gleich nach dem Aufhalftern stand Beate wieder einigermaßen ratlos da und wendete sich erneut an mich: »Wo soll ich ihn denn putzen? Lieber in der Box oder besser draußen?«
»Wo Du ihn immer putzt.«, entgegnete ich. Beate überlegte kurz und meinte dann: »Also, meine frühere Reitlehrerin wollte immer, dass ich mein Pferd draußen anbinde. Der Trainer, den ich danach hatte, sagte mir, ich soll Roy besser in seiner Box putzen, weil er draußen immer so rumhampelt. Und meine Reitbeteiligung putzt sowieso grundsätzlich draußen, denn bei ihr macht er diese Faxen nicht.«
Irgendetwas an der Sache kam mir inzwischen komisch vor, dennoch sagte ich zu ihr: »Mache es einfach so, wie Du es am Besten kannst und womit Du Dich mit Roy am wohlsten fühlst.«
Beate führte Roy nach draußen, band ihn dort an, stellte kurz darauf fest, dass er unruhig wurde und brachte ihn zurück in seine Box. Dieses Spielchen wiederholte sich noch zweimal; dann beschloss ich einzugreifen und erklärte Beate nach einer kurzen, fachlichen Einleitung: »Es ist im Augenblick nicht so wichtig, wo Du putzt und wie Du putzt. Nur: Zieh es durch und zwar an EINEM Platz!«
Das nächste »Problem« tauchte auf, als die Frage nach dem »richtigen« Sattel aufkam. »Was möchtest du sehen?«, wollte Beate von mir wissen. »Ist es dir lieber, wenn ich ihn westernmäßig reite oder soll ich den Dressursattel auflegen?« »Ich möchte nur sehen, wie es immer abläuft«, entgegnete ich ihr, »Die Reitweise spielt für mich überhaupt keine Rolle.« Nach reiflicher Überlegung entschied sich Beate schließlich für den Dressursattel.
Auf dem Weg zum Reitplatz kam es zu weiteren Verunsicherungen. Ich hatte Beate auch hierzu erklärt, sie möge mir zeigen, wie das Bodentraining üblicherweise bei ihr ausschaut. »Nach welcher Methode soll ich ihn dir denn vorführen?«, fragte Beate. »Wir haben Grundkenntnisse im … (es folgte der Name der Methode), Wir können ein bisschen was von (es folgte der Name einer Trainerin) und mit Natural Horsemanship kennen wir uns auch ein wenig aus. Ich kann aber auch alles zusammenmixen; das mache ich oft.«
Nach meiner Erfahrung gibt es Mensch-Pferd-Kombinationen, bei denen solch ein System (sofern es gut durchdacht ist und konsequent eingesetzt wird) durchaus gut funktioniert und letztendlich sogar zu dem wünschenswerten »eigenen Stil« führt.
Bei Beate sorgte das »Mixen« der verschiedenen Trainingsansätze u. a. leider dazu, dass sie ihre Körpersprache widersprüchlich einsetzte. Wenn Roy auf die eine Weise nicht reagierte, wechselte Beate blitzschnell zu einer anderen Methode – und das mehrere Male innerhalb einer einzigen Trainingssequenz. Das Endergebnis der ganzen Szenerie war, dass Roy einfach nicht mehr wusste, was er tun sollte und Beate ihn der »Bockigkeit« beschuldigte.

Aus dem Blickwinkel einer Zuschauerin betrachtet, hatte das Ganze zweifelsohne einen gewissen Unterhaltungswert, gepaart mit einer guten Portion Situationskomik. Doch in meiner Funktion als Trainerin lösten diese Beobachtungen bei mir den ultimativen Katastrophenalarm aus.
Ich verzichtete deshalb auf die Reitsequenz und führte stattdessen ein längeres Gespräch mit Beate. Die sympathische Pferdebesitzerin mit ihrem umfangreichen, theoretischen Hintergrundwissen war ohne jeden Zweifel darauf bedacht, sich stetig weiterzubilden. Sie investierte ungeheuer viel Zeit und Geld in ihr Hobby und liebte ihre Pferde über alles. Da sie jedoch kein konkretes Ziel vor Augen hatte und ihr somit jede Orientierung fehlte, verzettelte sie sich in ihrem Training derartig, dass sie nicht wirklich weiterkam und ihre Pferde unnötig verwirrte.
Das Training bei Beate und Roy wurde von meiner Seite letztendlich abgelehnt; wir sprachen jedoch noch einige Male miteinander. Inzwischen hat Beate sich für eine Trainingsmethode entschieden; sie verfolgt diesen Weg nun sehr konsequent und hat deutlich weniger Schwierigkeiten mit ihren Pferden.

Lucy und Pedro

Lucy ist der Name der netten Frau, die mich im Winter 2005 anrief und mir von ihren Pferdeproblemen berichtete. Auffallend und für Pferdebesitzer eher untypisch berichtete sie mir auf eine sehr klare, neutrale und trotzdem nicht emotionslose Weise von den Erlebnissen, die sie mit ihrem damals knapp vierjährigen Deutschen Reitpony Pedro gemacht hatte.
Nachdem das Pferd bei seinem Erstbesitzer schwer misshandelt worden war, hatte Lucy den hübschen Rappwallach übernommen und zunächst einmal gesundheitlich wieder aufgepäppelt. Pedro galt als absolut unberechenbar und hatte den Ruf, gefährlich zu sein. Steigen, Schlagen und Bocken gehörte zu seinem Grund-Repertoire und die meisten Menschen machten einen riesigen Bogen um dieses Pferd.
Lucy hatte ein wenig mit Pedro am Boden gearbeitet und nach einigen, weniger schönen Erlebnissen Angst vor ihrem Pferd. Vierjährig kam Pedro in »professionellen« Beritt. Am Ende seiner Grundausbildung unter dem Sattel gelang es Pedro, den Bereiter im Gelände übel abzuwerfen. Seither endete jeder Reitversuch früher oder später für den Reiter im Dreck.
Am Boden reagierte Pedro zwar einigermaßen auf seine Besitzerin, galt jedoch noch immer als nicht berechenbar und in gewisser Weise gefährlich.
»Ich habe beschlossen, dass das Training mit Dir für Pedro und mich die letzte Chance sein soll«, erklärte mir Lucy am Telefon. »Ich möchte keine Angst mehr vor ihm haben müssen und will endlich verstehen, wie er tickt – auch am Boden. Ich denke, wenn es mir nicht gelingt, dass wir uns gegenseitig vertrauen, werden wir nicht weiterkommen. Wenn wir es dann später noch hinbekommen, dass Pedro wieder freizeitmäßig reitbar ist, reicht mir das voll und ganz aus.«
Schon während unseres ersten Telefonates war mir positiv aufgefallen, dass Lucy auf eine sehr angenehme und konsequente Weise ihre Wunschvorstellungen und Ziele klar formulieren konnte. Dieser Eindruck bestätigte sich auch im späteren Trainingsverlauf.
Lucy las sich in die Thematik der Trainingsmethode ein, fragte mir während der theoretischen Einheiten geradezu Löcher in den Bauch und trainierte auch außerhalb unserer verabredeten Stunden regelmäßig mit Pedro. Lucy lernte binnen kürzester Zeit, die feinen Signale ihres Pferdes zu lesen und entsprechend darauf zu reagieren. Schon sehr bald betrachtete sie ihren Rappen mit völlig anderen Augen und kam zu dem Schluss: Pedro ist ein absolut »ehrliches«, aber bisher komplett unverstandenes und völlig verunsichertes Pferd. Lucy hatte einen Blick für die zunächst kleinen Fortschritte, die Pedro am Boden machte, entwickelt und hatte ihr Ziel immer vor Augen.
Heute ist es eine Freude zu beobachten, mit welcher Harmonie und welcher Beziehungsfestigkeit Pferd und Mensch zusammengewachsen sind. Pedro ist inzwischen sehr auf seine Besitzerin fixiert, folgt ihr – auch ohne Führstrick – auf Schritt und Tritt und vertraut ihr sogar in »brenzligen« Situationen geradezu bedingungslos. Die Arbeit im Sattel gestaltet sich inzwischen unkompliziert; böse Überraschungen gibt es nicht mehr. Pedro befindet sich auf dem besten Wege für Lucy ein zuverlässiges und berechenbares Reitpferd zu werden. Das ist, in Betracht der traurigen Vorgeschichte dieses Pferdes, weitaus mehr als alle erwartet hatten.

Dieses Mut machende Beispiel zeigt, dass ein Mensch mit dem Glauben an sich selbst und positiver Geradlinigkeit, mit einem klar definierten Ziel und beständiger Ausdauer geradezu »Berge versetzen« kann. Lucy ist es gelungen, im Laufe der Zeit ein solches Selbstbewusstsein im Umgang mit ihrem Pferd zu entwickeln, dass sie meine Hilfe nur noch in Ausnahmefällen in Anspruch nehmen muss.

Kurserlebnisse

Jeder Kursleiter freut sich über das Interesse seiner Teilnehmer und einen regen Zulauf. Da bilde ich keine Ausnahme.

Mit einigen meiner Teilnehmer stehe ich auch nach Ablauf der Seminare weiterhin in gutem Kontakt. Umso mehr erstaunte mich folgende Beobachtung:

Ich persönlich betrachte jeden Kurs, den ich leite und jedes Seminar als Herausforderung und entwickele natürlich den Ehrgeiz, meine Teilnehmer zufrieden zu stellen. Noch nie gab es – nach meinem Wissen – negative Rückmeldungen. Ganz im Gegenteil: Während der abschließenden Reflexionsgespräche höre ich im Regelfall nur Gutes. Auch die begeisterten Briefe, E-mails und Telefonate, die mich nach den Seminaren erreichen, beinhalten weitgehend Positives. Die meisten ehemaligen Teilnehmer vereinbaren mit mir sogar am letzten Kurstag einen Termin für einen Fortgeschrittenen-Kurs. Deshalb wunderte ich mich sehr darüber, wenn mir die gleichen Menschen ein oder zwei Jahre später wieder mit ein und derselben Problematik begegneten. Es kam sogar vor, dass ich deutliche Rückschritte bei meinen »Ehemaligen« beobachten konnte.

Als sich dieser Mechanismus häufiger wiederholte, begann ich mir ernsthafte Gedanken über die inhaltliche Qualität meiner Kurse zu machen. Ich stellte meine Organisation, meinen Unterrichtsstil und meine Anforderungen an die Teilnehmer in Frage, ohne dabei zu einem konkreten Ergebnis zu kommen.

Schließlich wagte ich die »Flucht nach vorn« und sprach mit den Seminarteilnehmern über meine Beobachtungen mit der Fragestellung: »Wieso stagniert Euer Training und warum gelingt es Euch nicht, Euren Weg zu gehen?«

Über die Antworten war ich damals sehr erstaunt, denn mir wurde klar, dass weder ich, noch die Trainingsmethode der Grund für das Scheitern waren, sondern der Schlüssel für den Trainingserfolg nahezu ausschließlich bei den Teilnehmern selbst lag. In vielen ihrer Schilderungen erkannte ich mich nur zu gut wieder. Wenn man mir beispielsweise sagte: »Ich komme nicht weiter, weil diese Art des Trainings an unserem Hof nicht erwünscht ist«, kam mir das sehr bekannt vor. Erwiderte ich darauf: »Wenn Dir solche riesengroßen Steine in den Weg gelegt werden ... Warum wechselst Du dann nicht den Stall?«, stieß ich häufig auf Entsetzen manches Mal auf Nachdenklichkeit und zuweilen auf den Satz: »Als wenn das so einfach wäre!«

Überall die gleichen Probleme

Im Laufe vieler Gespräche mit anderen Reiterinnen und Reitern wurde mir klar, wie viele dieser Menschen frustriert waren, weil sie mit ihren Pferden einfach nicht so leben konnten oder durften wie sie es sich wünschten. Bei manchen war es die »nervige Reitbeteiligung«, die für stetigen Stress sorgte. Andere schimpften auf ihre Reitlehrer. Es gab Reiter, die schon mehrmals ihren Heimatstall gewechselt hatten. Wieder andere verwarfen nach einiger Zeit ihre bevorzugte Trainingsmethode, um sich bald darauf mit einer »besseren« zu beschäftigen.

Ich hörte haarsträubende Geschichten über hundsmiserable Haltungsbedingungen, intolerante Stallbetreiber und »Zicken-Alarm« der übelsten Sorte. Man berichtete mir von fragwürdigen Sattelexperten, Reibereien unter den verschiedenen Tierärzten und seltsamen Unterrichtsmethoden ... Bei einigen Pferdemenschen kamen sogar gleich mehrere dieser Aspekte zusammen

Ganz gleich, wie schwer wiegend die Schwierigkeiten der einzelnen Reiter waren: Eines hatten sie gemeinsam. Sie waren allesamt hochgradig verunsichert, wussten nicht, wie sie sich verhalten sollten und sahen keine Möglichkeiten, sich aus der jeweiligen Situation zu befreien. Wenn ich ihnen sagte: »Wie haltet Ihr das nur aus? Ändert es!«, dann bekam ich zur Antwort »Du hast gut reden. Bei Dir hört sich das so einfach an Trainingsfrust kennst Du bestimmt gar nicht.«

Reiterglück

Irgendwie schien jeder zu glauben, ich hätte in meinem bisherigen Reiterleben einfach nur ein geradezu unverschämtes Glück gehabt, denn von meinem heutigen Reiterdasein kann ich nur Gutes berichten. Wenn ich den frustrierten Reitern schließlich meine eigene Geschichte erzählte, staunten sie oft darüber, dass mir all ihre Sorgen wohl bekannt waren und ich in der Vergangenheit ganz ähnliche Erfahrungen gemacht hatte. Nahezu nichts von dem, was sie berichteten, war mir fremd. Mein jetziges Reiterdasein musste ihnen vorkommen, als befände ich mich in einer Art »Pferdeparadies«.

In der Tat ist es großartig für mich, nach diesem langen und teilweise steinigen Weg sagen zu können: Heute habe ich für mich den besten Heimatstall gefunden, den ich mir für mich persönlich vorstellen kann. Meine gute Freundin und Mit-Pferdebesitzerin Steffi würde ich gegen niemanden eintauschen wollen. Ich arbeite nach einer Methode, die mir wirklich liegt und die mich und unser Pferd jeden Tag aufs Neue fördert und fordert. Meine hartnäckige, geduldige Trainerin sorgt mit dafür, dass ich nicht ins »Schludern« gerate und immer am Ball bleibe. Unsere kleine Stute passt zu uns und sorgt täglich dafür, dass keine Langeweile aufkommt. Mein Lebensgefährte ist Gold wert. Er schleppt mir unermüdlich mein Ausrüstungsmaterial hinterher. Obwohl er (noch) zu den Nichtreitern gehört, hat er sich inzwischen fast schon zu einem Experten in Punkto Bodenarbeit entwickelt. In unserer Stallgemeinschaft fühle ich mich ausgesprochen wohl; mit einigen verbindet mich eine gute Freundschaft. In der Westernreiterei habe ich »meine« Reitweise gefunden. Für unsere Pferde haben wir einen äußerst verlässlichen und fähigen Hufschmied. Über die tierärztliche Versorgung unserer Vierbeiner müssen wir uns ebenfalls keine Sorgen machen.

Die (wenigen) »Abstriche«, die ich machen muss, fallen kaum ins Gewicht und sind bei weitem nicht ausreichend, um so etwas wie »Trainingsfrust« entstehen zu lassen.

Ich kann wirklich sagen: Ja, das ist Reiterglück!

Wenn ich gefragt wurde, wie ich es letztendlich geschafft habe, mit unseren Pferden den Weg zu gehen, den ich mir immer gewünscht hatte, wusste ich darauf nur die Antwort: »Ganz einfach! Ich habe mit der Zeit meinen eigenen Stil entwickelt und lasse mich nicht mehr so leicht verunsichern. Ich weiß wo ich hin will und was ich tun muss, um mein Ziel zu erreichen Ich hatte das große Glück, irgendwie fast immer die richtigen Entscheidungen getroffen zu haben.«

»Das hört sich perfekt an«, bekam ich zu hören. »Schreib doch mal ein Buch darüber.«

Eine allgemein gültige Anleitung für reiterliches Glück zu verfassen, wäre mir zunächst überhaupt nicht in den Sinn gekommen. Denn ich dachte: Dafür gibt es kein Konzept. Jeder Reiter muss halt »irgendwie« da durch und im Laufe der Zeit seine eigenen Erfahrungen machen.

Obwohl ich mehrfach von einigen Menschen auf dieses Buch angesprochen wurde, verwarf ich den Gedanken daran immer wieder.

Erste Lösungsansätze

Den ersten Ansatz einer Lösung fand ich ausgerechnet dort, wo ich ihn am allerwenigsten vermutet hatte. Nämlich jenseits der Reiterei.

Im Frühjahr des vergangenen Jahres half mir ein glücklicher Zufall auf die Sprünge. Ich besuchte ein Seminar für pädagogische Fachkräfte. Inhaltlich ging es darum, bestehende Schwierigkeiten in Familien in kollegialer Runde effektiv, Zeit sparend und lösungsorientiert zu besprechen. Das Ziel einer solchen Besprechung sollte sein, am Ende verschiedene Lösungsmöglichkeiten von den Kollegen und Kolleginnen »präsentiert« zu bekommen.

Das gelehrte Konzept für diese Form der gegenseitigen Beratung war uns allen neu. Mit entsprechender Skepsis nahmen wir die Inhalte des Seminars auf. Erst im Arbeitsalltag entdeckten wir die enormen Vorteile dieses Konzeptes. Inzwischen hat es sich bei unserer Arbeit vielfach bewährt und wird weiterhin sehr erfolgreich angewendet.

Schon bald bemerkte ich, dass sich die Seminarinhalte im Grunde genommen auf sämtliche Lebensbereiche übertragen lassen – und zwar letztlich auf alle Bereiche, die Schwierigkeiten beinhalten und Lösungen erforderlich machen. Warum also sollte es nicht möglich sein, die Struktur so zu verändern, dass sie für Reiterinnen und Reiter passend wird?

Kurze Zeit später begann ich begeistert zu »tüfteln«. Ich recherchierte, sprach mit etlichen Pferdemenschen über ihre Schwierigkeiten, forschte nach ungewöhnlichen Geschichten und »bastelte« so lange an dem ursprünglichen Grundkonzept herum, bis es nicht mehr wiederzuerkennen und auf die Reiterwelt »zugeschnitten« war. Die Idee einer »Anleitung zur Erfahrung des Reiterglücks« war geboren.

Was kann dieses Konzept?

Nachdem ich die notwendigen Recherchen abgeschlossen hatte, entstand das Konzept für ein Arbeitsbuch, welches sich gezielt an Freizeitreiter richtet, die ihrem persönlichen Traum vom Reiterglück ein Stück näherkommen möchten.

Erstmals werden hier ausführlich die »Schattenseiten der Reiterei« angesprochen, die nahezu jeder Reiter kennt, aber in der Öffentlichkeit nur wenig Beachtung finden.

In mehreren Arbeitschritten werden meine Leser schrittweise dazu angeregt, ihr Reiterdasein konstruktiv zu reflektieren und sich langsam ihren ganz individuellen Stil zu erarbeiten. Dabei werden sämtliche Bereiche berücksichtigt, die wichtig sind, um »wirkliches« Reiterglück erfahren zu können.

Mein Konzept ist eine strukturierte Reflexionsmethode, die Ihnen dabei behilflich sein kann, Ihr Reiterdasein konstruktiv zu beurteilen und dieses unter – vielleicht bislang unbeachteten Aspekten – gezielt »unter die Lupe zu nehmen«.

Im ersten Arbeitsschritt werden Sie dazu angehalten, Ihre bisherigen Ziele zu überprüfen und ggf. neu zu formulieren. Die weiteren Arbeitsschritte werden Sie erkennen lassen, wer und was Ihnen helfen wird, diese Ziele ohne nennenswerte Umwege zu erreichen.

Im Gegenzug werden Sie jedoch auch rasch erkennen, welche Umstände Sie bislang am Weiterkommen gehindert haben.

Wo befindet sich der »Haken«?

Das klingt fast zu schön um wahr zu sein, meinen Sie, und glauben, dass sich irgendwo ein gemeiner »Haken« versteckt haben muss?

In der Tat muss ich gestehen, dass es den befürchteten »Haken« tatsächlich gibt. Er ist allerdings nicht im Konzept zu finden, sondern viel mehr bei den Anwendern. Wie Sie aus den Vorinformationen sicherlich herauslesen können, hat sich das ursprüngliche Konzept innerhalb des pädagogischen Bereiches vielfach bewährt. Es liegen Erfahrungswerte vor, die als »erfolgreich« betrachtet werden können. Wenn es jedoch einmal zu Rückschlägen kommt, wenn das erarbeitete Konzept zu kippen droht und es an der Umsetzung hapert, hängt das so gut wie immer mit dem Willen und dem Durchhaltevermögen des jeweiligen Anwenders zusammen.

In der Theorie ist alles einfach und Papier ist geduldig ...

Sicher werden Sie im Laufe dieses Buches auf Bereiche stoßen, in denen es bei Ihnen nahezu optimal läuft. Dort, wo sich alles nach Ihren Wünschen abspielt, werden voraussichtlich keine Veränderungen notwendig sein. Das »Teufelchen« lauert dort, wo eben nicht alles nach Wunsch verläuft. Und Sie werden höchstwahrscheinlich früher oder später feststellen, dass es an Ihnen liegen wird, die notwendigen Veränderungen zum Erreichen Ihres persönlichen Reiterglücks selbst herbeizuführen.

Es ist nur menschlich, sich vor Veränderungen und deren Konsequenzen zu fürchten. Der »innere Schweinehund« kann eine unglaubliche Macht entwickeln, deshalb habe ich ihm in diesem Buch ein gesondertes Kapitel gewidmet. Damit auch Sie ihn überwinden und Ihr Ziel erreichen können.

HINTERGRUND-INFORMATIONEN

Einige Worte zum Reiterglück

Im Laufe seines Lebens »stolpert« wohl jeder Reiter/jede Reiterin irgendwann einmal über den Begriff »Reiterglück«. Er begegnet uns in Form von Gedichten, Weisheiten und tiefschürfenden, literarischen Beiträgen – hin und wieder auch in diversen Internet-Foren, in Zeitschriften und manchmal sogar im Alltag.

Mal ehrlich, haben SIE schon einmal versucht, den Begriff »Reiterglück« für sich oder andere Menschen zu definieren? Sollten Sie es ausprobiert haben, so werden Sie sich bei Ihrem Erklärungsversuch vermutlich ganz schön »verheddert« haben. Ich jedenfalls kenne niemanden, der bei der Erklärung dieses Begriffes nicht ins Straucheln gerät.

Im Groben wissen wir wohl alle, was »Reiterglück» in etwa bedeutet, und letztendlich streben wir alle danach ... doch wirklich erklären können wir dieses Wort nur mit größter Mühe.

Wir wissen: »Reiterglück« ist irgendetwas ganz Phantastisches, etwas »Großes«, etwas, das uns nicht nur vorübergehend zufrieden stellt, sondern uns die größtmögliche, reiterliche Freude beschert.

Doch wir können es drehen und wenden wie wir wollen – was »Reiterglück« bedeutet, kann nicht mit einem einzigen Satz erklärt werden. Jedenfalls nicht so, dass es für jeden Reiter/für jede Reiterin zutreffend ist. Dieser Umstand zieht eine weitere Frage nach sich: Wie ist es möglich, etwas zu erlangen, das wir noch nicht einmal definieren können?

Allein diese Frage lässt erahnen, warum der reiterliche Glückszustand zwar häufig angestrebt, aber selten erreicht wird.

Betrachten wir uns das Wort »Glück« ein wenig genauer, so wird es als eine Form des subjektiven Wohlbefindens beschrieben.

Das bedeutet: Wie Sie persönlich den Begriff »Reiterglück« definieren, ist abhängig von Ihren ganz persönlichen Wunsch- und Zielvorstellungen. Je näher Sie in Ihrer reiterlichen Laufbahn an Ihre ganz individuellen Ziele herankommen, desto größer ist die Wahrscheinlichkeit, mit Ihrem Vierbeiner das zu erleben, was Sie unter »Reiterglück« verstehen.

Folglich dessen wird das Sagen umwitterte »Reiterglück« nur erreicht werden können, wenn Ihrerseits ein klarer Wunsch mit ebenso klaren Zielvorstellungen vorhanden ist. Jeder Mensch sucht nach dem »großen Glück«; das liegt einfach in unserer Natur. Ob wir dabei fündig werden oder nicht, liegt vor allem in unserer Hand.

Ein sehnlicher Wunsch, kombiniert mit einer klaren Zielvorstellung, führt Sie zu Ihrem ganz individuellen Reiterglück.

Die Merkmale und Auswirkungen reiterlichen Glücks

Ob ein Reiter mit sich und den Umständen, die ihn umgeben wirklich glücklich ist, lässt sich auch für Außenstehende gut erkennen. Es sind meist jene Reiterinnen und Reiter, die für andere eine Vorbildfunktion haben ohne dabei i. d. R. das bevorzugte Opfer neidvoller Gedanken zu werden.

Tatsache ist, dass »glückliche« Reiter nicht nur – im Rahmen ihrer gesteckten Ziele – erfolgreicher sind. Die meisten von ihnen können auch besser mit Stresssituationen umgehen. Sie achten wesentlich weniger verbissen auf ihre eigenen Vorteile (denn sie haben das nicht nötig), sind selbstbewusster, umgänglicher und wesentlich beliebter als die Spezies der »Frusties«, die an allem und jedem herummäkeln und überall »Gift und Galle« spucken.

Das »Glücklichsein« des einzelnen Reiters bringt also eine Vielzahl erfreulicher Auswirkungen mit sich, von der auch die anderen profitieren können.

»Reiterglück« – das bedeutet für jeden etwas anderes …

Auch das ist Reiterglück

Ich habe einige Pferdemenschen getroffen, mit denen ich im Leben nicht tauschen würde.

Manche von ihnen kauften sich bewusst alte oder kranke Pferde. Sie pflegen ihre Tiere geradezu aufopferungsvoll und sind sich bewusst darüber, dass sie ihre Tiere nie wieder reiten können. Die meisten von ihnen müssen zum Ende des Monats jeden Cent in ihrer Geldbörse umdrehen, um die verursachten Tierarztkosten decken zu können.

Bei einem meiner Kurse habe ich eine Teilnehmerin kennen gelernt, die einen geradezu chronisch schlecht gelaunten Reitlehrer hatte, der sie regelmäßig zur Schnecke machte und während des Trainings kein gutes Haar an ihr ließ.

Eine befreundete Reiterin rettete ein Pferd aus schlechter Haltung, kümmerte sich viele Jahre um das Tier, machte es wieder zu einem gut händelbaren Pferd und steht nun mit dem ehemaligen Besitzer vor Gericht, weil dieser es zurückfordert.

Eine andere Pferdebesitzerin kaufte sich in einem Anflug von Mitleid ein Pferd, welches ich – milde ausgedrückt – als »verhaltensoriginell« bezeichnen würde. Es ist unmöglich, das Tier in eine Herde zu integrieren; darüber hinaus gilt es als absolut »unreitbar« und hat die Besitzerin durch seine gezielten Huftritte sogar schon einmal ins Krankenhaus befördert. Trotzdem liebt sie das Pferd abgöttisch und würde es niemals gegen ein anderes eintauschen wollen.

So seltsam die eine oder andere Geschichte auch erscheinen mag … Eines haben alle Pferdebesitzerinnen gemeinsam: Sie sind mit dem, was sie haben, absolut glücklich und zufrieden – und das strahlen sie auch aus. Diese Beispiele zeigen sehr deutlich, wie individuell der Begriff »Glück« betrachtet werden muss. Rein rational betrachtet, werden viele wahrscheinlich sagen: »Um Himmels Willen! Wer auf diese Weise glücklich ist, kann nicht alle Tassen im Schrank haben. Sicher machen sich diese Leute nur etwas vor.«

Auch die Beschäftigung mit einem etwas älteren Pferd ist für einige Reiter mit dem großen Glück gleichzusetzen.

Tatsache ist: Nein, bei den hier genannten Beispielen handelt es sich keineswegs um »Möchtegern-Glücksgefühle«. Diese Menschen empfinden es wirklich so – ganz gleich, ob dies für andere nachvollziehbar ist oder nicht.

Wer ehrlich daran glaubt, dass er glücklich ist, der IST es auch – unabhängig davon wie andere dies betrachten.

Unsere Fehler bei der Suche nach dem großen Glück

»Wenn ich für mich und mein Pferd einen anderen Stall finden würde, wäre alles perfekt« ... »wenn die »Zicke» aus der Nachbarstallgasse endlich den Hof wechseln würde, würde es mir richtig gut gehen« ..., »wenn ich ein anderes Pferd hätte, wäre ich sicher glücklicher« ..., »wenn mein Partner/meine Partnerin sich mehr für Pferde interessieren würde, wäre Vieles für mich einfacher« ...

Dass Sie solche (oder ähnliche) Gedankengänge kennen, ist sehr wahrscheinlich. Beinahe jeder Reiter hat hin und wieder solche Phantasien. Manchmal stammen sie aus tiefstem Herzen; manchmal sind es kurzweilige Hirngespinste, die sich schnell wieder verflüchtigen. Trotzdem können solche Gedankengänge Unzufriedenheiten schüren. Das liegt daran, weil an solche Gedanken bestimmte Erwartungen geknüpft sind, die sich nicht immer erfüllen lassen.

Wir unterliegen mit Gedankengängen dieser Art häufig einem großen Irrtum. Meist überschätzen wir, welche Auswirkung eine vermeintlich glückliche Entscheidung/ein Ereignis auf unser eigenes Wohlbefinden, insbesondere auf unser eigenes Reiterleben, haben wird.

Ich bleibe einmal bei den oben genannten Beispielen und frage: Was wäre tatsächlich, wenn ein anderer Stall gefunden werden würde? Was passiert wirklich, wenn die »Zicke« aus der benachbarten Stallgasse von jetzt auf gleich das Feld räumt? Wie würde es wohl in der Realität ausschauen, wenn das Pferd gewechselt wird? Und wie würde sich der Stallalltag verändern, wenn der Partner/die Partnerin plötzlich mit dem Pferdevirus infiziert würde?

Wäre dann wirklich alles »Friede, Freude, Eierkuchen«?

Wer weiß, ob ein Stallwechsel nichts weiter bewirkt, als vom Regen in die Traufe zu kommen? Wer weiß, ob nicht ein anderer »fieser Möpp« in die Nachbarstallgasse einzieht, sobald die »Zicke« über alle Berge ist? Und wer sagt, dass ein anderes Pferd letztlich die Erfüllung ist; denn schließlich hat jedes Pferd seine »Eigenheiten«. Auch was den gewünschten, pferdeinteressierten Lebenspartner angeht, könnten sich unangenehme Nebenwirkungen ergeben. Ggf. muss in Zukunft das eigene Pferd mit ihm geteilt werden ...

Wann immer etwas Einschneidendes in unserem Leben passiert (Gutes sowie Schlechtes), unterliegen wir automatisch dem Irrglauben, dass dieses Ereignis uns entweder für sehr lange Zeit überaus glücklich oder überaus traurig machen wird.

Stellen Sie sich einmal vor, Sie verlieren Ihren Arbeitsplatz, weil Sie mit Ihrem Chef aneinander gerasselt sind. Und stellen Sie sich vor, Ihr langjähriger Lebenspartner

Zwei, die das momentane Glück genießen. Was die Zukunft wohl für diese beiden bringt?

brennt von heute auf morgen mit der attraktiven Bedienung aus seiner Lieblingskneipe durch …
Sie werden zunächst einmal glauben, dass eine Welt für Sie zusammenbricht. Es wird so ähnlich sein, als habe Ihnen jemand den Boden unter den Füßen weggezogen, und Sie werden denken, dass Ihr Leben von nun an düster und wenig lebenswert verlaufen wird.
Während und kurz nach dieser »Hiobsbotschaft« werden Sie verständlicherweise nicht in der Lage sein, andere positive Aspekte Ihres Lebens sehen zu können. Das schmerzvolle Ereignis kann einen emotionalen Schock hervorrufen und »überschattet« zunächst einmal alles andere.
Dennoch werden Sie nach einer gewissen Zeit wieder ein Licht am Ende des Tunnels sehen und feststellen, dass Ihr Leben tatsächlich noch nicht vorbei ist. Sie werden schrittweise erkennen, dass es andere, gute (vielleicht sogar bessere) Arbeitsstellen gibt. Oder Sie werden merken, dass noch andere männliche Wesen auf diesem Erdball herumlaufen, die interessant für Sie sind.
Ebenso verhält es sich mit Ereignissen, die uns Glück bescheren. Wenn Sie z. B. endlich den gut bezahlten Job erhalten, den Sie sich schon sooo lange gewünscht hatten und die Karriereleiter emporklettern, wird Ihnen dieser Umstand für einige Zeit emotionale Höhenflüge bescheren. Wenn Sie auf der Straße plötzlich Ihrem Traummann begegnen und Sie ganz offensichtlich auch noch in dessen »Beuteschema« fallen, werden Sie tage- oder wochenlang auf »Wolke 7« schweben …
Nach einer gewissen Zeit werden Sie zwangsläufig Kratzer auf den Gläsern Ihrer »rosaroten Brille« entdecken. Nach und nach werden Sie ernüchtert feststellen müssen, dass Ihr »Traumjob« mit ungeheurem Stress verbunden ist. Vielleicht haben Sie ekelhafte Kollegen oder müssen auf Ihre heiß geliebten Wochenenden verzichten. Oder der »Traumtyp« entpuppt sich – oh Schreck! – als ein »ganz normaler Mann« mit Ecken und Kanten und ist weit davon entfernt, Ihrem Lieblingsschauspieler in seiner besten Rolle das Wasser reichen zu können.
Daher sollten Sie sich gut überlegen, was Sie sich tatsächlich wünschen. Denn es könnte in Erfüllung gehen …

Manchmal macht sich trotz eifrigen Trainings der Frust breit.

Überschätztes Glück: Das Immunsystem in unserem Hirn

Wir Menschen unterliegen dem Irrglauben, dass positive Entscheidungen/positive Ereignisse uns langfristig sehr glücklich machen werden.
Das ist ein Trugschluss, denn inzwischen ist es wissenschaftlich erwiesen, dass sich das persönliche »Glücksbarometer« nach dieser Entscheidung/nach diesem Ereignis bei psychisch gesunden Menschen verhältnismäßig schnell wieder auf das ursprüngliche, »normale« Maß einpendeln wird.
Unser Hirn regeneriert sich also automatisch.
Das muss es auch, da ansonsten ein langfristiger Realitätsverlust drohen würde, der schwer wiegende, psychische Erkrankungen auslösen könnte.
Weil es uns im Regelfall nicht bewusst ist, dass unser Gehirn mit einem solchen »Regenerationsbarometer« ausgestattet ist, können wir nicht realistisch einschätzen, wie lange uns ein bestimmtes Ereignis/eine Entscheidung glücklich machen wird. Folglich dessen überschätzen wir sowohl den zeitlichen Faktor als auch die Auswirkungen eines »glücklichen« Umstands.

Wenn etwas nicht so funktioniert, wie es z.B. in Büchern beschrieben wird, kann sich schnell der Frust einstellen.

Die Schattenseiten der Reiterei

Fast jeder Reiter/jede Reiterin gelangt irgendwann mit seinem Vierbeiner an einen Punkt, an dem sich die Frage stellt: »Was tue ich hier eigentlich?« Hochgradig frustrierend wird es besonders dann, wenn der Eindruck entsteht, alle um uns herum entwickeln sich weiter, haben Spaß und freuen sich über große und kleine Erfolgserlebnisse … Nur wir eiern noch immer auf ein und derselben Baustelle herum. Wir üben die Seitengänge seit einer kleinen Ewigkeit bis zum Umfallen und unser Pferd hat trotzdem einen »Knoten in den Beinen« … Wir haben schon mit allen Tricks versucht, unser Pferd dazu zu bringen, endlich einen Hänger zu betreten und der »bockige« Vierbeiner sagt immer noch: »Nö! Mach' ich nicht, kann ich nicht! Will ich nicht!«

Nichts geht mehr, alles scheint ausprobiert worden zu sein und die ersehnte »Rettung« ist einfach nicht in Sicht. Da ist er nun, der gefürchtete Trainingsfrust, doch wie entsteht er eigentlich und gibt es Möglichkeiten, ihm zu entweichen?

Das Wort Frustration stammt aus dem Lateinischen (lat. Frustratio = Täuschung einer Erwartung). Ergo ist das Wort ein anderer Begriff für: Wunschversagung.

Frustration entsteht durch Ohnmacht oder durch Nichterreichen eines gesetzten Zieles aus inneren (z. B. Selbstüberschätzung) oder äußeren (z. B. Versagung von Wünschen) Gründen durch andere oder sich selbst.

Wann immer wir eine selbst auferlegte oder von außen an uns herangetragene Erwartung haben oder uns etwas wünschen/uns ein Ziel setzen und dieses nicht erreichen, entsteht Frust.

Wenn uns der Frust ereilt, so ist es möglich, dass die gesetzten Ziele zu hoch für den Reiter und/oder das Pferd gewesen sind oder die Wünsche einen unrealistischen Charakter hatten.
Weiterhin besteht die Möglichkeit, dass wir bewusst oder unbewusst versucht haben, die Erwartungen eines anderen Menschen zu erfüllen (z. B. des Reitlehrers), obwohl diese ursprünglich gar nicht unseren eigenen Vorstellungen entsprochen hatten.
Ferner kann übertriebener Ehrgeiz, zu »hartes« Training, aber auch eine dauerhafte Unterforderung zum gefürchteten Trainingsfrust führen. Aber auch Niederlagen, der ständige Vergleich mit anderen (»besseren«) Reitern und das Ignorieren feiner »Warnsignale« tragen zur Entstehung des Trainingsfrustes bei.

Wann und wie sich Trainingsfrust äußert

»Frust« und »Trainingsfrust«; das sind Begriffe, die häufig bagatellisiert oder sogar ins Lächerliche gezogen werden. Dies ist sicher einer der Gründe, warum frustrierte Reiter sich nur ungern an andere wenden und lieber ihren eigenen Frust herunterspielen.
Dabei sind die Folgen der »echten«, lang andauernden Frustrationen nicht zu unterschätzen.
Ab wann und auch wie sich Frust beim Einzelnen äußert, ist – ebenso wie das Glücksgefühl – von der individuellen Wahrnehmung abhängig.
Manche Menschen werden aggressiv und gehen bei Kleinigkeiten »in die Luft«. Sie werden ungerecht, suchen die Schuld bei anderen und forschen nach potenziellen »Feindbildern«, die sie ihrerseits angreifen und verletzen können. Ungerechtfertigte Vorwürfe, gemeine Verbalattacken und Drohungen (»Wenn Du mich nicht verstehen kannst, DANN ...«) sorgen im Regelfall dazu, dass sie schnell in Ruhe gelassen und gefürchtet werden. Lösen können sie das Problem auf diese Weise allerdings nicht.
Bei anderen schwindet jeder Optimismus; sie leiden unter seelischen Verstimmungen (Depressionen), die sich später sogar körperlich auswirken können. Jene Menschen werden häufig antriebsschwach, sind niedergeschlagen, mut- und hoffnungslos. Einige von ihnen entfernen sich nach und nach von den Menschen, mit denen sie ihr Hobby bislang teilten und ziehen sich komplett zurück. Auch auf diese Weise verschlimmert sich die Situation langfristig betrachtet durch den sozialen Rückzug noch mehr.
Einige neigen zu einer übertriebenen Rationalisierung. Krampfhaft suchen sie nach »vernünftigen«, logischen Gründen für ihren Frust – auch, wenn diese völlig aus der Luft gegriffen sind. Z.B.: »Im Herbst und im Winter ist mein Pferd immer viel temperamentvoller. Das ist höhere Gewalt. Dagegen kann ich nichts tun.«
Die meisten, frustrierten Reiter neigen jedoch dazu, ihre Schwierigkeiten entweder gleich völlig zu ignorieren oder diese als Bagatelle zu betrachten. Abgesehen davon, dass sie sich auf diese Weise selbst etwas vormachen, werden sie meist früher oder später von ihrer persönlichen »Bagatelle« erneut überrumpelt und eingeholt. Da sie das Ganze so lange ignoriert haben, können sie oft nicht verstehen, wie sich der »klitzekleine Trainingsblues« zu einem handfesten Trainingsfrust entwickeln konnte.

Die Frustrationstoleranz des Einzelnen ist individuell zu betrachten. Was ertragen und ausgehalten werden kann, ist von Mensch zu Mensch verschieden.

Unterschieden werden kann zwischen drei verschiedenen Formen des Frustrationsverhaltens/der Frustreaktionen:

1. Extrapunitive Reaktionen

Hierbei werden die Frustursachen nach außen »abgeschoben«.
»Schuld« an dem Trainingsfrust ist demnach alles und jeder; aber keinesfalls der/die Betroffene. Typische Aussagen dieser Personengruppen können sein:

Mir geht es nur so schlecht, weil

- Mein Trainer/mein Reitlehrer total unfähig ist.
- Die Zustände in meinem Heimatstall vorsintflutlich sind.
- Ich »dämliche« Stallnachbarn habe.
- Mein Pferd nicht richtig tickt.

- Mein Partner mir die Hölle heiß macht, wenn ich zu viel Zeit am Stall verbringe.
- Meine Kinder ständig um mich herumwuseln und mich nicht vernünftig trainieren lassen.
- Die Fahrt zu meinem Stall viel zu mühselig ist.

Diese Liste lässt sich beliebig erweitern, und so mancher wird hier sich selbst oder andere Reiter wiedererkennen.

2. Intropunitive Reaktionen

Bei dieser Form des Umgangs mit dem eigenen Trainingsfrust, sucht der Betreffende/ die Betreffende die Ursache vor allem bei sich selbst. Besonders übersensible Menschen wählen diese Art der Verarbeitung. Typische Erklärungsversuche dieser Gruppe können sein:

Mir geht es schlecht, weil:

- Ich sowieso nichts auf die Kette kriege und einfach zu dusselig zum Reiten bin.
- Ich schon seit ewigen Zeiten vom Pech verfolgt werde. Wieso sollte ICH einmal Glück haben?
- Ich sowieso jedem auf die Nerven gehe. Wer sollte mir schon helfen wollen?
- Ich einfach nicht in der Lage bin, etwas durchzuziehen.
- Ich absolut talentfrei bin.
- Mein Pferd viel zu gut für mich ist.

Auch diese Auflistung ließe sich erweitern. Diese Personengruppe wird sehr erfinderisch sein bei der Suche nach den Ursachen und ihr Licht stets unter den Scheffel stellen.

3. Impunitive Reaktionen

Hier ist jene Personengruppe gemeint, die mit trügerischem Optimismus an den Frust herangeht – sofern sie diesen überhaupt als solchen erkennt. In der Regel sind es die Menschen, die alles bagatellisieren. Selbst der berühmte »Holzhammer« könnte sie nicht dazu bewegen, den Dingen ernsthaft auf den Grund zu gehen.

Auch hier habe ich einige, typische Merkmale für die Erklärungssuche dieser Personengruppe für Sie gesammelt:

Mir geht es schlecht, weil:

- Wieso geht es mir schlecht? Mir geht es überhaupt nicht schlecht!

Für diese Personengruppe muss der Satz also anders beginnen. Nämlich folgendermaßen.

Mir geht es nicht schlecht, weil:

- jeder, der meint, dass es mir schlecht geht, ein durchgeknallter Hobbypsychologe ist.
- die anderen Gespenster sehen wo keine sind.
- alles in bester Ordnung ist. Schließlich kriselt es in jeder Pferd-Mensch-Beziehung irgendwann einmal.
- das bisschen Bocken und Buckeln unheimlich lustig ist.
- jeder Reiter mal den Sand küssen muss; sonst ist er kein richtiger Reiter.
- ich ein unerschütterlicher Optimist bin.
- ich nicht so negativ denke wie alle anderen.
- das, was der Tierarzt mir gestern sagte sowieso nicht stimmt. Der will sich nur wichtig machen und mir die Kohle aus der Tasche ziehen.
- meine Freunde das Alles viel zu sehr dramatisieren.
- ich überhaupt und sowieso niemals Probleme habe – erst Recht nicht mit meinem Pferd.
- jeder, der mir Frust unterstellt, eh nur neidisch auf mich und mein Glück ist.

Zugegeben, die »Impunitiven« sind »harte Nüsse« und können das aufmerksame Umfeld durch ihre augenscheinliche Ignoranz zielsicher auf die Palme bringen. Schwierigkeiten, und seien sie noch so offensichtlich, werden kategorisch »ausgeblendet«. Sollten diese selbsternannten »Frohnaturen« einmal ein Problem zugeben, dann voraussichtlich nur, damit ihnen niemand auf die Schliche kommt. Dann heißt es: »Stimmt, früher … da hatte ich mal ein Problem mit meinem Pferd. Aber inzwischen ist es so gut wie gelöst. Alles ist wieder beim Alten und mir geht es wieder richtig gut.«

Vor dem Trainingsfrust …

Bevor Sie der »große« Trainingsfrust ereilt, meldet sich der »Trainingsblues«.

Um es gleich vorweg zu sagen: Der Blues kommt auf sehr leisen Sohlen daher; viele bemerken ihn erst, wenn er sich längst zu einem ausgewachsenen Frust entwickelt hat.
Ganz definitiv werden Sie nicht morgens aufstehen und feststellen: »Oh, da ist ja mein Trainingsblues. Nun wird es aber höchste Zeit, ganz schnell etwas zu unternehmen!«
Viel mehr ist es so, dass er in schneckenartiger Geschwindigkeit in Ihren Stallalltag und damit in Ihr Leben wabbern wird. Um ihn zu erkennen (und ihm rechtzeitig den Garaus zu machen), bedarf es einer ausgezeichneten Selbstwahrnehmung.
Frei nach meinem bewährten Motto (Humor ist, wenn man trotzdem lacht), habe ich für Sie einige »Alarmzeichen« für den drohenden Trainingsblues gesammelt. Ganz »bierernst« sollten Sie diese Ausführungen nicht nehmen. Dennoch: Ein gewisser, wahrer Kern ist nicht zu leugnen.

Trainingsblues – die Top 20

Alarmzeichen 1:
Sie beginnen sich zu fragen, wie Ihr Leben verlaufen wäre, wenn es Ihr Pferd nicht gegeben hätte. Anschließend sehen Sie sich gezwungen einen Psychologen aufzusuchen.

Alarmzeichen 2:
Wenn Sie Westernreiter sind, keimt in Ihnen auf wunderliche Weise der plötzliche Wunsch auf, sich der klassischen Reitweise widmen zu wollen.

Alarmzeichen 3:
Sie waren bislang Klassisch-Reiter und probieren neuerdings heimlich die Lederchaps Ihres westernreitenden Stallkollegen an – und das, obwohl Sie Fransen zutiefst verabscheuen.

Ein skeptischer Blick... Manchmal liegen Reiterfrust und Glück dicht beieinander.

Alarmzeichen 4:
Sie stopfen in einschlägigen Fastfood-Restaurants unkontrolliert kalorienreiche Matschbrötchen in sich hinein und freuen sich diebisch, wenn die Waage Ihnen anzeigt, dass Sie für Ihr Pferd leider zu schwer geworden sind.

Alarmzeichen 5:
Sie rufen 24 verschiedene Tierärzte an und hegen den heimlichen Wunsch, wenigstens einer von ihnen möge Ihnen bestätigen, dass Ihr Pferd dringend in Rente geschickt werden sollte.

Alarmzeichen 6:
Sie schieben auf der Arbeit freiwillig Überstunden, um keine Zeit zum Reiten zu haben.

Alarmzeichen 7:
Sie heulen nicht mehr Rotz und Wasser, wenn Ihr Pferd unter einem anderen Reiter wesentlich besser läuft als bei Ihnen.

Alarmzeichen 8:
Jemand bezeichnet Ihr Pferd als einen »untalentierten Bock« und Sie verspüren nicht den dringenden Wunsch, diesen Menschen postwendend zu beseitigen.

Alarmzeichen 9:
Sie holen sich aus tiefster Überzeugung reiterliche Tipps von dem schlechtesten Reiter, den Sie kennen.

Alarmzeichen 10:
Wenn die Pflegerin Ihres Pferdes dessen Schweif zu kurz geschnitten hat, ruft dieser Umstand bei Ihnen keine Vernichtungsgedanken hervor.

Alarmzeichen 11:
Im Fernsehen schauen Sie sich lieber das Traumschiff an als die Reit-WM.

Alarmzeichen 12:
Während Ihres Sommerurlaubes kurven Sie lieber mit einer albernen Wasserbanane über das Meer, anstatt mit Ihren Freunden ein wunderschönen Strandausritt zu genießen.

Alarmzeichen 13:
Der Gedanke, Ihr Pferd an einen Kirmeskarussell-Besitzer verkaufen zu müssen, stürzt Sie nicht einmal annähernd in eine psychische Krise.

Alarmzeichen 14:
Ohne jegliche Unruhe zu verspüren, vertrauen Sie Ihr Pferd einem blutigen Anfänger an.

Alarmzeichen 15:
Sie fertigen eifrig eine Liste mit Dingen an, die Sie sich leisten können, wenn Sie keine Stallmiete mehr bezahlen müssen.

Alarmzeichen 16:
Es stört Sie nicht die Bohne, wenn andere Ihren Trainer/Reitlehrer als einen »autodidaktischen Nichtskönner« bezeichnen.

Alarmzeichen 17:
Wenn man Ihnen sagt wie gut Sie reiten, halten Sie diesen Menschen entweder für einen notorischen Lügner oder für einen bestechlichen Charakterschwächling, der von Ihren besten Freunden für diese Aussage bezahlt wurde.

Alarmzeichen 18:
Sie kaufen sich von Ihrem Ersparten keinen neuen (überfälligen!) Sattel für Ihr Pferd, sondern ein Flachbildschirmgerät.

Alarmzeichen 19:
Kinder, die ihre Finger unkontrolliert in die Nüstern und Ohren Ihres Pferdes stecken, finden Sie neuerdings ausgesprochen niedlich.

Alarmzeichen 20:
Für Übungszwecke stellen Sie einer angehenden Tierärztin, die schon 2 mal die Prüfung versemmelt hat und vorzugsweise mit Krötenaugen und

Schattengewächsen herumhantiert, großzügig Ihr Pferd zu Verfügung.

Wenn Sie den Verdacht haben, dass Sie der Trainingsblues bereits ereilt hat, wird es höchste Zeit, etwas zu unternehmen.

Haben Sie den Trainingsblues?

Es ist gut möglich, dass Sie von Zeit zu Zeit das vage Gefühl haben: »Irgendetwas in meinem Reiterleben läuft nicht ganz »rund«. Sie wissen u. U. nicht so richtig, was genau Sie so unzufrieden macht, oder aber Sie stellen fest, dass viele winzige Kleinigkeiten Ihnen das Reiterleben schwer machen. Mal ist es der Reitlehrer, mit dem Sie immer wieder aneinander geraten, mal schimpfen Sie auf Ihr – sonst heiß geliebtes – Pferd … Ein anderes Mal sind Sie genervt, weil niemand mit Ihnen ausreiten mag, oder es geht Ihnen auf den Keks, dass Sie bei schlechtem Wetter auf das Reiten verzichten müssen, weil es an Ihrem Stall keine Halle gibt.
Vielleicht können Sie aber auch gar nicht so genau definieren, wo das Haar in der Suppe nun zu finden ist und stellen nur mit Entsetzen fest, dass Ihnen der Spaß an Ihrem Hobby verloren geht.

Die wenigsten Reiter machen sich die Mühe, diesen Dingen auf den Grund zu gehen und hoffen, dass die »Depri-Phase« von alleine verschwindet. Allzu schnell wird vergessen, dass Abstieg und Fall des persönlichen Glücks-Barometers in den eigenen Händen liegt. In manchen Fällen mag sich die Hoffnung auf eine »wundersame« Wende tatsächlich durch irgendwelche glücklichen Zufälle erfüllen.
Doch viel häufiger entwickelt sich der kleine, »niedliche« Blues zum ausgewachsenen Trainingsfrust. Dann ist guter Rat oft teuer und manch einer steht vor der schweren Entscheidung, sein Hobby gar an den Nagel zu hängen. Aber dem kann vorgebeugt werden.

Abwechslung in den Trainingsalltag bringen …

Im Folgenden habe ich einige Bereiche aufgeführt, die entscheidend zu Ihrem persönlichen Reiterglück, bzw. zu Ihrem persönlichen Trainingsfrust beitragen können. Die folgenden Ausführungen dienen vor allem dazu, Sie für verschiedene Themenbereiche zu sensibilisieren. Das Lesen der folgenden Seiten bereitet Sie gewissermaßen auf Ihren persönlichen »Zufriedenheitscheck« zum Ende des Kapitels vor.

UNTER DIE LUPE GENOMMEN ...

Der Heimatstall – Freizeitoase oder Haifischbecken?

Anders als noch vor 20 Jahren haben Pferdebesitzer und aktive Reiter heute »die Qual der Wahl«, wenn es um die Auswahl des »richtigen« Heimatstalls geht.

Sowohl in den Städten als auch auf dem Lande werden den aktiven Pferdemenschen unendlich viele Möglichkeiten mit den unterschiedlichsten Konzepten geboten.

Es gibt Schulbetriebe, in denen hauseigener Unterricht angeboten wird. Bei privaten Ställen bietet sich häufig die Möglichkeit, sich den jeweiligen Trainer oder Reitlehrer selbst auszusuchen. Größere Höfe bieten dem ambitionierten Reiter oftmals eine Vielzahl an luxuriösen Versorgungsmöglichkeiten an, die keine Wünsche mehr offen lassen. Es gibt z. B. Angebote für Selbstversorger, für die Liebhaber einer bestimmten Rasse, für die Anhänger einer bestimmten Reitweise usw.

Einige Stallbetreiber legen ganz besonderen Wert auf eine familiäre Atmosphäre; wieder andere versuchen, ihre Einsteller über die Anbindung eines Vereines und die damit verbundenen Vorteile für sich zu gewinnen. Pferdebesitzer haben die Wahl zwischen der beliebten Offenstallhaltung, Boxenhaltung mit Weidegang, zwischen verhältnismäßig preiswerter Unterbringung ohne besonderen Luxus oder den »Palästen« unter den Reitställen.

Auch in Bezug auf die Fütterung gibt es riesige Unterschiede und sorgt nicht selten für konfliktreichen Zündstoff; ebenso wie die Gestaltung und Einstreu der Pferdeboxen.

Aus der Vielzahl an Möglichkeiten für sich das individuell Passende zu finden, erweist sich in der Praxis als relativ schwierig, zumal jeder Stallbetreiber verständlicherweise stark daran interessiert sein wird, den potenziellen Neukunden seine Anlage ausschließlich von der »Schokoladenseite« zu präsentieren. Glücklicherweise habe ich ausgesprochen ehrliche Stallbetreiber; dies ist allerdings nicht unbedingt die Regel. Die wenigsten Stallbesitzer werden Ihnen im Erstgespräch brühwarm erzählen, dass die ein oder andere Box im Herbst unter Wasser stehen wird, dass die Hunde der Miteinstaller ausgerechnet die Box Ihres Pferdes vorzugsweise als Klo benutzen, dass der Trainer XY an diesem Hof unerwünscht ist und im nächsten Quartal die Stallmiete um 5 % erhöht wird.

Um die Anzahl böser Überraschungen möglichst gering zu halten, sollten Sie nicht nur wissen, was Sie wollen, sondern sich auch gut informieren. Äußerst hilfreich sind dabei nicht nur die persönlichen Gespräche mit den Stallbesitzern, sondern auch diverse »Interviews« mit den Einstellern.

Stall-Frusties, Nomaden und Glückskekse

Innerhalb meiner Recherchen stieß ich bezüglich der Einsteller im Wesentlichen auf 3 verschiedene Spezies:

Spezies A – die Stall-»Frusties«

»Frusties« sind jene Menschen, die seit ewigen Zeiten an ein und demselben Stall verweilen, ohne dabei wirklich zufrieden zu sein. Aus irgendwelchen (manchmal unerfindlichen) Gründen gelingt ihnen der »Absprung« jedoch nicht.

Den klassischen Frustie erkennen Sie vor allem an seiner wechselhaften Meinung im Hinblick auf seinen Heimatstall. Heute ist er himmelhoch jauchzend, weil »alles in Butter« ist – morgen ist er zu Tode betrübt. Beim Frustie weiß man nie wirklich, woran man bei ihm ist. Montags steht er bereits mit einem Reitstiefel im benachbarten Luxusstall, dienstags glaubt er, dass er nirgendwo besser aufgehoben ist als dort, wo er seit Jahren schon umherirrt.

Frusties neigen dazu, sich Missstände unermüdlich

»schön« zu reden. Außerdem finden sie unendlich viele Gründe, um sich nicht endgültig entscheiden zu müssen.

Typische Aussagen der Frusties lauten:

- »Klar kann man im Winter bei meinem Pferd die Rippen zählen, wenn ich kein Zusatzfutter kaufe. Aber dafür zahle ich nicht so viel Stallmiete.«
- »Sicher, der Unterricht an meinem Hof ist hundsmiserabel. Aber wenn ich zwischendurch einmal ein paar Kurse besuche, kann ich das wieder ausgleichen.«
- »Ich gebe zu, dass es mir fürchterlich auf die Nerven geht, wenn die Schulreiter ständig die Halle blockieren. Aber dafür kann ich kostengünstig am Unterricht teilnehmen.«
- »Okay ... Mit der Hälfte der Einsteller liege ich regelmäßig im Clinch. Da meine besten Freunde ihre Pferde aber in der gleichen Stallgasse stehen haben, ist alles halb so wild.«

Das größte Problem der »Frusties« ist darin begründet, dass sie schlicht und ergreifend nur eine sehr grobe Vorstellung von dem haben, was sie wirklich möchten. Was Sie haben, ist nichts Halbes, aber auch nichts Ganzes. Stetig gehen sie Kompromisse ein, arrangieren sich »irgendwie« mit den Gegebenheiten und schwanken zwischen Hü und Hott. Immer mal wieder tragen sich Frusties – durchaus ernsthaft – mit dem Gedanken, sich mit ihren Pferden ein neues Zuhause zu suchen. Doch wenn es darum geht, »Nägel mit Köpfen« zu machen, treten sie im letzten Augenblick wieder den Rückzug an. Sie finden letztlich immer einen Grund, um an ihrem Heimatstall zu verweilen, stellen diesen Entschluss dennoch zu einem späteren Zeitpunkt wieder in Frage. Entsprechend schwer tun sie sich mit einer endgültigen Entscheidungsfindung.

Spezies B – die »Nomaden«

Des Weiteren sind mir Menschen bekannt, die vagabundenähnlich alle Jubeljahre ihren Heimatstall wechseln, um irgendwann festzustellen, dass auch Stall Nummer soundsoviel nicht der richtige für sie und ihre Pferde ist. Unermüdlich tingeln sie durch die Weltgeschichte; immer auf der Suche nach noch besseren und noch luxuriöseren Unterbringungsmöglichkeiten. Nirgendwo scheinen sie dauerhaft zufrieden zu sein. Warum das so ist, bleibt den meisten von ihnen ein ewiges, unergründliches Rätsel, denn sich selbst zu hinterfragen, gehört im Regelfall nicht zu ihren Stärken.

Typische Aussagen der »Nomaden« lauten:

- »Irgendwie komme ich dauernd vom Regen in die Traufe«. Stimmt das »Drumherum«, komme ich mit den Leuten nicht klar oder umgekehrt.
- »Stallbetreiber sind geldgierige Hyänen; sie ziehen mir das Geld aus der Tasche, ohne etwas dafür zu bieten.«
- »Wenn der Stallbesitzer nicht begreift, dass der Kunde »König« ist, ist er selber Schuld!«

Gelinde gesagt sind die Nomaden der Alptraum eines jeden Stallbetreibers. Da sie Ziele, Erwartungen und Wünsche haben, die nicht einmal ein Flaschengeist erfüllen könnte, werden sie nirgendwo auf Dauer Fuß fassen können.
Anstatt ihre eigenen Erwartungen kritisch zu überdenken, suchen sie die »Schuld« bei anderen. Dies geschieht im Regelfall keineswegs aus böser Absicht. Sie unterliegen lediglich einem »Denkfehler« bezüglich ihrer Zielsetzungen, der den Umgang mit ihnen für alle Außenstehende äußerst schwierig macht.

Spezies C – die »Glückskekse«

Und dann gibt es noch die (wenigen) glücklichen Ausnahmen, die über viele, viele Jahre hinweg rundum zufrieden in ihrem Heimatstall sind.
Das bedeutet nicht, dass sie niemals mit Schwierigkeiten konfrontiert werden. Da sie jedoch normalerweise sehr genau wissen, was sie wollen und wie sie es erreichen können, wissen sie hervorragend damit umzugehen.
Außenstehende haben bei diesen Exemplaren häufig den Eindruck, sie seien mit einem geradezu unverschämten Glück gesegnet. Alles, was die »Glückskekse« in die Hand nehmen, scheint zu gelingen. Streitigkeiten sind ihnen fremd, mit ihren Pferden kommen sie gut voran, sie entwickeln sich reiterlich und haben häufig dieses selige Lächeln auf den Lippen, welches bei chronischen »Miesepetern« so etwas wie eine »allergische Reaktion« auslösen kann.

Im Allgemeinen sind die Glückskekse angenehme Frohnaturen, jenseits jeder hochnäsigen Arroganz. Daher sind sie meistens beliebt, genießen eine Art »Vorbildfunktion« und damit einen besonderen Status für all jene, die dieses Glück noch nicht für sich entdeckt haben.

Gute Gründe, schlechte Gründe

Die sorgfältige Auswahl des Heimatstalles kann wesentlich zu Ihrem persönlichen Reiterglück beitragen. Wenn Sie bedenken, wie viel Zeit Sie wöchentlich oder sogar täglich im Stall verbringen, wird deutlich, wie wichtig es ist, bezüglich der Stallauswahl die richtige Entscheidung zu treffen. Für die meisten Pferdemenschen ist der Stall letztlich so etwas wie ein zweites Zuhause. Hier wird nicht nur trainiert, geackert, geschuftet und gelernt. Auch Kontakte werden gepflegt. Neben den lockeren Plaudereien zwischendurch ist dies der bevorzugte Ort, um sich auszutauschen, gemeinsame Interessen wahrzunehmen und zusammen Veranstaltungen zu planen.

Nach welchen Kriterien der heimatliche Hof ausgewählt wird, hängt im Regelfall von verschiedenen Faktoren ab. Entscheidend bei der Auswahl sollten vor allem die eigenen Zielvorstellungen, Erwartungen und Wünsche sein. Es gilt die Faustregel: Je bewusster Ihnen Ihre Ziele und Wünsche sind, desto höher ist die Wahrscheinlichkeit, dass Sie für sich die richtige Wahl treffen.

Es kommt vor, dass sich Wünsche und Ziele im Laufe der Zeit ein wenig verändern. Manchmal geschieht das unbewusst. Und plötzlich stellt man überrascht fest, dass verschiedene Dinge am Heimatstall mit einem Mal als störend empfunden werden.

Dann und wann einen kritischen Blick auf den eigenen Heimatstall zu werfen, lohnt sich also.

Nanu, plötzlich sind alle verschwunden. Hier ist es nur Spaß, aber in vielen Ställen fühlen sich einzelne Reiter nicht willkommen.

Es gibt tausend gute Gründe, warum man sich für einen bestimmten Stall entschieden hat. Allerdings gibt es auch ebenso viele schlechte Gründe.
Gute Gründe sind all jene, die Ihnen dabei helfen werden, Ihre individuellen Ziele erreichen zu können. Schlechte Gründe sind die, die Sie bei der Verfolgung Ihrer Ziele langfristig hemmen oder ein Erreichen Ihrer Ziele sogar unmöglich machen.
Letzteres lässt Trainingsfrust entstehen und Ihr reiterliches Glücksbarometer auf ein ungesundes Level sinken.

Je detaillierter Sie Ihre Wünsche und Vorstellungen beschreiben können, desto erfolgreicher sind Sie bei der Auswahl Ihres Heimatstalles.

Es folgen einige der wichtigsten Kriterien, die Ihnen helfen können, für sich und Ihr Pferd den passenden Heimatstall zu finden.

Wenn Sie bereits ein »Zuhause« gefunden haben, werden Sie beim Lesen der folgenden Seiten sehr schnell bemerken, ob Sie für sich die richtige Wahl getroffen haben.
Die Grundbedürfnisse eines Pferdes abzudecken, ist in Bezug auf die Haltung verhältnismäßig einfach. Pferde sind meist ohne einen besonderen Aufwand zufrieden zu stellen. Sie benötigen lediglich eine möglichst artgerechte Unterbringung, ausreichend Futter, Bewegung und Sozialkontakte.
Ein Pferd würde nie danach fragen, ob es die Möglichkeit erhält, regelmäßig das Solarium nutzen zu können. Ebenso ist es ihm egal, ob es nun in einer luxuriösen Halle oder auf einem Reitplatz bewegt wird. Die Zweibeiner, die

Eine große Weide zum Austoben … Welcher Reiter wünscht sich das nicht für sein Pferd?

ihm täglich begegnen, sind ihm relativ »wurscht«. Pferde brauchen keine sauberen, mit allem möglichen »Schnick-Schnack« ausgestattete Reiterstübchen, in denen sie sich zum Kaffee trinken treffen. Und auch über die Öffnungszeiten des Betriebes wird sich kein Pferd dieser Welt Gedanken machen.

Bei uns Menschen schaut es da schon ein wenig anders aus. Hinsichtlich seines reiterlichen Glücks sollte jeder Pferdemensch ziemlich genau wissen, welche Ansprüche er an seinen Heimatstall stellt. Sehr viele Reiter sind an ihren Höfen unzufrieden, weil die vorherrschenden Umstände nicht ihren Erwartungen entsprechen.

Die Lage/Umgebung

Seit einigen Jahren sprießen Reitanlagen geradezu wie »Pilze aus dem Boden«.

Es kommt vor, dass ein Pferdemensch nach langer, mühseliger Suche endlich den passenden Stall gefunden hat, doch der Weg dorthin mit einigen Schwierigkeiten verbunden ist.

So kann es sein, dass sich ein berufstätiger Reiter nach dem sauer verdienten Feierabend Stunden lang auf der Kriechspur der Autobahn durch die Rushhour quälen muss, um zu seinem Pferd zu gelangen. Es ist möglich, dass einem engagierten Pferdebesitzer dieser »kleine Missstand« in der ersten Euphorie nichts ausmachen wird. Doch spätestens, wenn der Winter Einzug hält und die Straßen nicht nur verstopft, sondern auch nass, glitschig und glatt sind, wird ihm der Weg zum Pferd aller Voraussicht nach fürchterlich auf den Geist gehen.

Dann ist es nur eine Frage der Zeit, bis er zum ersten Mal sagt: »Ach, bei diesem Hundewetter bleibe ich lieber zu Hause.«. Und nachdem er erst einmal gemütlich daheim vor seinem Kamin sitzen geblieben ist und festgestellt hat, dass sein Pferd deshalb nicht gestorben ist, wird es ein zweites, drittes und viertes Mal passieren ... Ehe sich das Reiterlein versieht, ist es vom gemeinen, inneren »Schweinehund« heimgesucht worden. Und da der Bursche äußerst hartnäckig ist, wird er auch im Sommer keine Ruhe mehr geben. Im ungünstigsten Fall beschränken sich die gemütlichen »Ausreden« bald nicht nur auf die »böse Winterzeit«. Fortan wird das »Schweinehund-infizierte«-Reiterlein auch im Sommer sehr erfinderische Ausreden finden, um nicht mehr den langen Weg zum Stall fahren zu müssen ...

Menschen, die in der Stadt leben und gerne mit ihren Vierbeinern ausgedehnte Ausritte ins Gelände unternehmen möchten, sind deshalb am besten in den Stadtrandgebieten aufgehoben.

Wer sich im Vorfeld darüber im Klaren ist, dass das Ausreiten einen Schwerpunkt darstellt, wird seinen Heimathof natürlich entsprechend auswählen.

Doch auch diejenigen, die vorzugsweise in der Halle oder auf dem Reitplatz trainieren und nur hin und wieder Ausflüge ins Gelände unternehmen möchten, sollten sich über die Ausreitmöglichkeiten vorher informieren. Dicht befahrene Straßen in der direkten Umgebung oder vorwiegend asphaltierte Wege können auch den weniger ambitionierten »Ausreitern« schnell den Spaß an den Ausflügen nehmen.

Die »Wohnung« Ihres Pferdes

Inzwischen entsprechen die meisten Boxen den vorgeschriebenen Richtlinien. Sie sind ausreichend groß, werden gut gelüftet, sind hell, ermöglichen den »Schnupper«- und/oder »Knabberkontakt« zu den vierbeinigen Nachbarn und werden regelmäßig gemistet. Dennoch existieren ausreichend viele Unterschiede, die Pferdehaltern die Entscheidung erschweren.

Pferdebesitzer haben beispielsweise die Wahl zwischen »herkömmlichen« Boxen, Freilauf-Gehegen, verschiedenen Möglichkeiten der Einstreu, Paddockboxen usw.

Die meisten Pferde kommen gut mit den Boxen klar, die den allgemeinen Richtlinien entsprechen, obwohl Ausnahmen die Regel bestätigen.

Sie als Pferdehalter kennen Ihr Pferd am besten und werden wissen, mit welchen Bedingungen es gut zurechtkommen wird und mit welchen nicht. Verträgt Ihr Pferd z. B. auf Grund einer Allergie kein Stroh, sollte im Vorfeld mit den Stallbetreibern abgeklärt werden, ob die Möglichkeit besteht, die Box Ihres Pferdes mit Spänen einzustreuen. Ist Ihr Pferd daran gewöhnt, zwischen Auslauf und dem Aufenthalt in der Box wählen zu können, gilt es zu prüfen, ob sich Ihr Pferd mit einer Boxenhaltung anfreunden kann – auch, wenn regelmäßiger Weidegang gewährleistet wird.

Auslauf, Weidegang und Sozialkontakte

Es ist unumstritten, dass jedes Pferd Sozialkontakte und Auslaufmöglichkeiten benötigt.

In den meisten Ställen wird beides ermöglicht. Allerdings bestehen große Unterschiede hinsichtlich der Häufigkeit. So gibt es z. B. Reitställe, in denen die Pferde sowohl tagsüber als auch nachts die Möglichkeit haben, auf der Weide zu stehen. Auf anderen Höfen kommen die Pferde stundenweise nach draußen.

Auch bei der Zusammenstellung der Herden gibt es Unterschiede. Während auf einigen Weiden Stuten und Wallache getrennt voneinander untergebracht werden, gibt es in anderen Ställen gemischte Herden.

In verschiedenen Ställen werden die Pferde von den Stallbesitzern und deren Angestellten auf die Weide gebracht; auf anderen Höfen besteht die Absprache, dass die Pferdebesitzer im Wechsel diese Aufgabe übernehmen.

Auch hier ist es günstig, dass Sie sich bereits vor der Auswahl eines Hofes darüber im Klaren sind, welche Form der Haltung Ihnen für Ihr Pferd wichtig ist. Wenn Sie beispielsweise die Erfahrung gemacht haben, dass Ihr Wallach im Großen und Ganzen nicht mit Stuten klar kommt, sollten Sie dies zuvor mit dem Stallbetreiber absprechen.

Die Fütterung

In sehr vielen Ställen sorgt dieses Thema ganz besonders für Zündstoff zwischen den Stallbetreibern und den Pferdebesitzern.

Zwei Zimmer mit Ausblick. In diesen Genuss kommt nicht jedes Pferd.

Nach Ansicht der Pferdebesitzer wird häufig »falsch« gefüttert; d. h.: zu wenig, zu viel, zu unregelmäßig, zu einseitig usw. … Wenn Sie feststellen, dass das Thema Fütterung auch an Ihrem Heimathof immer wieder zu Konflikten führt, dann mag es u. a. daran liegen, dass es für Stallbetreiber ausgesprochen schwierig ist, eine Form der Fütterung zu finden, die die Grundbedürfnisse eines jeden einzelnen Pferdes abdeckt.

Gerade hinsichtlich der Fütterung sind die Fronten zwischen Stallbetreibern und Pferdebesitzern oft so verhärtet, dass manchmal keine Einigung erzielt werden kann. Einige Pferdehalter sehen mitunter keinen anderen Ausweg, als den Stall zu wechseln.

Eben weil es wegen dieses Themas häufig zu Streitereien kommt, reagieren einige Stallbetreiber schon allergisch, sobald sie auch nur auf dieses Thema angesprochen werden. Sollte für Sie ein Stallwechsel bevorstehen, ist es sinnvoll, wenn Sie sich zunächst einmal ausführlich über die Fütterungsgewohnheiten an Ihrem neuen Stall informieren. Sollte es Unsicherheiten, bzw. Unstimmigkeiten in Bezug auf die Fütterung zwischen dem Stallbetreiber und dem Pferdebesitzer geben, empfiehlt es sich, ggf. die Meinung eines neutralen Fütterungsexperten oder Tierarztes einzuholen.

Wenn Sie wegen der Fütterung immer wieder mit dem Stallbetreiber »kollidieren«, deshalb aber nicht den Stall wechseln möchten, besteht vielleicht – nach Absprache mit dem Stallbetreiber – die Möglichkeit, dass Sie Ihr Pferd selbst füttern. Haben Sie die Zeit und die Muße, die Fütterung Ihres Pferdes selbst in die Hand zu nehmen, wird sich dies im Regelfall auch auf die Höhe der Stallmiete auswirken.

Stimmt das Futterangebot, sind Menschen und Pferde zufrieden.

Zusatzleistungen

Je höher die Stallmiete veranschlagt wird, desto mehr »Extras« und Zusatzleistungen dürfen Sie erwarten. Besondere Serviceleistungen z. B.:

- eine großzügige, gepflegte Reithalle,
- ein beleuchteter Reitplatz,
- eine Führanlage,
- ein Round Pen,
- ein Longierplatz,
- ein Solarium.

Welche Zusatzleistungen angeboten werden, ist u.a. von der angesprochenen Zielgruppe, dem Konzept der Stallbetreiber, aber auch von der Nachfrage und dem Eigenengagement der Einsteller abhängig. So existiert z.B. in manchen Vereinen mit Reitschulbetrieb für die Einsteller die Möglichkeit, einmal wöchentlich ohne Aufpreis am hauseigenen Reitunterricht teilzunehmen. Stallbetreiber, deren Zielgruppe überwiegend Freizeitreiter sind, bieten gerne die Teilnahme an verschiedenen Veranstaltungen an, die auf die Bedürfnisse dieser Zielgruppe abgestimmt sind.

Wie viel und welchen Luxus Sie sich, bzw. Ihrem Pferd gönnen wollen und können, können Sie am besten selbst beurteilen.

Wichtig ist, dass Sie hierbei Prioritäten setzen und genau wissen, worauf Sie keinesfalls verzichten möchten (z. B. eine Reithalle, Vollverpflegung usw.).

Die Zielgruppe der Stallbetreiber

Nichts ist fürchterlicher, als versehentlich irgendwo hinzugeraten, wo Sie auffallen werden wie ein siebenköpfiges Elefantenbaby …

Wenn Sie als angehende Dressurreiterin in einem Stall landen, in dem fast nur eingefleischte Westernreiter zu Hause sind, werden Sie vermutlich früher oder später ein Problem haben. Andersherum wird auch ein Reining ambitionierter Westernreiter unter Dressur- oder gar Springreitern eine etwas seltsame Figur abgeben.

Ist das Ungleichgewicht zwischen den verschiedenen Reitweisen gar zu auffällig, sollten bei Ihnen eigentlich die Alarmlämpchen schrillen.

Erkundigen Sie sich besser vorher, welche Reitweise bevorzugt wird. Inzwischen gibt es viele Höfe, an denen unterschiedliche Reitweisen gleichermaßen vertreten sind. Entgegen einiger Unkenrufe kann das durchaus sehr gut funktionieren; besonders dann, wenn eine gute, zwischenmenschliche Basis bei den Anwendern der unterschiedlichen Reitweisen vorhanden ist.

Fort- und Weiterbildungsmöglichkeiten

Geradezu jeder Pferdefreund möchte sich mit seinem Pferd in irgendeiner Form weiterentwickeln und selbst entscheiden dürfen, auf welche Art und Weise dies geschehen soll.

Vereinzelt gibt es Reitbetriebe, in denen Reitlehrer/Trainer von außerhalb weitgehend unerwünscht sind. Auch bestimmte Methoden werden nicht überall gerne gesehen.

Damit es keine unangenehmen Überraschungen für Sie gibt, macht es Sinn, sich vorher gezielt über die Fort- und Weiterbildungsmöglichkeiten an dem favorisierten Hof zu erkundigen.

Haben Sie einen bestimmten Trainer, mit dem Sie gute Erfahrungen gemacht haben und möchten weiterhin bei ihm Unterricht nehmen, sprechen Sie dies am Besten im Vorfeld mit dem Stallbetreiber ab. Es ist auch günstig, andere Einsteller dazu zu befragen.

In einigen Ställen ist es üblich, dass in regelmäßigen Abständen Seminare abgehalten werden. Für viele Einsteller ist dies eine gute Gelegenheit, ohne einen großen Aufwand Kurse besuchen zu können. Anderen sind solche Veranstaltungen eher ein Dorn im Auge, da der Stallalltag von den angebotenen Fortbildungen beeinträchtigt wird. Es ist also gut möglich, dass die Halle oder der Reitplatz zu dieser Zeit für den »normalen« Reitbetrieb nicht zu Verfügung steht. Dies gilt auch für Höfe, bei denen verschiedene Reitlehrer zu unterschiedlichen Zeiten ihren Unterricht abhalten. Ist dies der Fall, müssen Sie ggf. damit rechnen, dass Sie den Reitplatz oder die Halle zu bestimmten Zeiten nur eingeschränkt nutzen können.

Auch hier gilt: Je genauer Ihre Vorstellungen in Bezug auf Ihre reiterliche Zukunft sind, desto gezielter können Sie

Wenn Sie pferdebegeisterte Kinder haben, sollten Sie auch darauf achten, dass Ausbildungsangebote für diese vorhanden sind.

nachfragen und für sich und Ihr Pferd eine geeignete Unterkunft finden.

Die Atmosphäre am Stall

Nicht nur die Pferde sollten sich an ihrem Heimatstall wohl und gut aufgehoben fühlen … Das Gleiche gilt für die Zweibeiner. Denn was nutzt Ihnen jeder Luxus, wenn Sie bereits mit Magenschmerzen zum Hof fahren, weil Sie nicht wissen, wer heute wieder über Sie lästert oder ob ausgerechnet an diesem Tag die Menschen da sein werden, mit denen Sie in schöner Regelmäßigkeit derbe aneinander rasseln?

Einer der häufigsten Gründe für einen Stallwechsel ist eine miese Atmosphäre am Hof. Wenn untereinander nur herumgezickt und gezetert wird und wenn ständig dicke Luft herrscht, ist es nur verständlich, dass sich die Einsteller mit dem Gedanken tragen, den Hof zu wechseln.

Um es gleich vorwegzusagen: Den Stall an dem ausnahmslos gute Stimmung herrscht und an dem es niemals zu Konflikten kommt, gibt es nicht. Doch wenn an einem Hof dauerhaft Gift und Galle gespuckt wird und die Fronten zwischen den Streithähnen bereits verhärtet sind, können Sie dies bei scharfer Beobachtung meist recht gut erkennen.

Schon bei Ihrem ersten Besuch am Stall können Sie sich ein einigermaßen zuverlässiges Bild über die Atmosphäre an diesem Hof machen. Beobachten Sie z. B., dass der Stallbetreiber unmöglich mit seinen Angestellten oder Einstellern umgeht und der Umgangston nur hart, aber wenig herzlich ist, dann ist dies meist ein sicheres Indiz

für dicke Luft. Natürlich kann es durchaus sein, dass die Herrschaften ausgerechnet an diesem Tag mit dem falschen Fuß aus dem Bett gekrabbelt sind, doch stutzig machen sollte Sie so etwas immer.
Auch die Art und Weise, wie die Einsteller Sie begrüßen und miteinander umgehen, kann für Sie sehr aufschlussreich sein. Werden Sie – trotz freundlicher Begrüßung Ihrerseits – gleich von mehreren Exemplaren wie Luft behandelt, angestarrt als seien Sie soeben vom Mars auf die Erde geplumpst oder gar schnippisch abgewimmelt, wäre dies ein guter Grund, sich die Hofatmosphäre ein wenig genauer zu betrachten.

Das Preis-Leistungsverhältnis

Die wenigsten Reiter sind Millionäre ... Doch klar ist auch, dass jede erbrachte Leistung ihren Preis hat.
Grundsätzlich gilt: Je mehr Zusatzleistungen (wie eine saubere, gepflegte Halle mit gutem Boden, Führanlage, Solarium usw.) angeboten werden, desto mehr schlägt sich dies in der veranschlagten Stallmiete nieder.
Vereinzelt habe ich Stallbetreiber kennen gelernt, die der Meinung waren, dass eine Halle der Marke »Abriss-Schuppen«, ein Reitplatz der Gattung »besseres Blumenbeet« und Boxen der Rubrik »schlecht beleuchtete Abstellkammer« ein guter Grund für eine Stallmiete in Schwindel erregender Höhe seien ... Sollte Ihnen so etwas unter die Augen kommen, suchen Sie am Besten das Weite. Es gibt ausreichend gut geführte, gepflegte Höfe mit Wohlfühlfaktor, die ihren Preis Wert sind.
Fragen Sie sich, auf welchen Luxus Sie keinesfalls verzichten möchten und erkundigen Sie sich am besten vorher über die durchschnittliche, in Ihrer Region übliche Stallmiete für einen Hof, der Ihren Vorstellungen entspricht.

Reitschulen

Wenn Sie kein eigenes Pferd besitzen, werden Sie vermutlich nach einer geeigneten Reitschule suchen. Auch hier gibt es einiges bei der Auswahl zu beachten; die Kriterien sollten ähnlich sein wie bei der Stallsuche für Pferdebesitzer.
Hier habe ich für Sie eine kleine Zusammenfassung der Merkmale, die Ihnen bei der Suche nach einer – für Sie geeigneten – Reitschule behilflich sein können, zusammengestellt:

Der Weg zu Reitschule
Ist der Betrieb für Sie auch zu den Hauptverkehrszeiten gut erreichbar?

Die Schulpferde
Sind die Pferde und deren Ausrüstung gepflegt? Stehen für Sie Schulpferde zu Verfügung, die Ihrem reiterlichen Können und Ihren Erwartungen entsprechen?

Die Unterbringung der Pferde
Wie sehen die Stallgassen und die Boxen der Pferde aus? In welchem Maß erhalten die Pferde Weidegang?

Der Unterricht
Zu welchen Zeiten findet der Unterricht statt? Werden Einzel- oder Gruppenstunden angeboten? Wird Unterricht für Ihre bevorzugte Reitweise angeboten? Sehen Sie die Möglichkeit, Ihre Ziele mit der Form des angebotenen Unterrichtes erreichen zu können?

Der Reitlehrer
Wie schätzen Sie die fachliche und menschliche Kompetenz des Reitlehrers ein? Ist er in der Lage, auf Ihre Bedürfnisse einzugehen? Kommen Sie mit der individuellen Unterrichtsmethode, der Didaktik des Lehrers zurecht? Haben Sie die Wahl zwischen verschiedenen Reitlehrern?

Die Atmosphäre
Fühlen Sie sich wohl in der Reitschule und können Sie sich vorstellen, dort Kontakte zu anderen Reitschülern zu knüpfen?

Das Preis-Leistungsverhältnis
Ist der Preis für die Reitstunden dem Unterricht angemessen, oder haben Sie den Eindruck, zu viel zu bezahlen?

Es empfiehlt sich, zunächst eine oder mehrere »Schnupperstunden« zu vereinbaren, damit Sie sich ein umfassendes Bild über die Reitschule machen können.

TRAUMPFERD ODER ALPTRAUM?

Die Auswahl des Pferdes

Reiten ist Teamwork; daran gibt es nichts zu rütteln. Die Tatsache, dass in unserem bevorzugten Sport zwei verschiedene Lebewesen gemeinsam ein bestimmtes Ziel erreichen sollen, macht deutlich, wie wichtig es ist, dass Mensch und Pferd zueinander passen.

Stimmt die »Chemie« nicht, ist der Frust bereits so gut wie entstanden.

Der Kauf eines Pferdes sollte daher wohl überlegt und gut durchdacht sein. Manchmal stellen Menschen erst nach dem getätigten Kauf fest, dass sie bezüglich ihres Pferdes eine Fehlentscheidung getroffen haben. Selbstverständlich kann es nie eine Garantie für die richtige Entscheidung geben, doch gewisse X-Faktoren lassen sich von vorneherein ausschließen, wenn bestimmte Dinge beachtet werden.

Idealerweise sollten sich angehende Pferdebesitzer schon vor dem Kauf darüber im Klaren sein, welche Ziele sie mit ihrem Pferd verfolgen möchten und welche Eigenschaften ihnen besonders wichtig sind. Darüber hinaus ist es sinnvoll, das eigene, reiterliche Können/den bisherigen Leistungsstand zum Zeitpunkt des Kaufes realistisch einschätzen zu können.

Wenn Sie sich für einen angehenden Olympiasieger halten, aber in Wirklichkeit wie ein »Äffchen auf dem Schleifstein« im Sattel »hängen«, kann sich dieser gedankliche Höhenflug bei der Auswahl des geeigneten Pferdes gnadenlos rächen. Ebenso kann ein Kauf gründlich »in die Hose gehen«, wenn Sie Ihr eigenes Licht all zu bescheiden unter den Scheffel stellen. In diesem Fall ist es möglich, dass Sie nach einiger Zeit enttäuscht feststellen müssen, dass Ihr – inzwischen wahrscheinlich geliebter Vierbeiner – nicht mit Ihnen mithalten kann.

In beiden geschilderten Fällen werden Sie voraussichtlich irgendwann eine schwierige Entscheidung treffen müssen, die da lautet: Soll ich mein Pferd behalten oder verkaufen?

An dieser Stelle führe ich einige Dinge auf, die beim Pferdekauf unbedingt berücksichtigt werden sollten:

Die Pferderasse

Auch diesbezüglich haben Freizeitreiter die »Qual der Wahl«, denn eine Vielzahl unterschiedlicher Rassen steht dem angehenden Pferdekäufer zu Verfügung.

Nicht schön, aber selten, möchte man meinen. Zum Glück besitzt die Ponystute auch noch eine »Schokoladenseite«.

Zukünftige Pferdebesitzer sollten daher wissen, wo ihre reiterlichen Schwerpunkte liegen. Je differenzierter diese beschrieben werden können, desto klarer wird die Vorstellung vom eigenen »Traumpferd«, und desto größer ist die Wahrscheinlichkeit, dass der Mensch mit genau diesem Pferd auf lange Sicht glücklich werden kann.
Es genügt nicht, wenn Sie sich an einen Züchter oder Händler wenden und sagen: »Ich suche ein Freizeitpferd; die Rasse ist mir völlig wurscht.« Das ist genauso absurd, als würden Sie zum Obsthändler marschieren und ihn bitten, Ihnen Früchte zu verkaufen. Ein wenig gewissenhafter Obsthändler wird Ihnen nach der Äußerung dieses Wunsches vermutlich alles Essbare »andrehen«; auch die Früchte, die Sie überhaupt nicht mögen.
Nun ist natürlich nicht jeder Pferdehändler oder Züchter mit jenem fiesen Obstverkäufer vergleichbar. Dennoch erleichtern Sie den Fachleuten Ihre Arbeit ungemein, wenn Sie wissen, was Sie genau wollen. Ihre Suche kann auf diese Weise verkürzt werden und maßgeblich zu einem erfolgreichen Abschluss des Kaufvertrages beitragen.
Der Begriff »Freizeitpferd« ist so dehnbar wie ein Kaugummi. Deshalb empfehle ich Ihnen, den Begriff sowie Ihre Bedürfnisse ganz klar zu definieren. Welche Art von Freizeitpferd suchen Sie?
Gehören Sie beispielsweise zur »schnellen Truppe« und möchten mit Ihrem Pferd, bei möglichst hohem Tempo, vorzugsweise durch den »Busch« reiten; vielleicht sogar ab und zu an Distanzritten teilnehmen? Es wäre albern, wenn Sie sich für diese Zwecke ausgerechnet ein schwerfälliges Kaltblut zulegen würden. Auch mit einem Pferd, das Probleme mit den Gelenken hat oder konditionell nicht ganz »auf der Höhe« ist, würden Sie niemals dauerhaft zufrieden werden. Hier wäre es sinnvoller, sich z. B. nach einem belastungsfähigen Vierbeiner mit hohem Vollblutanteil umzusehen.
Vielleicht gehören Sie aber zu denen, die es lieber »ruhiger angehen« lassen? Möglicherweise sind Sie Westernreiter mit dem Schwerpunkt »Trail« und brauchen einen nervenstarken, ausgeglichenen Vierbeiner? Hier kämen Sie voraussichtlich mit einem hochblütigen, »spritzigen« Vollblut nicht besonders weit, obwohl Ausnahmen immer die Regel bestätigen.
Als turnierambitionierter Freizeitreiter sollte Ihnen bewusst sein, welches Niveau Sie in welcher Disziplin erreichen möchten. Verschiedene Rassen werden z. B. für die M- und S-Dressur ausscheiden.
Haben Sie Rückenprobleme oder andere körperliche Beschwerden, wäre möglicherweise ein bequem zu sitzendes Gangpferd das richtige.
Sie merken es wahrscheinlich schon: Je spezieller Sie Ihre Ziele formulieren können, desto klarer wird Ihnen, welche Rassen für Sie in Frage kommen und welche Sie – aller Wahrscheinlichkeit nach – bereits im Vorfeld »aus dem Rennen« schicken können.

Die Größe des Pferdes

Das Pferd mit der richtigen Größe für sich zu finden, ist nicht allein eine Frage der Optik.
Wenn Sie – Ihrer eigenen Körpergröße entsprechend – ein zu kleines Pferd besitzen, sieht das nicht nur gewöhnungsbedürftig aus. Sollten Sie gleichzeitig ein wenig zu viel Gewicht auf die Waage bringen und dazu noch ein sehr zierliches Pferd besitzen, wirkt sich dies auf lange Sicht schlecht auf die Gesundheit des Tieres aus. In so einem Fall nichts zu unternehmen, grenzt nach meinem Empfinden nicht nur an Verantwortungslosigkeit, sondern ist außerdem Tierquälerei.
Doch auch ein zu groß geratenes Pferd kann sich für den Besitzer zum Alptraum entwickeln.
Abgesehen davon, dass kurzbeinige Reiter auf dickbäuchigen, riesigen Pferden aller Voraussicht nach enorme

Harmonische Größenverhältnisse zwischen Reiterin und Pferd.

Schwierigkeiten mit den korrekten, reiterlichen Hilfen haben werden, könnte sich auch die tägliche Fellpflege und das Satteln zur Tortour entwickeln.

Nach meiner Auffassung kann jedoch nicht pauschal gesagt werden, dass z. B. ein kleiner Reiter nichts auf einem großen Pferd zu suchen hat. Auch die Beschaffenheit des menschlichen Körpers (wie die Beinlänge, die Länge des Oberkörpers usw.) sollte bei der Beurteilung eine Rolle spielen.

Wenn Sie sich auf und mit Ihrem Vierbeiner pudelwohl fühlen und das Bild, welches Sie mit Ihrem Pferd abgeben, auch für den Betrachter harmonisch aussieht, ist es sehr wahrscheinlich, dass Sie (sich) aufs richtige Pferd gesetzt haben ...

Das Alter des Pferdes

Nach meinen Beobachtungen werden bezüglich des Alters sehr häufig Fehler gemacht. »Falsche« Vorüberlegungen führen nicht selten dazu, dass sich der Kauf eines Pferdes im Hinblick auf dessen Alter als Fehlentscheidung entpuppt.

Sehr viele zukünftige Pferdebesitzer denken: »Ich kaufe mir ein möglichst junges Pferd. Dann kann ich viele, gemeinsame Jahre mit ihm verbringen.« Ganz besonders »heikel« wird es, wenn ein Anfänger sich überlegt: »Prima, ich lege mir ein junges Pferd zu, dann können wir gemeinsam lernen ...«

Damit Sie mich nicht falsch verstehen: Beides kann durchaus funktionieren; allerdings wird bei diesen Überlegungen Vieles nicht bedacht.

Das Alter des Pferdes sollte grundsätzlich auf die reiterlichen Fähigkeiten und auf die Zielsetzung des Menschen abgestimmt werden.

So darf niemals außer Acht gelassen werden, dass ein junges, noch »rohes« Pferd während seiner Ausbildung viel Zeit in Anspruch nimmt und in erfahrene Hände gehört. Es ist unwahrscheinlich, dass ein Reitanfänger die verantwortungsvolle und nicht ganz einfache Aufgabe der Ausbildung ohne fremde Hilfe bewältigen kann; diese Tatsache zieht Konsequenzen nach sich, die dem Anfänger in seiner romantischen Vorstellung des »gemeinsamen Lernens« oft nicht bewusst sind.

Auch wer ganz am Anfang einer Turnierkarriere steht und

Ein positiver, emotionaler Bezug zum Pferd trägt sehr zum persönlichen Reiterglück bei.

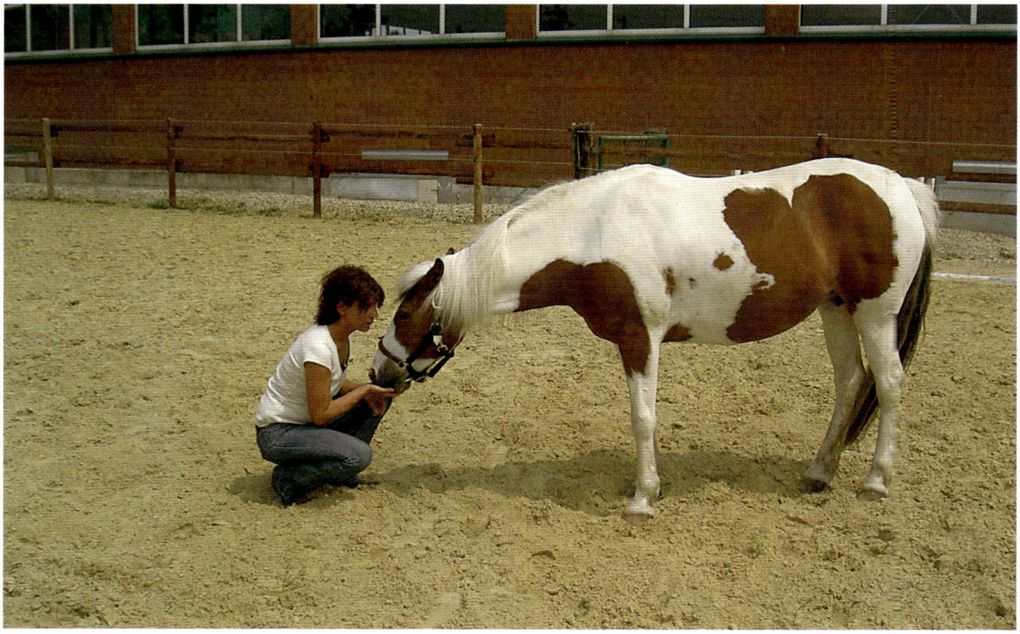

sehr ehrgeizig dieses Ziel verfolgt, ist mit einem allzu jungen Pferd sicherlich weniger gut bedient.
Ängstliche oder unsichere Reiter werden aller Wahrscheinlichkeit nach mit einem erfahrenen Pferd, welches die berühmt-berüchtigten »Flegeljahre« hinter sich gelassen hat, am ehesten zufrieden sein.
Die Vorstellung, sich ein Fohlen zu kaufen, ist für einige Pferdemenschen besonders attraktiv. Hier sollte beachtet werden, dass der Kauf eines ganz jungen Tieres immer ein gewisses Risiko mit sich bringt. Keiner kann zu 100% vorhersagen, wie sich das Tier äußerlich aber auch bezüglich des Charakters entwickeln wird; und nicht alles Unerwünschte lässt sich durch eine fundierte Grunderziehung oder eine gute Ausbildung aus dem Wege räumen. Selbst sehr gute Papiere sind noch lange kein Garant für ein später höchst qualifiziertes oder besonders charakterfestes Pferd.

Das Wesen/ der Charakter des Pferdes

Sicher kennen Sie die Sprichwörter: »Gleich und gleich gesellt sich gern«, oder auch: »Gegensätze ziehen sich an.«
Der Wahrheitsgehalt beider Aussagen ist nicht von der Hand zu weisen. Unzählige Studien haben diese Phänomene, welche auch innerhalb zwischenmenschlicher Beziehungen greifen, genauer betrachtet. So kennen Sie wahrscheinlich alle die ulkigen Beispiele diverser Mensch-Hund-Kombinationen. Hier werden Menschen gezeigt, die ihren Hunden im Laufe der Zeit immer ähnlicher werden. Sogar in langjährigen Beziehungen, bzw. langjährigen Ehen wurde festgestellt, dass einige Partner sich im Laufe der Zeit nicht nur äußerlich, sondern auch in der Denkweise, in ihrem Handeln und Empfinden und sogar bezüglich der Verwendung einiger Gesten immer ähnlicher werden.
Doch auch die bekannten »Katz-und-Maus-Kombinationen« können sowohl in tierischer als auch menschlicher Hinsicht funktionieren. Manchmal sind 2 Menschen (aber auch ein Mensch und ein Tier) so unterschiedlich »gestrickt«, dass niemand glauben mag, es könne zwischen den beiden funktionieren. Das Geheimnis dieser ungleichen Verbindungen liegt u. a. darin begründet, dass Wesen Nummer 2 genau die Eigenschaften verkörpert, die Wesen Nummer 1 fehlen; und umgekehrt genauso. Auf den ersten Blick erscheint es oft so, als würden sich diese Gegensätze nicht »vertragen« können. Doch wenn das Gegenüber genau die Wesensanteile verkörpert, die wir bewundern, so ist das keineswegs kontraproduktiv, sondern eine Bereicherung.
Ob Sie sich nun für ein Pferd entscheiden, welches Ihnen in seinem Wesen ähnlich ist oder sich zu einem Pferd hingezogen fühlen, das gänzlich anders geartet ist, hängt von Ihrer eigenen Persönlichkeit und deren Entwicklung ab.
Es gibt äußerst »brisante« Mischungen, wenn es um menschliche und tierische Charaktere geht. So ist die Kombination: ängstlicher Reiter/schreckhaftes Pferd sicherlich ein Fall für sich. Trotzdem muss diese Verbindung nicht zwangsläufig zum Scheitern verurteilt sein; vorausgesetzt, der Mensch bringt den Willen und Ehrgeiz mit, sich seinen Ängsten zu stellen.
Ich empfehle Ihnen daher, sich beim Pferdekauf nicht nur mit den Charakterzügen Ihres »Traumpferdes« zu beschäftigen, sondern sich ebenso zu fragen, wo Ihre persönlichen Stärken und Schwächen liegen. Das heißt selbstverständlich nicht, dass Sie zum Psychologen laufen müssen, um sich ein Persönlichkeitsbild erstellen zu lassen ... Doch eine Spur von Selbstdiagnose kann Ihnen beim Pferdekauf erhebliche Vorteile bringen.

Die Gesundheit des Pferdes

Natürlich wünscht sich jeder Reiter ein gesundes, leistungsstarkes Pferd, ohne besondere körperliche Einschränkungen. Die wenigsten Menschen entscheiden sich bewusst für ein Pferd mit einem größeren Handicap. Vor bösen Überraschungen kann bis zu einem gewissen Grad eine Ankaufsuntersuchung durch den Tierarzt Ihres Vertrauens schützen. Gravierende Mängel werden während der Untersuchung im Regelfall festgestellt; problematischer schaut es bei Erkrankungen im Anfangsstadium aus.
Tunlichst vermeiden sollten Sie spontane, unüberlegte »Mitleidskäufe«, deren Konsequenzen im ersten Augenblick nicht absehbar sind.
Ich kenne Pferdebesitzer, die sich wissentlich für ein krankes Pferd entschieden haben und mit dieser

Ältere Pferde brauchen oft intensivere Betreuung und Pflege als junge und sind nur noch eingeschränkt reitbar.

Entscheidung ausgesprochen zufrieden sind. Bei den Fällen, die mir bekannt sind, handelt es sich um Freizeitreiter, die ihre Pferde zum »Spazierenreiten« nutzen. Die meisten der Tiere haben kleinere Gelenkerkrankungen, die sie eingeschränkt reitbar machen. Da die Pferdebesitzer sich ihrer Ziele sicher sind und – nach Rücksprache mit den Tierärzten – ausschließen können, dass sie ihre Pferde gesundheitlich überfordern, sind sie mit ihren Tieren in dieser Kombination glücklich.

Es kann Ihnen aber auch passieren, dass Sie ein vermeintlich »kerngesundes« Pferd kaufen, das nach dem Kauf erkrankt oder diese Erkrankung bereits – ohne, das sie festgestellt wurde – im Körper trug. Sollten Sie in Bezug auf eine ärztliche Ankaufsuntersuchung unsicher sein, macht es Sinn, sich den Rat eines weiteren Fachmanns heranzuholen.

Jedem Reiter kann es passieren, dass sein Pferd erkrankt. Die meisten Menschen setzen alles daran, ihr Pferd wieder gesund werden zu lassen. Natürlich ist es jedem zu wünschen, dass die Bemühungen im Hinblick auf die Gesundheit des Tieres zu einem guten Ausgang führen. Manchmal stellt es sich leider aber auch heraus, dass das Pferd nicht vollständig geheilt werden kann. An dieser Stelle stellt sich die Frage, ob das Pferd noch einsatzfähig ist oder sportlich nicht mehr genutzt werden darf. Viele Pferdebesitzer quälen sich hinsichtlich einer solchen Diagnose lange mit den verschiedensten Gedanken herum. Sie fragen sich vor allem: »Soll ich mein Pferd behalten?«

Niemand kann Ihnen die Entscheidung nehmen, sich für oder gegen ein krankes Pferd zu entschließen. Letztlich sollten Sie die Entscheidung treffen, mit der Sie persönlich am besten umgehen können – ganz unabhängig davon, wie Ihr Umfeld die Sache sieht.

Wie Sie in einem späteren Kapitel erfahren werden, kann Ihnen auch die Entscheidungsfindung in solch wesentlichen Angelegenheiten sehr erleichtert werden, wenn Ihnen Ihre Ziele und Wünsche differenziert bewusst sind.

Der Kostencheck

Es gibt eine bestimmte Spezies diverser Pferdekäufer, die die Verkäufer zur Weisglut treiben. Gemeint sind jene, die beispielsweise auf Pferdemärkten, bei Händlern oder Hobbyzüchtern aufkreuzen und in etwa diese Vorstellung haben: »Ich suche ein Pferd mit guter Abstammung. Es sollte auf keinen Fall jünger als vier Jahre alt sein. Am

liebsten wäre es mir, wenn es schon gut ausgebildet ist – am besten von einem Profi –, denn ich möchte spätestens in drei Monaten auf einem Turnier starten. Das Pferd sollte ein echter Hingucker sein und darf natürlich keine komischen Marotten haben. Besonders wichtig ist mir, dass es absolut gesund ist. Ich kann außerdem kein Pferd gebrauchen, das sich ständig in irgendwelchen Pfützen herumsuhlt und verladefromm muss es sowieso sein. Es darf allerdings nicht mehr als 2000 Euro kosten …«

Hallo?! Solche Käufer sollten nicht weiter darüber erstaunt sein, wenn Sie zur Antwort erhalten: »Tut uns Leid … Für Wunder sind wir nicht zuständig.«

Hier ist mein Tipp hinsichtlich des Kaufpreises:
Wenn Sie sich bewusst darüber geworden sind, was Ihr Pferd können sollte, welcher Rasse es zuzuordnen sein könnte und worauf Sie sonst noch Wert legen, sollten Sie sich über den realistischen Marktwert eines solchen Exemplars dringend informieren.

Nach erfolgreicher Vorarbeit laufen Sie dann nämlich nicht mehr Gefahr, Ihren Traum wie eine Seifenblase zerplatzen zu sehen; sie vermeiden es außerdem, wütend von diversen Verkaufsschauplätzen vertrieben zu werden.

Allgemeine Ratschläge zum Pferdekauf

Jeder, der sich mit dem Gedanken befasst, sich ein eigenes Pferd zuzulegen, sollte sich unbedingt über die Konsequenzen eines Kaufes bewusst sein. Spontane, schlecht durchdachte »Mitleidskäufe«, können den – zunächst euphorischen Käufer – sehr schnell und unsanft auf den Boden der Tatsachen zurückbringen.

Neben der gründlichen Überlegung, welche Erwartungen Sie persönlich an Ihr Pferd stellen, sollten Sie sich fragen, ob Ihr Geldbeutel den Kauf Ihres Traumpferdes überhaupt zulässt.

Bedenken Sie stets, welche Folgekosten (Stallmiete, Tierarzt, Schmied, Ausrüstung usw.) auf Sie zukommen könnten.

Für den Kauf gilt: Je klarer Ihre Vorstellungen sind und je besser Sie sich zuvor informiert haben, desto größer ist die Wahrscheinlichkeit, dass Sie für sich das richtige Tier finden.

Bevor Sie selbst – am besten mindestens zweimal – in den Sattel steigen, ist es durchaus empfehlenswert, sich das favorisierte Pferd zunächst von einer anderen Person vorreiten zu lassen. Als Zuschauer werden Ihnen Dinge auffallen, die Sie beim Ritt u. U. gar nicht bemerken werden.

Überlegen Sie sich vor dem Kauf, welche Informationen des Verkäufers für Sie wichtig sind und fragen Sie gezielt nach diesen Kriterien. Es macht Sinn, sich vor dem Kauf einige Fragen aufzuschreiben, da Sie in der Aufregung all zu schnell wichtige Dinge vergessen könnten.

Vier Augen sehen mehr als zwei ... Es empfiehlt sich, mindestens eine weitere, neutrale Person beim Pferdekauf mitzunehmen. Haben Sie sich erst einmal in ein Pferd »verliebt«, erschwert Ihnen die »rosarote Brille« den Blick für evtl. auftretende Schwierigkeiten.

Auf der sicheren Seite – Der Kaufvertrag

Mit den neuen EU-Richtlinien sind die Zeiten, in denen Pferde ausschließlich per Handschlag ver- und gekauft wurden, weitgehend vorbei. Obwohl diese Methode des Pferdeverkaufes nicht gänzlich »ausgestorben« ist, und einige Verkäufer noch immer auf diese Form des Verkaufes schwören, ist es Ihr gutes Recht, auf einen Vertrag zu bestehen.

Dies bringt für Sie als Käufer den Vorteil, dass Sie im Streitfall schriftlich abgesichert sind und Ihnen viele Unannehmlichkeiten erspart bleiben.

Einige, wesentliche Angaben sollten unbedingt im Kaufvertrag enthalten sein. Dazu gehören z. B.:

- Der Name/die Anschrift des Verkäufers, sowie des Käufers.
- Das Datum des Kaufes.
- Der exakte Name des Pferdes; ggf. dessen Abstammung.
- Das Alter und Aussehen des Pferdes.
- Die Lebensnummer des Tieres.
- Eine Aufführung der ausgehändigten Papiere (z. B. Abstammungsurkunde, Equidenpass usw.).
- Der Gesundheitszustand des Pferdes (hier können Sie sich auf die Ergebnisse der Ankaufsuntersuchung berufen).
- Eine Beschreibung der zugesicherten Eigenschaften, die das Pferd, lt. Vorbesitzer, erfüllt.
  Hierzu gehören z. B. bestimmte Charaktereigenschaften, Ausbildungs-Niveau, Turniererfolge usw.).
- Der Kaufpreis, sowie die vereinbarte Zahlungsweise.
- Der Ort und das Datum des Vertrags-Abschlusses.
- Die Unterschrift des Käufers/Verkäufers.

Sollte der Verkäufer keinen vorgefertigten Vertrag zur Hand haben, kann dieser über die Verbände angefordert werden. Auch in der Fachzeitschrift »Pferdebörse« sind häufig Verkaufs-Vordrucke enthalten.

Pro und Contra Reitbeteiligung

Nicht jeder Pferdefan kann sich aus finanziellen und/oder zeitlichen Gründen ein eigenes Pferd leisten.
Eine gute und beliebte Alternative zum eigenen Pferd ist die Reitbeteiligung. Doch so fruchtbar diese Verbindungen sein können, so viel Zündstoff können sie auch liefern.
Immer wieder hört man als Pferdefan Horrorgeschichten über die Erfahrungen mit Reitbeteiligungen. Oft ist von unzuverlässigen Reitbeteiligungen oder eifersüchtigen Pferdebesitzern die Rede; und nicht selten sind beide Parteien unglücklich, weil die Verbindung nicht so funktioniert wie sie es sich erhofft hatten. Sehr häufig klaffen die Vorstellungen so weit auseinander, dass es früher oder später einfach »krachen« muss und die Wege sich wieder trennen.
Sowohl für den Pferdebesitzer als auch für die Reitbeteiligung gilt: Je klarer sie ihre Erwartungen und Wünsche formulieren, desto erfolgreicher wird die zukünftige Dreier-Gemeinschaft funktionieren.
Trotzdem entstehen auch positive Verbindungen ... Ob das Zusammenspiel zwischen dem Halter und der Reitbeteiligung klappt, ist nicht nur reine Glückssache. Schwierigkeiten können von Vorneherein vermieden werden, wenn einige grundsätzliche Dinge beachtet werden.

Was der Pferdebesitzer bei der Suche nach einer passenden Reitbeteiligung bedenken sollte:

Wenn sich mehrere Leute ein Pferd »teilen«, sollte die »Chemie« zwischen diesen Menschen stimmen.

Beantworten Sie sich zunächst ehrlich die Frage, ob Sie wirklich bereit sind, Ihr Pferd in Zukunft mit einer anderen Person zu teilen. Als Pferdebesitzer haben Sie natürlich weiterhin das letzte Wort bei Entscheidungen, doch es ist für beide Parteien angenehmer, wenn Sie die Reitbeteiligung an Entscheidungsprozessen beteiligen oder sie zumindest nach deren Meinung fragen.

Rechnen Sie damit, dass die Reitbeteiligung u. U. in verschiedenen Situationen oder bei bestimmten Übungen besser mit Ihrem Pferd zu Recht kommt als Sie selbst. Nicht jeder kann das ertragen, und es kommt diesbezüglich schnell zu Eifersüchteleien, die sehr unangenehm für beide Seiten verlaufen können.

Überlegen Sie sich genau, welche Ziele Sie mit Ihrem Pferd erreichen möchten, und fragen Sie sich, welche wichtigen Voraussetzungen die Reitbeteiligung erfüllen sollte, damit diese Ziele umgesetzt werden.

Setzen Sie Prioritäten bei der Formulierung Ihrer Ziele. Was ist Ihnen überaus wichtig, was ist weniger wichtig für Sie? Erklären Sie der Reitbeteiligung Ihre Erwartungen möglichst genau; schwammige Formulierungen, wie: »Ein bisschen Bodentraining zwischendurch ist mir sehr wichtig!«, können zu Missverständnissen führen. Denn wer weiß, ob die andere Person unter dem Begriff »Bodentraining« das Gleiche versteht wie Sie? Überspitzt dargestellt, könnte Ihnen Folgendes passieren: Möglicherweise wünschen Sie sich, dass Ihr Pferd eine gewisse Form des Grundgehorsams am Boden erhält ... aber Ihre Reitbeteiligung steht zu Ihrem grenzenlosen Entsetzen eines Tages mit einem brennenden Gegenstand in der Mitte des Reitplatzes und will Ihnen zeigen, wie prima Ihr Pferd inzwischen darüberspringen kann ... Tja, bei dürftig formulierten Zielvorstellungen können die abenteuerlichsten Dinge passieren.

Berücksichtigen Sie sowohl die menschlichen, als auch die reiterlichen Qualitäten, die Ihre Reitbeteiligung idealerweise mitbringen sollte (z. B.: Turnier-Erfahrung, Sattelfestigkeit, guter Sitz, Zuverlässigkeit, Flexibilität usw.). Wünschen Sie sich z. B., dass Ihre Reitbeteiligung bei dem gleichen Reitlehrer wie Sie Unterricht nimmt oder wünschen Sie sich, dass sie Ihr Pferd nach einer bestimmten Ausbildungsmethode trainiert, sollten Sie dies unbedingt im Vorfeld mit der »Bewerberin« absprechen.

Bedenken Sie, dass Sie in Zukunft voraussichtlich einen engen Kontakt zu der Reitbeteiligung haben werden, denn regelmäßige Absprachen (besonders in der Anfangszeit) sind ein absolutes Muss, wenn die Verbindung funktionieren soll. Die Kommunikationsbasis sollte daher grundsätzlich stimmen. Beidseitige Sympathie erleichtert die Sache deshalb ungemein.

Fragen Sie am besten nicht nur nach den Qualitäten der Bewerberin/des Bewerbers, sondern überzeugen Sie sich auch davon. Wenn jemand angibt, er könne auf eine 20-jährige Reiterfahrung zurückblicken, heißt das noch lange nicht, dass er nur auf Grund dessen so gut ist wie Sie es glauben. Fairerweise sollten Sie der Reitbeteiligung Ihr Pferd unter dem Sattel präsentieren, bevor sie es selbst reitet. So kann sie sich im Vorfeld einen kleinen Überblick über das Können und die Reaktionen Ihres Pferdes verschaffen.

Berücksichtigen Sie, dass die Reitbeteiligung Ihr Pferd zum ersten Mal reitet; es ist sehr unwahrscheinlich, dass sofort alles zu Ihrer vollen Zufriedenheit funktioniert. Außerdem können Sie davon ausgehen, dass die »Bewerberin« oder der »Bewerber« sehr aufgeregt ist. Die Besonderheiten Ihres Pferdes kann die Reitbeteiligung nicht kennen. Deshalb ist es nur fair, wenn Sie sie auch über die Eigenheiten Ihres Vierbeiners informieren, damit die Reiterin sich darauf einstellen kann. Ein fremdes Pferd unter den kritischen Blicken des Besitzers reiten zu müssen, betrachten wohl die wenigsten Pferdemenschen als sonderlich angenehm.

Doch nicht nur während des Vorreitens sollten Sie einen guten Eindruck von der Reitbeteiligung erhalten ... Wenn Sie dem Interessenten zugestehen, Ihnen beim Putzen und Satteln Ihres Pferdes behilflich zu sein, können Sie nebenbei auch gleich beobachten, wie er mit Ihrem Pferd am Boden umgeht. Je »unauffälliger« Sie Ihren – vermutlich kritischen – Blick auf die Reitbeteiligung werfen und je ungezwungener die Atmosphäre gestaltet wird, desto entspannter und »echter« wird die Person mit Ihrem Pferd umgehen können.

Haben Sie den Eindruck, dass die »Chemie« stimmt, sollten Sie konkret über die Zeiten sprechen, die der Reitbeteiligung mit Ihrem Pferd zu Verfügung steht. Auch über die Preisvorstellungen beider Seiten kann nun verhandelt werden.

Oft erweist es sich als sinnvoll, einen Reitbeteiligungsvertrag abzuschließen, der möglichst detailliert formuliert und von beiden Seiten unterschrieben werden sollte.

Was die Reitbeteiligung bei der Suche beachten sollte …

Wenn Sie sich dazu entschließen, sich an einem Pferd zu beteiligen, sollten Sie sich darüber im Klaren sein, dass Sie – auch wenn der Kontakt zu dem Halter des Pferdes noch so gut ist – nicht die Besitzerin/der Besitzer des Pferdes sind. Das bedeutet: Sie haben das Nutzungsrecht an diesem Pferd, sind aber nicht dazu berechtigt, eigenmächtig Entscheidungen bezüglich des Pferdes, dessen Ausbildung, Versorgung usw. zu treffen (es sei denn, es wurde zuvor schriftlich mit dem Besitzer des Pferdes so vereinbart).

Ich schreibe dies so deutlich, weil gerade diese Tatsache besonders häufig zu Schwierigkeiten zwischen den Haltern und den Reitbeteiligungen führt. Verständlicherweise werden Sie mit der Zeit einen besonderen, emotionalen Bezug zu dem Pferd entwickeln und für dieses Pferd nur das Beste wollen. Was in Ihren Augen »das Beste« für dieses Pferd ist, muss nicht mit den Vorstellungen des Halters übereinstimmen. Das bedeutet nicht, dass Sie alle Entscheidungen des Pferdebesitzers kommentarlos hinnehmen müssen. Wenn Sie mit einer angedachten oder bereits getroffenen Entscheidung des Halters partout nicht leben können, ist es immer von Vorteil, dies auch anzusprechen. Sie haben selbstverständlich das Recht, Ihre Meinung kund zu tun, Sie können Empfehlungen aussprechen, Hinweise geben, Ihre Beobachtungen wiedergeben usw. … Doch die Entscheidung liegt dennoch immer beim Besitzer.

Es gibt vereinzelte Grenzfälle, bei denen Reitbeteiligungen beobachten, dass der Halter des Pferdes gegen das Tierschutzgesetz verstößt. Hier haben Sie als Tierfreund natürlich die Pflicht, dies zu melden. Bestehen

Sympathie ist wichtig: zwischen Reiter und Pferd und zwischen Reiter und Reitbeteiligung.

diesbezüglich Ihrerseits Unsicherheiten, haben Sie die Möglichkeit, sich über die rechtlichen Hintergründe Ihrer Beobachtungen zu informieren.
Doch Fälle wie diese sind zum Glück selten zu finden. Viele Pferdebesitzer lassen die Reitbeteiligungen bei wichtigen Entscheidungen nicht außen vor und befragen sie zu deren Meinung. Das ist nicht nur wünschenswert, sondern erweist sich in der Praxis als wesentlich effektiver.
Damit Sie einen guten Start in Ihr Dasein als Reitbeteiligung haben, empfehle ich Ihnen eine gute, gedankliche Vorbereitung. Ihre Vorstellungen in Bezug auf das Pferd, an dem Sie sich beteiligen möchten, sollten verhältnismäßig genau sein, aber noch ausreichend Spielräume bieten. Wichtig ist, dass Sie wissen, welches Grobziel Sie im Hinblick auf Ihre reiterliche Laufbahn verfolgen (z. B. die Teilnahme an Turnieren sowie die Vorbereitung dafür). Der Grund hierfür liegt auf der Hand: Denn wenn Ihnen der Pferdebesitzer sagt, dass sein Pferd für die Teilnahme an Turnieren nicht geeignet ist oder er – aus welchen Gründen auch immer – eine Teilnahme ablehnt, ist dies für Sie definitiv nicht das richtige Pferd (und der richtige Pferdebesitzer).
Fragen Sie sich, was Sie lernen möchten, auf welche Reitweise Sie sich spezialisieren wollen und wo Ihre Schwerpunkte liegen. Je genauer Sie wissen, wohin der Weg Sie führen soll, desto gezielter können Sie gleich zu Beginn (z. B. telefonisch) nach diesen Kriterien fragen. Auf diese Weise ersparen Sie sich womöglich einige, unnötige Wege oder klären gleich zu Beginn, worauf es Ihnen ankommt.
Damit die Kombination Pferdebesitzer – Vierbeiner – Reitbeteiligung gut funktioniert, ist es ebenso wichtig, dass Sie einen guten »Draht« zum Besitzer des Pferdes haben. Einige unterschätzen diesen Part und denken: »Was juckt mich dieser grässliche Besitzer?! Ich will ja nur sein Pferd reiten!« … Falsch gedacht! Wenn Sie das Pferd mögen, aber den Besitzer dorthin wünschen wo der Pfeffer wächst, kann das langfristig gesehen nicht gut gehen. Da aller Voraussicht nach beide sehr an dem Wohl des Pferdes interessiert sein werden, wird zwangsläufig ein gegenseitiges Interesse dafür vorhanden sein, was der andere mit dem Pferd macht. Um das herauszufinden, wird es sich nicht vermeiden lassen, dass Sie entweder hin und wieder aufeinander treffen oder aber irgendwelche Absprachen treffen müssen (z. B. im Krankheitsfalle des Pferdes).
Bevor Sie in den Sattel steigen, sollten Sie sich nach den möglichen Eigenheiten des Pferdes erkundigen; oder noch besser: Lassen Sie sich das Pferd von dem Besitzer einmal vorreiten. Da Sie sich quasi unter der kritischen Beobachtung des Pferdebesitzers befinden, werden Sie wahrscheinlich ein wenig nervös sein. Einige versuchen diese Nervosität zu überspielen und machen dadurch zwangsläufig Fehler (z. B., indem sie hektisch werden und das Pferd damit verunsichern). Bevor der Besitzer evtl. denkt: »Du liebe Güte! Was sitzt denn da für eine Niete auf meinem Pferd?«, sollten Sie ihm lieber sagen, dass Sie ein wenig Bauchgrummeln haben. Manchmal ist es darüber hinaus sinnvoll, den Pferdebesitzer nicht nur im Vorfeld über Ihre reiterlichen Stärken, sondern auch über Ihren Schwachpunkt zu informieren. Dadurch vermeiden Sie beispielsweise, dass der Besitzer des Pferdes beim Betrachten Ihrer Reitkünste aus allen Wolken fällt, weil Sie einfach nicht bemerken, dass das Pferd zum x-ten Mal mit dem falschen Fuß angaloppiert oder Sie bei den Seitengängen nicht nur einen Knoten im Kopf, sondern auch in den Beinen haben …

Stimmt die Chemie und scheint für Sie alles perfekt zu sein, ist es an der Zeit, über Ihre finanzielle Beteiligung und über die zu Verfügung stehende Zeit mit dem Pferd zu sprechen.
Möchten Sie auf Nummer sicher gehen, fragen Sie den Pferdebesitzer ruhig nach einem Reitbeteiligungsvertrag, in dem Ihre Rechte und Pflichten so genau wie möglich aufgeführt werden.

Schulpferde – keine Pferde »Zweiter Klasse«

Bei dem Gedanken an Schulpferde rümpfen einige Pferdemenschen immer noch entsetzt die Nase. In den Augen einiger Menschen besitzen Schulpferde einen ausgesprochen schlechten Ruf.
Noch immer kursieren wilde Gerüchte in der Reiterszene. Nicht selten hören wir von schlecht ausgebildeten, mitunter verwahrlosten, abgestumpften Tieren. Auch Ge-

schichten über durchgehende, unberechenbare Schulpferde machen die Runde.
Ich behaupte nicht, dass dies ausschließlich phantastische Erzählungen ohne jeden Wahrheitsgehalt sind. Doch längst wird in sehr vielen Reitschulen außerordentlich großer Wert auf gut ausgebildete, zuverlässige und gepflegte Schulpferde gelegt, die keineswegs schlechter »dran« sind als Privatpferde.
Das Reiten auf Schulpferden ermöglicht sowohl Ein- und Umsteigern als auch fortgeschrittenen Reitern viele Vorteile. So haben Schulpferde-Reiter den nicht zu unterschätzenden Vorteil, zwischen den unterschiedlichen Pferden das auswählen zu können, welches auf Ihre Bedürfnisse, Fertigkeiten und Reitkenntnisse optimal abgestimmt ist.
Die Möglichkeit, verschiedenste Pferde mit einem unterschiedlichen Leistungsstand und unterschiedlichem Charakter reiten zu können, ist von unschätzbarem Wert für jeden Reiter.
Bevor sich Reiter dazu entschließen, sich ein eigenes Pferd anzuschaffen, macht es Sinn, die erforderlichen Grundkenntnisse in einer Reitschule mit den zu Verfügung stehenden Schulpferden zu erwerben.
Die Erfahrungen, die ein Reiter hier machen kann, tragen erheblich dazu bei, sich später ggf. bei der Auswahl des eigenen Pferdes richtig zu entscheiden. Mitunter kommt es vor, dass Schulpferde zum Verkauf angeboten werden; schon viele Reitschüler haben auf diese Weise ihr persönliches »Traumpferd« gefunden – hatten sie doch vorher die Gelegenheit, ihren Vierbeiner während vieler Reitstunden ausreichend kennen zu lernen.

TRAINING UND UNTERRICHT

Reitlehrer

Was die Reitlehrer angeht, weisen einige Pferdebesitzer bzw. Reitschüler einen nahezu unglaublichen »Verschleiß« auf. Im Laufe ihrer reiterlichen Laufbahn wech-

seln sie ihre Lehrer mehrmals; die Wenigsten sind auf Anhieb mit ihrem Trainer zufrieden und bleiben dort. Langfristig betrachtet kann dieses Spielchen des »Bäumchen wechsle Dich« für den Reiter zu Frustrationen führen, denn allein bei der Beurteilung eines Pferdes streiten sich oft die Geister. Folglich dessen werden sie sich nicht immer einig sein und dem zu Folge bei ihrem Unterricht andere Schwerpunkte setzen. Nach einem vollzogenen Reitlehrer-Wechsel kann es also durchaus vorkommen, dass der nachfolgende Reitlehrer zu seinem Schüler sagt: »Was hat mein Vorgänger Dir denn da beigebracht? Das ist völliger Murks; nun müssen wir wieder bei Null anfangen!« ... Abgesehen davon, dass ein solch niederschmetterndes Urteil nicht für besondere Kollegialität spricht, wird es den Schüler verständlicherweise hochgradig verunsichern. Möglicherweise hatte er mit seinem vorherigen Reitlehrer Monate, evtl. auch Jahre lang geschuftet und erfährt nun, dass all dies für die Katz gewesen sein soll. Finden mehrere Wechsel statt, ist dies u. U. jedes Mal ein weiterer kleiner Neubeginn, und der Schüler wird sich fühlen wie ein Hamster in seinem Laufrad, weil er sich einfach nicht von der Stelle bewegt.

Es ist also besser und wünschenswerter für Pferd und Reiter, wenn im Laufe des Reiterdasein nicht allzu häufig der Lehrer gewechselt wird. Leichter gesagt, als getan, meinen Sie wahrscheinlich. Doch auch die Auswahl des richtigen Reitlehrers beruht nicht nur auf Glück allein. Bei guter Vorbereitung können Sie im Vorfeld bereits einige unerwünschte Faktoren ausschließen.

Mit der Beurteilung von Reitlehrern verhält es sich ähnlich wie bei der Empfehlung von Ärzten ... Die Einen schwören auf einen bestimmten Fachmann; die Nächsten verschwinden über alle Berge, sobald sie auch nur dessen Namen hören. Kurz: Der gute (noch häufiger der schlechte) Ruf eilt dem Fachmann voraus. Wie kommt das?

Jeder Reitlehrer hat seinen eigenen, individuellen Stil. Neben seinen fachlichen Fähigkeiten, die sich durchaus im Guten wie im Schlechten von anderen unterscheiden können, bringt er auch seine eigene Persönlichkeit und seine eigenen Erfahrungswerte in seinen Unterricht ein.

Einige, vor allem klassische Reitlehrer des »alten Schlags« erinnern in ihrem Umgangston an einen gewissen militärischen Drill, mit dem sich sicherlich nicht jeder Schüler anfreunden kann. Manche von ihnen werden als »konservativ« bezeichnet; »neumodischer Kram« ist ihnen ein Gräuel. Deshalb muss ihr Unterricht nicht zwangsläufig gut oder schlecht sein.

Es gibt genug Reitschüler, die mit solchen Reitlehrern bestens bedient sind und sich sogar keinen anderen Lehrer vorstellen können. Andere Reitschüler hingegen würden lieber gar keinen Unterricht nehmen, als sich von diesem Lehrer ausbilden zu lassen.

Ob ein Schüler mit einem Reitlehrer und dessen Unterricht gut zurecht kommt oder nicht, hängt also auch hier immer von der Persönlichkeit und den Zielvorstellungen des Einzelnen ab.

Des Weiteren wird ein Reitanfänger, Ein- oder Umsteiger seinen Reitlehrer unter anderen Gesichtspunkten auswählen als ein turnierambitionierter, fortgeschrittener Reiter. Dies sollten Sie stets im Auge behalten, wenn es in der reiterlichen Gerüchteküche wieder einmal ordentlich brodelt und abfällige Bemerkungen über einen bestimmten Trainer oder Reitlehrer gemacht werden. Bei genauerem Hinsehen stellt sich nämlich nicht selten heraus, dass derjenige, der einen bestimmten Reitlehrer als »Nichtskönner, bei dem man nichts lernt« bezeichnet, womöglich ein weit fortgeschrittener Reiter ist, der nur an einen Trainer geriet, welcher sich z. B. auf Wiedereinsteiger spezialisiert hatte.

Überlegen Sie sich, wo Sie sich leistungsmäßig befinden, was Sie erreichen möchten und machen Sie sich Ihr eigenes Bild von dem Trainer Ihrer Wahl.

Es geschieht – besonders in größeren Stallgemeinschaften – häufig, dass viele Reiter bei ein und demselben Trainer Unterricht nehmen. Das ist ziemlich praktisch, weil es so i. d. R. weniger organisatorische Probleme gibt. Es entsteht ein Gemeinschaftsgefühl und manchmal wird der Unterricht auf diese Weise für den Einzelnen preiswerter.

Doch was für alle anderen gut und richtig ist, muss auf Sie nicht zwangsläufig ebenfalls zutreffen. Oft steckt eine

Art des »Gruppenzwangs« hinter der Entscheidung, sich für einen bestimmten Reitlehrer zu entschließen, wird dieser doch häufig zu einer Art »Lichtgestalt« glorifiziert und als der »einzig Wahre« dargestellt. Hier zu sagen: »Nee, ich kann mit diesem Menschen und seinem Unterricht nichts anfangen und suche mir jemand anderes«, braucht schon ein wenig Mut. Dass Ihre Freunde und Mitreiter von einem bestimmten Reitlehrer unterrichtet werden, sollte für Sie niemals der ausschlaggebende Grund sein, um sich dort anzuschließen.

Und hier noch ein Hinweis, der nicht außer Acht gelassen werden sollte: Reitlehrer sind auch nur Menschen. Manchmal verlangen wir einfach zu viel. In den Augen einiger Pferdemenschen sollte ein Reitlehrer nicht nur mit seiner Fachlichkeit glänzen, sondern außerdem Hufspezialist, Tierarzt, Psychologe, Kummerkasten und Motivationstrainer sein. Obgleich zwar vieles machbar ist, hat auch einiges seine Grenzen.

Sehr viele Reiter legen bei ihren Reitlehrern großen Wert auf einen Leistungsnachweis; z. B. in Form eines Trainerscheines oder nachweisbarer Turniererfolge. Ab einem bestimmten Leistungslevel macht dies Sinn. Trotzdem kann der Trainerschein Ihnen keine 100%-ige Sicherheit für einen guten Unterricht bieten. Wenn sich ein A-Trainer beispielsweise über Jahre hinweg ausbilden ließ, er viele Turniererfolge nachweisen kann und sich gewissenhaft fortbildet, kann es dennoch passieren, dass Sie ein Problem mit dessen Persönlichkeit oder dessen Unterrichtsstil haben.

Andersherum gibt es auch Reitlehrer, die keinen Trainingsschein besitzen und dennoch sehr viele, zufriedene Schüler haben.

Der Test zum Ende des Kapitels wird Ihnen dabei helfen, für sich den richtigen Reitlehrer zu finden; bzw. zu prüfen, ob Ihr Reitlehrer für Sie der richtige ist.

Der Unterricht

Äußerst originelle Varianten habe ich auch bezüglich des Reitunterrichtes entdecken können.

Neben der – leider noch immer nicht ausgestorbenen – Form des einschläfernden und absolut kontraproduktiven »Absatz tief«- und »Kreuz gerade«-Unterrichtes, konnte ich noch einige andere seltsame Formen entdecken.

Den wohl ungewöhnlichsten Unterricht beobachtete ich einmal in einem relativ großen Reitbetrieb. Hier thronte

Bei der Wahl des Reitlehrers sollten sowohl dessen fachliche als auch die menschliche Kompetenz berücksichtigt werden.

der Reitlehrer mit einem Mikrofon bewaffnet hinter einer abgetönten Glasscheibe hoch über den Köpfen seiner Reitschüler in einem verrauchten Casino. Während die Reiter (es waren etwa 20 an der Zahl) in der Halle ihre Runden drehten, schnarrte die Stimme des Reitlehrers aus schlecht funktionierenden Boxen irgendwelche dürftig zu verstehenden Anweisungen. Die Reiter schauten sich mehrmals ratlos an, doch die Pferde wussten scheinbar genau, was sie zu tun hatten.

Auf mich wirkte das Ganze ziemlich befremdend, und ich stellte mir die Frage, ob irgendjemand das »Phantom hinter der Scheibe« jemals zu Gesicht bekommen hatte. Nein, beschloss ich an jenem Tag, Reitunterricht der Marke: »Big brother is watching you«, ist wirklich nicht mein Ding! Doch die meisten Schüler wirkten zufrieden und schienen Spaß an dieser Form des Unterrichts zu haben.

Mit dem Reitunterricht verhält es sich also wie mit vielen anderen Dingen rund um unser Hobby: Es ist alles eine Frage der eigenen Ein- und Vorstellung. Was für die Einen unwiderruflich das absolute Nonplusultra ist, löst bei den Anderen womöglich Abneigung hervor.

Und wieder gilt: Je genauer Ihre Vorstellungen bezüglich Ihrer Ziele und Wünsche sind, desto größer ist die Wahrscheinlichkeit, dass Sie für sich den passenden Unterricht finden.

Als Einsteiger oder Umsteiger werden Sie vermutlich an der Longe oder beim Einzelunterricht besser aufgehoben sein. Sind Sie ein Reiter mit körperlichen Problemen und/oder haben Sie beispielsweise nach einem schweren Sturz eine gewisse Angst vor Pferden, dann brauchen Sie einen Reitlehrer, der mit diesen Umständen umgehen kann und seinen Unterricht entsprechend gestaltet. Möchten Sie in weiterer Zukunft gerne auf Turnieren starten, werden Sie vermutlich nach einer Unterrichtsform suchen, die Ihnen helfen wird, dieses Ziel zu erreichen. Geht es Ihnen überwiegend um die Gesellschaft mit anderen Reitern, wollen Sie Spaß beim Ausreiten haben und verfolgen Sie keinerlei turnierambitionierte Ziele, dann werden Ihnen bei einem allzu leistungsorientiertem Unterricht wahrscheinlich die Haare zu Berge stehen. Haben Sie ein Pferd, welches nicht ganz gesund ist und z. B. unter einer Gelenkserkrankung leidet, werden Sie als verantwortungsvoller Besitzer sicherlich einen

Auf welche Weise und mit welchen Hilfsmitteln trainiert wird, bleibt jedem selbst überlassen.

Reitlehrer haben wollen, der sich mit Erkrankungen dieser Art auskennt und Sie mit der angemessenen Rücksicht darauf unterrichtet.

Fragen Sie sich also auch hier, was Sie wirklich wollen. Wo ist Ihr Grobziel? Möchten Sie Einzelunterricht oder fühlen Sie sich in der Gruppe besser aufgehoben? Gibt es irgendwelche Besonderheiten? Arbeiten Sie z. B. nach einer bestimmten Trainingsmethode und möchten Sie, dass dies im Unterricht berücksichtigt wird? Haben Sie ein besonderes Problem mit Ihrem Pferd, verhält es sich auffällig, und möchten Sie bei der Korrektur im Rahmen des Unterrichtes unterstützt werden?

Auch preislich gibt es große Unterschiede. Für die Unterrichtsstunde bei einem Profi-Trainer werden Sie mehr bezahlen als für eine Stunde bei jemandem, der keine professionelle Ausbildung besitzt. Doch auch der Unterrichtspreis sollte nicht ausschlaggebend für Ihre Entscheidung sein. Erfahrungsgemäß ist es besser, etwas seltener (z. B. alle 2 bis 4 Wochen) Unterricht bei einem Reitlehrer zu nehmen, der wirklich zu Ihnen passt, als wöchentlich zum »Schleuderpreis« an einem Unterricht teilzunehmen, der für Sie ungeeignet ist.

Wenn Ihnen dies klar ist, wird es Ihnen leichter fallen, die passende Unterrichtsform für sich zu finden.

Trainingsmethoden

Sie befinden sich auf dem Vormarsch und es gibt sie wie Sand am Meer. Die Rede ist von den unterschiedlichsten Trainingsmethoden. Von den Einen belächelt, von den Anderen eifrig angewendet, bieten auch diese Arten des Trainings haufenweise Diskussionsmaterial.

Noch vor einigen Jahren galten die Pferdemenschen, die mit einer bestimmten Arbeitsweise sympathisiert hatten als »Paradiesvögel«. Heute ist es eher so, dass diejenigen, die mit keiner bestimmten Trainingsmethode arbeiten, die »Exoten« sind.

Schmunzelnd las ich vor kurzer Zeit die Überschrift einer Userin in einem Reiterforum. Sie lautete: »Hilfe! Ich finde keine Trainingsmethode, bin ich noch normal?« Die Dame hatte diese Frage wirklich ernst gemeint und die Antworten auf ihre Frage ließen nicht lange auf sich warten. Zwar wurde der armen Frau von niemandem unterstellt, sie sei »unnormal«. Allerdings schrieb ihr auch nie-

Bei der Auswahl des Trainingsmaterials sind der Phantasie keine Grenzen gesetzt.

mand, dass mit ihr alles in bester Ordnung ist. Stattdessen wurde sie seitenweise mit Tipps versorgt, die darauf hinausliefen, dass ihr die anderen User ihre bevorzugten Trainingsmethoden vorstellten. Bald darauf entstand ein heftiges Schreibgefecht, welches sinngemäß wie folgt verlief:

Userin 1 arbeitet nach der Methode des Trainers X und stellt die Vorzüge dar. Userin 2 kann X nicht leiden und lobt stattdessen Y in den höchsten Tönen, worauf Userin 1 beleidigt das Feld räumt. Bald darauf erscheint Userin 3 auf der Bildfläche, die weder mit X, noch mit Y etwas anfangen kann und sehr massiv den virtuellen Holzhammer schwingt, womit auch Userin 2 mit ihrer bevorzugten Trainingsweise aus dem Rennen ist.

Es folgt eine Diskussion, an der sich rund 40 verschiedene User beteiligen, die alle »ihre« Trainingsmethode verteidigen und alle anderen zum Teufel wünschen. Nach einem ca. 10seitigen Wortsalat klinkt sich die Fragestellerin entnervt aus und verabschiedet sich mit den Worten: »Ihr habt doch alle einen Knall. Ich mache weiter wie bisher und pfeife auf sämtliche Trainingsmethoden! Ich denke, ich bin normaler als alle anderen!«

DAS ist Reiteralltag! So oder ähnlich läuft das Spiel nicht nur am Bildschirm ab, sondern auch live und in Farbe in Deutschlands Reitställen. Kein Wunder, dass viele verunsichert sind.

Nein, Sie sind definitiv nicht verrückt, wenn Sie keine bestimmte Trainingsmethode verfolgen. Und Sie benötigen auch nicht zwangsläufig eine, um ein besserer, glücklicherer und zufriedenerer Reiter zu werden.

Doch wenn ein Pferdemensch den Eindruck gewinnt, mit einer besonderen Methode erfolgreicher werden zu können und diese Methode zudem vernünftig anwendet, kann diese Arbeitsweise für ihn und sein Pferd oft Berge versetzen.

Ich habe beobachtet, dass bei einigen Pferdebesitzern große Unsicherheiten in Bezug auf die Trainingsmethoden vorhanden sind. Manche glauben, die richtige Methode gefunden zu haben, scheinen diese aber grundsätzlich falsch verstanden und damit auch falsch angewendet zu haben.

Einige andere »mixen« gar verschiedene Arbeitsweisen miteinander und verwirren sich selbst und ihre Pferde damit ungemein. Nur sehr wenige sind in der Lage, die einzelnen Methoden so miteinander zu »vermischen«, dass am Ende etwas Produktives dabei herauskommt.

Ich selbst habe, außerhalb meiner bevorzugten Arbeitsweise, noch andere, interessante Methoden entdeckt. Ich hatte Menschen beobachtet, die wirklich toll mit dieser Art des Trainings klarkamen und hervorragende Ergebnisse mit ihren Pferden erzielten, doch als ich es selbst ausprobierte, kam ich mir so unsagbar albern vor, dass ich dachte: »Also, wenn ich ernsthaft damit anfange, trainiere ich nur noch im Dunkeln, wenn mich keiner sieht.« Verstehen Sie? Was bei anderen Pferd-Mensch-Kombinationen toll aussieht und bestens funktioniert, kann total danebengehen, wenn man es selbst anwendet. Weiterhin gibt es experimentierfreudige Menschen, die beginnen mit einer Methode zu arbeiten, stellen irgendwann fest, dass es noch etwas »Besseres« gibt und wechseln ihre Trainingsmethode wie andere Leute ihre Reitstiefel. Auch das erweist sich in der Praxis meist nicht als besonders fruchtbar. Ähnlich wie bei den Menschen, die gerne häufiger ihre Reitlehrer wechseln, werden auch diese Leute irgendwann einmal merken, dass sie »auf der Stelle treten«, da sie »das Handtuch schmeißen«, bevor sie ihre Ziele erreichen können.

EINE TRAININGSMETHODE KANN IMMER NUR SO GUT SEIN WIE DER MENSCH, DER SIE ANWENDET.

Sie können es vermeiden, bei der Wahl der Trainingsmethode böse Überraschungen zu erleben.

Eine Trainingsmethode sollte nie ausgewählt werden, weil sie gerade »in« ist oder weil die Reiterfreunde ebenfalls danach arbeiten. Wenn Sie nicht gerade ein unverschämtes Glück haben und dieses Methode »zufällig« passt, kann das eigentlich nur schief gehen.

Auch hier heißt es wieder: Je überlegter Sie an die Sache herangehen, desto erfolgreicher wird das Ganze für Sie und Ihr Pferd.

Wenn Sie wissen, was Sie mit Ihrem Vierbeiner erreichen möchten, sollten Sie diese Ziele zunächst einmal mit den Zielen der favorisierten Ausbildungsmethode vergleichen. Das setzt voraus und hat den Vorteil, dass Sie sich bereits vor der Anwendung der Methode intensiv mit dem

Thema beschäftigen. Es ist sehr sinnvoll, sich vorher Informationsmaterial zu beschaffen. Gibt es Bücher, Videos, DVDs, die die Methode deutlich darstellen?

Es ist vorteilhaft, aber keine Bedingung, wenn Sie den Menschen, der hinter der Arbeitsweise steckt, wenigstens einigermaßen sympathisch finden. Denn wer lässt sich schon gerne von jemandem etwas beibringen, den er nicht ausstehen kann?

Nach der Sichtung dieses Materials werden Sie im Groben erkennen, ob Sie sich wirklich mit dieser Art des Trainings anfreunden können. Wenn Sie die Gelegenheit haben, Anwender dieser Methode bei ihrem Training zuzuschauen, nutzen Sie dies ruhig. Hier können Sie ggf. die ersten Fragen klären.

Falls Sie nicht an einem Seminar oder Kurs teilnehmen wollen oder können, wäre es gut, jemanden zu finden, der in der Anfangszeit mit Ihnen arbeitet. So haben Sie Unterstützung und vermeiden außerdem, dass Sie bei dem ersten Problem gleich aufgeben. Außerdem macht das Training in der Gemeinschaft mehr Spaß und spornt unglaublich an, denn niemand möchte sich blamieren.

Sie sollten damit rechnen, dass immer auch kritische Stimmen in Ihrem Umfeld laut werden. Das ist ganz normal und sollte Sie nicht gleich aus der Bahn werfen. Wenn Sie wirklich voll und ganz hinter dem stehen können, was Sie tun, wird Sie das nicht weiter erschüttern.

Wie Ihre Stallkollegen auf die ganze Sache reagieren, hängt ein gutes Stück von Ihnen selbst ab. Nach meiner Erfahrung und meinen Beobachtungen ist die Wahrscheinlichkeit der Akzeptanz besonders groß, wenn Sie nicht an sich selbst und/oder dieser Methode zweifeln und das »andere« Training so selbstverständlich wie nur möglich in Ihren normalen Trainingsalltag integrieren. Es ist weder sinnvoll, sich mit der besonderen Form des Trainings zu verstecken, noch schaffen Sie sich Freunde, wenn Sie überall umherposaunen wie toll und einzigartig diese Methode ist.

Merken Sie nach kurzer Zeit, dass Ihnen diese Art des Trainings lästig wird, dass Sie sich oft nicht für das Training aufraffen können, dass die Erfolge trotz großer Bemühungen ausbleiben o. ä., dann sollten Sie überdenken, ob Sie entweder gravierende Fehler machen oder diese Methode schlichtweg für Sie und Ihr Pferd nicht so ganz die Richtige ist. Hierfür kann es die verschiedensten Gründe geben. Manchmal ist das Training zu aufwändig, das Trainingsmaterial zu kostspielig, die Voraussetzungen an Ihrem Heimatstall sind nicht gegeben, um der Methode gerecht zu werden usw.

Und noch ein Tipp: Geben Sie nicht auf, bevor Sie nicht wissen, warum die Sache nicht funktioniert. Manchmal sind es nur Kleinigkeiten, die verändert werden müssen, damit sich der Erfolg doch noch einstellt. Außerdem laufen Sie auf diese Weise nicht Gefahr, den Fehler ein zweites Mal zu begehen; z. B. dann, wenn Sie sich danach einer anderen Methode widmen möchten.

Die Reitweise

Die unterschiedlichen Reitweisen mit ihren verschiedenen Disziplinen und Schwierigkeitsgraden machen einigen Pferdemenschen die passende Auswahl nicht leicht. Jede Reitweise besitzt ihre eigene, unverwechselbare Faszination. Ob es nun die Eleganz der Klassischen Reitweise ist, die Sie mögen, die Lässigkeit des Westernreitens, die gewisse Exotik der Iberischen Reitweise, die Leichtigkeit des Reitens auf Gangpferden ... Entscheiden muss sich der Reiter gleich zu Beginn seiner reiterlichen Laufbahn.

Es kommt vor, dass Reiter merken, dass sie unzufrieden sind und irgendwann entscheiden, dass die bisherige Reitweise für sie nicht mehr »passt«.

Es ist gar nicht so selten, dass Pferdefreunde im Laufe der Zeit auf eine andere Reitweise »umsteigen«. Doch in der Praxis erweist es sich als vorteilhaft, sich zunächst einmal mindestens die Grundkenntnisse einer bestimmten Reitweise anzueignen, bevor ein Wechsel stattfindet. Ich kenne einige Westernreiter, die nach einigen Jahren zur Klassischen Reitweise wechselten und dies unterschiedlich begründeten. Manche sagten, sie möchten einfach »etwas anderes« ausprobieren, einige kamen mit dem typischen »Westernflair« nicht mehr zurecht und Andere entdeckten ihre Liebe zur klassischen Dressur. Oft war die Sympathie für eine bestimmte Pferderasse der Auslöser für einen Wechsel.

Doch auch ehemalige Klassisch-Reiter wechseln hin und wieder ihr Lager und beschließen, das Westernreiten zu erlernen, weil sie von der Lässigkeit der Reitweise, der Atmosphäre bei Turnieren oder einer bestimmten Pferderasse, wie den beliebten Quarter Horses, fasziniert waren. Wann immer eine Reiter sich mit dem Gedanken trägt, die Reitweise zu wechseln, wird es einen bestimmten Auslöser dafür gegeben haben. Doch bevor sich der Umsteiger blindlings auf die neue Reitweise »stürzt«, sollte er sich einige Gedanken dazu machen.

Fragen wie: Welche Konsequenzen bringt ein Wechsel mit sich? Ist es ggf. notwendig, sich von seinem Pferd zu trennen? Muss der Stall gewechselt werden? Bei wem soll in Zukunft Unterricht genommen werden? Welche Ausrüstung wird benötigt?

Es wäre gut, sich die ein oder andere Reitstunde in der bevorzugten Reitweise einmal anzuschauen, bevor sich der Umsteiger selbst in den Sattel schwingt. Erst nach einigen Reitstunden wird er sicher beurteilen können, ob ein Wechsel tatsächlich richtig wäre.

Auch innerhalb der unterschiedlichen Reitweisen gibt es verschiedene Disziplinen und Schwierigkeitsgrade. Ein Umsteiger wird zunächst vermutlich noch nicht wissen, wo genau ihn der Weg hinführt, ob er beispielsweise lieber Dressur reitet oder springt, ob er sich der Vielseitigkeitsreiterei widmet oder einmal Turniere besuchen möchte. Ein- oder umsteigenden Westernreitern geht es ähnlich. Auch sie haben die »Qual der Wahl«; ob sie die Reining bevorzugen, die Pleasure, ob sie sich für das Cutting entschließen oder sich später auf den Trail spezialisieren wollen, können sie zunächst nicht wissen.

Je früher ein Reiter weiß, welche Disziplin er bevorzugt, desto schneller kann er sehr gezielt darauf hinarbeiten und damit sein Ziel erreichen.

WAS DAS REITERLEBEN SONST NOCH BEEINFLUSST

Wenn Pferde unser Leben auf den Kopf stellen

»Früher hatte ich Zeit, Geld, Freunde und eine gute Ehe – heute habe ich Pferde«

Diese Zeilen las ich vor einiger Zeit während einer Turnierveranstaltung auf dem T-Shirt eines Pferdefans. Die Kommentare darauf blieben bei den umstehenden Pferdemenschen nicht aus. »Genau so ist es!«, hörte ich die Leute rufen. Einer fügte sogar belustigt hinzu: »Es wurde vergessen zu erwähnen, dass mit den Pferden auch das Haus, das Auto und der Job verloren gehen kann! Und die Kosten für den Scheidungsanwalt sind auch nicht zu verachten.«

Klassisch oder western? Die Reitweise spielt keine Rolle, solange sie pferdegerecht betrieben wird.

Nachdem das allgemeine Gelächter auf diesen Kommentar abgeebbt war, frotzelte jemand: »Naja, irgendwie ist da was Wahres dran.«

In der Tat beeinflusst das Hobby in den meisten Fällen in gewisser Weise auch das private Umfeld und natürlich in nicht unerheblichem Maße die finanzielle Situation.

Oft sind Reiter massiv gestresst, weil sie ihr Familienleben nur mühsam mit ihrem Hobby vereinbaren können. Fast jeder Pferdefreund kennt die Geschichten über nicht pferdebegeisterte Partner, die sich u. U. vernachlässigt fühlen ... die Anekdoten über Kinder, die auf der Suche nach Aufmerksamkeit jedes »vernünftige« Training zunichte machen können ... die düsteren Stories über den chronischen Ebbe-Zustand in der Geldbörse ... und nicht zu vergessen die Unterhaltungen über Freunde, die sich wegen der Pferde vernachlässigt fühlen.

Dies Alles sind kleine (manchmal auch größere) Wermutstropfen, die Reitern den Spaß an ihrem Hobby nehmen oder zumindest ein latent vorhandenes, schlechtes Gewissen verursachen können.

»Entweder Dein Pferd oder ich!« –

Wenn der Lebenspartner streikt

Bei Männern ist es nicht selten die Liebe zum Fußball, die die Partnerschaft mitunter ins Wanken bringt; bei Frauen ist es die Liebe zu den Pferden. »Bist Du heute etwa schon wieder bei Deinem Pferd?!«

Diese – leicht vorwurfsvolle – Frage kennen die meisten Reiterinnen, die einen Partner haben, der sich so gar nicht mit diesem Hobby anfreunden kann. Für den nicht pferdeinteressierten Partner kann der Vierbeiner u. U. zum pelzigen Nebenbuhler mutieren und gewisse Anflüge von Eifersucht auslösen. Aus seiner Sicht wird das Pferd betüddelt, beschmust und rundum versorgt. Das geplante, romantische Dinner beim Italiener muss ggf. zum dritten Mal verschoben werden, weil das Pferd wieder krank ist. Und sogar im Urlaub kehrt keine Ruhe ein. Jeden Tag ruft sie von den Malediven mindestens zweimal zu Hause an, um zu fragen, ob es dem Pferd auch gut geht und verursacht damit Telefonkosten, die höher sind als ein Flug zu den Kanarischen Inseln.

Kein gemeinsamer Einkauf vergeht, ohne dass das holde Eheweib oder die Freundin noch »eben schnell Möhrchen« für das Pferd in den Einkaufskorb hineinlegt. Kaum ein Fernsehabend vergeht, ohne dass gecheckt wird, ob auf irgendeinem Sender nicht ein Pferdefilm läuft. Im Kino schaut sie sich am liebsten den »Pferdeflüsterer« an und neben dem Bett auf dem Nachtschränkchen befindet sich ein Foto von dem »Gaul«. Na, wenn das kein Grund zur Eifersucht ist.

Zugegeben, ich habe ein klein wenig übertrieben, aber ein gewisser Wahrheitsgehalt ist nicht von der Hand zu weisen.

Wenn der Partner nicht gerade selbst ein großer Pferdenarr ist, kann das Hobby »Pferd« schon einmal die ein oder andere Krise auslösen. Solange es bei kleinen Neckereien bleibt, die sich nicht ernsthaft auf die Partnerschaft auswirken, besteht kein wirklicher Grund zur Sorge.

Schwierig wird es dann, wenn mindestens einer der Partner die Beziehung durch das Pferd in Frage stellt

Die Westernreitweise gewinnt zunehmend an Beliebtheit.

und/oder das Pferd wiederholt zum Auslöser diverser Streitigkeiten wird.

Das Pferd als »Beziehungskiller«
Alarmzeichen erkennen

Stellt das Hobby eine ernsthafte Gefahr für die Beziehung dar, wird es leider häufig erst verhältnismäßig spät bemerkt. Viele Pferdefreunde fallen quasi »aus allen Wolken«, wenn der Partner sie »plötzlich« vor die Wahl stellt: »Entweder das Pferd oder ich!«
Kommt es erst einmal so weit, ist es häufig schwierig, eine Lösung zu finden. Je früher bemerkt wird, dass es wegen des Pferdes zu Beziehungsproblemen kommen könnte, desto besser stehen die Chancen auf eine Einigung.
Anzeichen für drohende »Gewitterwolken« über dem Liebes-Himmel können u. a. sein:

- Der Pferdenarr kann seine Zeit mit dem Pferd nicht mehr genießen. Er glaubt, dass die heimatlichen Wände nach seiner Rückkehr aus dem Stall wackeln werden, weil in den Augen des Partners wieder einmal zu viel Zeit im Stall verbracht wurde.
- Auch im Alltag sind die Pferde das Haupt-Gesprächsthema, obwohl sich der Partner nur mäßig für dieses Thema interessiert.
- Es werden keine Themenbereiche gefunden, die für beide interessant sind.
- Das Paar hat keine Zeit oder keine Lust auf gemeinsame Unternehmungen außerhalb des Pferdestalls.
- Geplante, gemeinsame Aktivitäten, vielleicht sogar Urlaube, finden kaum noch statt, weil die Verpflichtungen am Hof dies nicht zulassen.
- Freunde und Bekannte distanzieren sich.
- Der Partner muss sich langfristig »den Gürtel enger schnallen«, damit ihr Hobby finanziert werden kann.

Wirklich helfen kann hier nur: Aussprechen und gemeinsam nach Lösungsmöglichkeiten suchen.
Manchmal kommt es vor, dass das Thema »Pferd« der willkommene Aufhänger für andere Konflikte ist. Dies lässt sich jedoch nur durch beidseitige Offenheit, ggf. durch professionelle Hilfe erkennen und lösen.
In den meisten Fällen ist es eher so, dass eine schlecht durchdachte Alltags-Organisation und mangelnde Absprachen das geliebte Pferd zum »Buh-Mann« werden lassen. Der Partner/die Partnerin fühlt sich zu Recht häufig dann zurückgesetzt, wenn es kein anderes Gesprächsthema mehr gibt, das Pferd den kompletten Alltag beeinflusst und kaum noch Raum für gemeinsame Aktivitäten außerhalb der Pferdewelt vorhanden ist.
Oft hilft es schon, sich als Paar zeitlich anders und klar zu organisieren. U. U. ist es sinnvoll, sich zu Gunsten der Partnerschaft um jemanden zu bemühen, der – außer Ihnen – das Pferd zuverlässig versorgen und ggf. reiten kann. Wenn der Partner genau weiß: »Aha, montags, mittwochs und samstags ist Pferdetag«, kann er sich darauf einstellen und diese Zeit für sich und seine eigenen Interessen nutzen.
Sehr häufig kommt es in Partnerschaften wegen der finanziellen Belastung durch das Hobby zum Streit. Fragen Sie sich deshalb, ob wirklich jede Anschaffung und jedes Unternehmen, das Kosten verursacht, tatsächlich sein muss. Ein fest eingeplantes Budget, das Ihnen für Ihr Pferd zu Verfügung steht, sollte deshalb möglichst nach Absprache mit dem Partner eingerichtet werden.
Interessiert sich der Partner absolut nicht für Pferde, sollte es tunlichst vermieden werden, ihn in der verbleibenden, gemeinsamen Zeit mit Themen rund ums Pferd zu »bombardieren«.
Niemals sollte der Lebenspartner/Ehemann den Eindruck hegen müssen, das Pferd sei wichtiger als er. Deshalb bewährt es sich in der Praxis, wenn Sie die Zeit mit Ihrem Partner (den Kindern) ebenso sorgfältig planen wie die Zeit mit Ihrem Pferd. Kleine Überraschungen Ihrerseits, wie z. B. ein lang ersehnter Ausflug, erhalten das glückliche Familienleben und können kleine Wunder bewirken.

»Mama ist immer bei ihrem Pferd«
Reitende Mütter und ihre Schwierigkeiten

»Mama, Du hast überhaupt keine Zeit mehr für mich!« Wenn eine Mutter so etwas hört (oder auch nur ansatzweise zu hören GLAUBT), blutet ihr verständlicherweise das Herz.

Die »lieben Kleinen« besitzen im Regelfall eine außerordentlich zuverlässig funktionierende »Antenne« für die Schwachstellen ihrer Mütter und Väter. Haben Sie erst einmal herausgefunden, wie bei ihnen der »Knopf« zur Aktivierung eines hundsmieserabel schlechten Gewissens ausgelöst werden kann, verstehen sie es ausgezeichnet, ihn mit einer geradezu unglaublichen Zielsicherheit immer wieder zu aktivieren.

Häufig sind es nicht (nur) die Kinder, die die regelmäßigen Stallbesuche zum Problem werden lassen. Selbst, wenn die Kids sich am Hof pudelwohl fühlen, gibt es tadelnde Worte der Eltern, der Schwiegereltern, der Nachbarn oder der anderen aufmerksamen Zeitgenossen, die durch die häufigen Stallaufenthalte düstere Zukunftsprognosen bezüglich der Kindesentwicklung prophezeien. »Das Kind fängt sich ja sonst was ein in dem verdreckten Stall«, heißt es da z. B.. Oder: »Der/die Kleine kennt ja nur noch Pferde. Eines Tages wird das Kind bestimmt total kontaktscheu.«

Fast nichts auf der Welt ist hartnäckiger als ein schlechtes Gewissen. Gewinnen Mütter den Eindruck, dass ihre Kinder (oder die aufmerksamen Verwandten) Recht haben könnten, werden sie die Zeit bei ihrem Pferd natürlich nicht mehr richtig genießen können. Abhilfe schafft hier nur die absolute Gewissheit, dass die Kinder nicht zu kurz kommen und das ehrlich empfundene Zugeständnis, sich selbst einmal etwas gönnen zu dürfen.

Idealerweise finden junge Mütter für ihre noch kleinen Kinder eine angemessene Form der Unterbringung, während sie mit ihrem Pferd arbeiten möchten. Das können z. B. die Großeltern sein, Freunde, eine Krabbelgruppe oder der Kindergarten, aber auch zuverlässige Freunde oder Nachbarn. In einigen Stallgemeinschaften besteht die Möglichkeit, dass sich eine Gruppe von Müttern in den Morgenstunden trifft und sie abwechselnd die Kinder betreuen, bzw. reiten.

Sind die Kinder schon etwas älter und zeigen Interesse für die Vierbeiner, besteht die Möglichkeit, sie in Maßen und spielerisch in die Stallarbeit zu integrieren. Da der Aufenthalt am Pferdehof mit gewissen Gefahren verbunden ist, ist es für die Mütter oder Väter oft nicht einfach, sich gleichzeitig dem Pferd zu widmen und dem Kind die erforderliche Aufmerksamkeit zu schenken. Darüber hinaus verlieren viele Kinder schnell das Interesse an einer bestimmten Arbeit und suchen sich dann eigene Möglichkeiten der Beschäftigung. Dass diese nicht immer im Sinne der Erwachsenen sein müssen, brauche ich bestimmt keiner gestressten Mutter zu erklären. So kann es in einem Anflug berechtigter Langeweile durchaus einmal passieren, dass die entsetzte Hausziege an ihrem Schwanz durch die Stallgasse gezogen wird oder das Interesse dafür entdeckt wird, einen Pferdebauch von unten erforschen zu wollen. Nicht selten sind aufmerksame Mütter damit beschäftigt, zwischen dem Putzen und Satteln ihres Pferdes ihre juchzenden Sprösslinge aus

Familienleben und Hobby unter einen Hut zu bekommen, gestaltet sich häufig nicht ganz einfach.

Pferdetränken herauszufischen oder den Kleinen geduldig zu erklären, dass Pferdeäpfel im Normalfall nicht essbar sind.

Dieser kleine Einblick in den Alltag Pferde begeisterter Mütter lässt ahnen, dass eine gute Organisation von Nöten ist, um die Kinder- und Pferdeerziehung »unter einen Hut« zu bekommen.

Damit das Reiterglück nicht beeinträchtigt wird, gilt es Folgendes zu beachten:

Sicher ist es schön, wenn die Kinder mit ihren Eltern die Zeit am Hof verbringen können. Doch nicht jedes Kind mag Pferde und selbst für kleine Tiernarren kann die Zeit am Stall (2 Stunden sollten immer eingeplant werden) arg lang werden.

Das Kind/die Kinder sollten angemessen beschäftigt sein, während sich die Mutter um das Pferd kümmert und reitet. Mitunter ist es sinnvoller, das Kind außerhalb des Stalls unterzubringen – und zwar so unterzubringen, dass die Eltern sich ruhigen Gewissens ihrem Hobby widmen können.

»Du hast nur Deine Pferde im Kopf«

Wenn Freunde meutern

Was es heißt, mit dem Pferdevirus infiziert worden zu sein, können Nichtreiter kaum nachvollziehen. Auch gute oder sogar beste Freunde bilden da keine Ausnahme.

Besonders, wenn die Freunde schon da waren, bevor das Pferd kam, kommt es häufig zu Konflikten. Ähnlich wie in Partnerschaften und/oder Ehen, kann das Pferd schnell zum Gegenstand großer Eifersucht werden.

Wenn Sie die regelmäßigen Kinoabende mit Ihren besten Freunden gegen abendliche Ausritte »eintauschen« oder die Stunden langen Telefonate mit ihrer besten Freundin

Sorgen sie dafür, dass Ihr Pferd Auslauf und Sozialkontakte hat; das spart viel Zeit und Sie müssen nicht unbedingt jeden Tag reiten.

den alltäglichen Stallarbeiten weichen müssen, rümpfen ihre bisherigen, bevorzugten Freizeitpartner (sprich Freunde) bestenfalls die Nasen.
Im schlimmsten Fall werden Sie sich irgendwann von Ihnen abwenden und Ihnen beleidigt, bekümmert und verletzt den Rücken zukehren.
Es ist sehr wahrscheinlich, dass sich Ihr Freundeskreis mit zunehmendem Spaß an Ihrem Hobby verändern und erweitern wird. Logischerweise werden Sie die Nähe der Menschen suchen, mit denen Sie sich über Ihre neue Freizeitaktivität austauschen können. Das ist ganz normal und unvermeidlich. Beste Freunde, an denen Ihnen wirklich etwas liegt, auf Grund dessen zu verlieren, ist sicher nicht Ihr Wunsch und lässt sich vermeiden, sofern Sie das tatsächlich möchten.
Im Prinzip verhält es sich bezüglich Ihres Hobbys mit den Freunden ähnlich wie mit einem nicht reitenden Partner. Beide wünschen sich Ihre (ungeteilte) Aufmerksamkeit und beide wollen von Pferden nichts wissen. Sobald Sie als Reiterin merken, dass der Freund/die Freundin trotz einiger Bemühungen so überhaupt nichts mit Pferden anfangen kann, ist es besser, jeden »Bekehrungsversuch« zu unterlassen. Denn Sie würden doch sicher auch nicht Ihren besten Freunden zu Liebe mit dem Fallschirm aus einem Flugzeug springen, weil es nun einmal deren liebstes Hobby ist? Selbst, wenn dies die einzige Möglichkeit wäre, Ihre Freunde zu treffen, würden Sie irgendwann einmal sagen: »Ihr könnt mich mal. Wieso soll ich mich in der Luft mit euch unterhalten, wenn es am Boden genauso gut klappt?!«
Wenn es Ihnen wirklich wichtig ist, Ihre bewährten Freundschaften aufrecht zu erhalten, werden Sie ganz bestimmt Möglichkeiten finden, ab und an Zeit für sie zu »reservieren«. Voraussichtlich wird dies nicht mehr so

Nach einem anstrengenden Arbeitsalltag suchen viele berufstätige Reiter Entspannung bei ihren Pferden.

häufig geschehen wie früher, doch letztlich zählt nicht die Häufigkeit der Kontakte, sondern wie Sie diese gestalten. Von einem lustigen (Pferde freien) Tag im Monat, der Ihnen allen Spaß macht, können Sie oft länger und mehr profitieren als von etlichen Kurz-Gesprächen am Telefon. Bewahren Sie sich außerdem ein offenes Ohr für die Sorgen Ihrer Freunde, dürfte eigentlich nicht mehr viel schief gehen.

Pferde und Beruf

Ganz gleich, ob Sie nun Hausfrau sind, Ärztin, Verkäuferin oder sonst etwas ... Als Reiterin werden Sie den Anspruch haben, dass Ihr Hobby Ihnen den durchaus verdienten Ausgleich zu Ihrem stressigen Beruf bietet.
Mitunter schaut es in der Praxis häufig so aus, dass sich die Kombination Pferde und Beruf nicht immer gut verträgt. Gerade bei unregelmäßigen Arbeitszeiten, bei Berufen mit Rufbereitschaft oder bei Beschäftigungen, die eine besondere, körperliche oder psychische Belastbarkeit erfordern, kollidieren Job und Hobby ggf. miteinander.
Einige Reiter sind nach dem Feierabend dermaßen »geschafft«, dass sie sich nicht mehr in der Lage fühlen, anschließend ihr Pferd zu versorgen. Manche haben Probleme, regelmäßig die Zeit zum Reiten zu finden und wieder andere sind beruflich phasenweise oder dauerhaft so eingebunden, dass sie keinesfalls täglich zu ihren Pferden fahren können.
Auch dies ist ein häufiger Grund dafür, dass sich Pferdemenschen hin und wieder mit einem schlechten Gewissen herumplagen. Wenn Sie darüber hinaus stetig von ihren vorwurfsvollen Stallkollegen zu hören bekommen: »Du bist ja nie da!«, kann das für sie zur weiteren Belastung werden, sofern dieser Vorwurf zu Lasten des Pferdes geht.
Einige berufstätige Menschen glauben, dass sie ihre Pferde nicht mehr angemessen versorgen können, weil ihnen die Zeit fehlt oder weil sie einfach nicht mehr wissen, wie sie beiden Bereichen (Beruf und Pferd) gerecht werden können. Entweder sie sitzen auf dem Pferd und denken: »Auweia, eigentlich müsste ich noch dies oder jenes erledigen. Bestimmt gibt es Ärger mit meinem Chef, wenn ich das bis morgen nicht mehr schaffe«. Oder sie sitzen an ihrem Arbeitsplatz und denken an ihr Pferd, dass sie heute höchstwahrscheinlich wieder nicht reiten können, weil sich die Arbeit auf dem Schreibtisch stapelt und kein Ende in Sicht ist.
Beides kann Reiter auf Dauer sehr unzufrieden machen. Trotzdem ist dies nicht zwangsläufig ein Grund, um auf sein Hobby verzichten zu müssen.
Beruflich stark eingespannte Reiter können die Lage mit Hilfe einer gut funktionierenden Stallgemeinschaft oder und/oder durch die Inanspruchnahme einer zuverlässigen Reitbeteiligung wesentlich entspannen. Allein das Wissen darum, dass das Pferd auch dann gut versorgt wird, wenn man den Stall nicht selbst besuchen kann, erleichtert das eigene Gewissen, geht nicht zu Lasten des Pferdes und verhindert, dass sich der gefürchtete Trainingsfrust einschleicht.

Das liebe Geld ...

»Mein Pferd frisst mir die Haare vom Kopf!« Diesen sorgenvollen Satz hört man häufig in Reiterkreisen.
Die unvermeidbaren Kosten für die monatliche Stallmiete, die Kosten für Impfungen, für Wurmkuren und für den Hufschmied fallen in regelmäßigen Abständen an und kommen zwangsläufig auf jeden Pferdebesitzer zu. Dazu gesellen sich häufig außerdem hübsche Sümmchen für den Tierarzt, die Ausrüstung, den Ausbilder, den Unterricht usw.
Am Ende des Monats gibt es für den Pferdebesitzer oft nur eine Bilanz; und die nennt sich: »Chronische Pleite«. Nur wenige Pferdebesitzer müssen sich keine Gedanken über die Finanzen machen. In den meisten Fällen ist es eher so, dass Reiter alle Hebel in Bewegung setzen, um ihr kostenaufwändiges, aber wunderschönes Hobby »irgendwie« finanzieren zu können.
Wird die finanzielle Belastung so hoch, dass schweren Herzens auf andere Dinge, die einem Reiter u. U. ebenso wichtig sind, verzichtet werden muss, stellt sich ebenfalls der Frust ein.
Einige Reiter verzichten darauf, sich ein Essen bei dem Lieblingsitaliener zu gönnen, andere sparen an der Kleidung, an den täglichen Lebensmitteln oder fahren nicht mehr in den Urlaub.
Welche Einschränkungen der Einzelne für sich in Kauf nehmen möchte und kann, bleibt ihm selbst überlassen.

Viele verzichten gerne auf verschiedene, alltägliche Dinge, um ihr Pferd behalten zu können und betrachten dies nicht als besondere Belastung. Anderen wiederum fällt die Einschränkung außerordentlich schwer, oder sie haben so wenig Geld zu Verfügung, dass sie gar auf Existenzielles verzichten müssen.

Machen Sie sich um die Finanzen große Sorgen, wird sich dies voraussichtlich früher oder später auf die Freude an Ihrem Hobby auswirken. Wer sich ständig sorgen muss oder gar Existenzängste mit sich herumschleppt, kann nicht genießen und im Wesentlichen auch nicht das erfahren, was im Allgemeinen als »Reiterglück« bezeichnet wird.

Es gibt für Pferdebesitzer viele Möglichkeiten, Kosten einzusparen. Dennoch sollte dies nicht »am falschen Ende« geschehen. Ich persönlich vertrete die Ansicht, dass an der Gesundheit eines Tieres niemals gespart werden darf. Es sollte immer gewährleistet sein, dass das Pferd medizinisch versorgt ist und entsprechendes Futter erhält.

Der Spruch: »Das Teuerste ist nicht unbedingt das Beste«, gilt auch für sämtliche Bereiche rund um das Pferd. Wer sparen möchte oder sparen muss, sollte sich also immer genau erkundigen, ob es Alternativen zu einem vergleichsweise teuren Produkt gibt. Allein bei der Ausrüstung/Kleidung des Reiters können hier beispielsweise einige Einsparungen gemacht werden. Ein Markenartikel muss nicht unbedingt von besserer Qualität sein als ein vergleichbares No-Name-Produkt.

Auch beim Sattelkauf kann durchaus gespart werden, ohne dem Pferd dabei zu schaden. Sitzt ein gebrauchter Sattel perfekt, muss es nicht die Sonderanfertigung eines bekannten Markenherstellers sein.

Ebenfalls gut sparen lässt es sich bei der Stallmiete. Wenn Sie bereit sind, einige Stallarbeiten selbst zu erledigen, brauchen Sie beispielsweise nicht das Geld für eine Vollverpflegung auszugeben. Ebenso sollten Sie sich fragen, wie viel Luxus Sie für sich und Ihr Pferd tatsächlich benötigen und dies bei der Stallsuche berücksichtigen.

Es kommt vor, dass Pferdebesitzer bereits an allen Ecken und Enden sparen und trotzdem reicht das Geld vorne und hinten nicht aus. Hier haben Pferdebesitzer immer noch die Möglichkeit, sich um eine Reitbeteiligung zu bemühen, die sich in seinem Sinne um das Pferd kümmert und sich natürlich auch im angemessenen Maße an den anfallenden Kosten beteiligt.

Sollte ein Pferdebesitzer jedoch sicher sein, dass die Versorgung seines Pferdes unter Berücksichtigung aller möglichen Sparmaßnahmen nicht mehr gewährleistet werden kann, muss zum Wohle des Pferdes über einen Verkauf des Tieres nachgedacht werden.

Machen Sie den Test

Nun gehts ans »Eingemachte« …

Auf den letzten Seiten habe ich sämtliche Bereiche, die das Leben eines Reiters maßgeblich beeinflussen können und damit entscheidend zum Reiterglück beitragen können, für Sie zusammengetragen. Damit sind Sie bestens für den nun folgenden Test vorbereitet; und die Beantwortung der Fragen wird Ihnen nicht allzu schwer fallen.

Ein passender Sattel hat seinen Preis. Dennoch muss es nicht immer gleich das Teuerste vom Teuren sein.

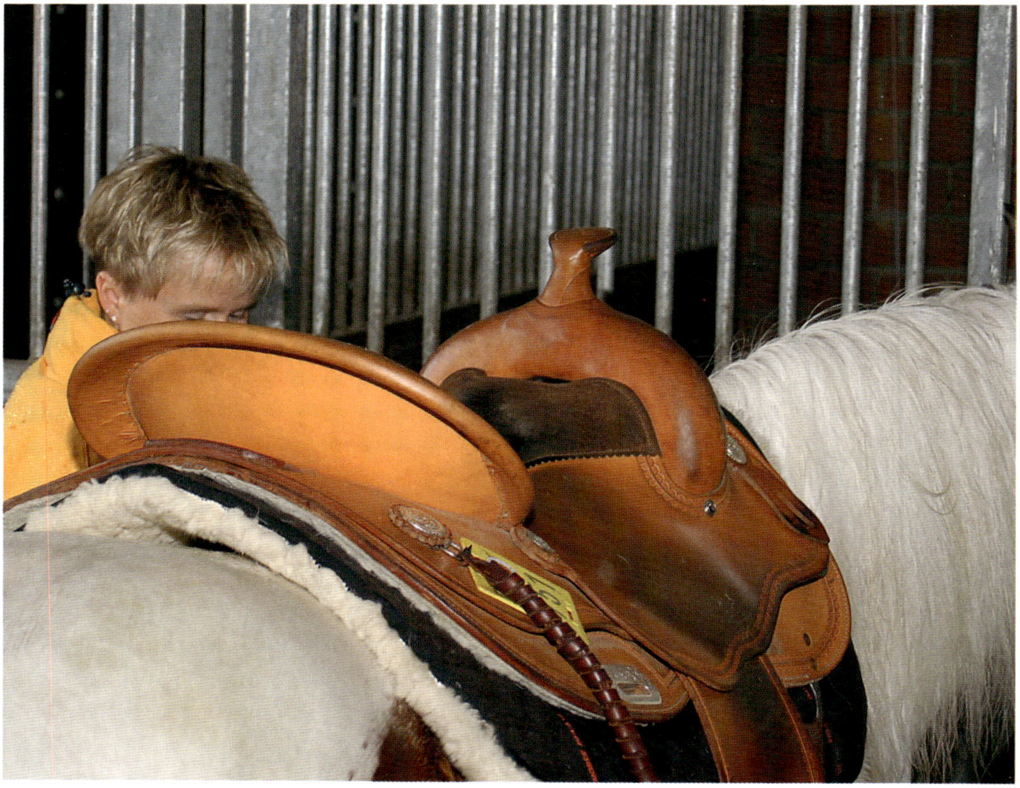

Vielleicht sind Sie stellenweise ins Grübeln geraten, weil Sie zum ersten Mal gemerkt haben, dass es auf dem einen oder anderen Gebiet auch in Ihrem Reiterleben nicht ganz rund läuft. Möglicherweise hatten Sie aber auch schon eine Ahnung davon, wo »der Hase im Pfeffer liegt« und sehen sich nun in dieser Ahnung bestätigt.
Vielen Menschen bereitet es Unbehagen, sich mit den defizitären Bereichen in ihrem direkten Umfeld auseinander zu setzen. Das ist überaus menschlich, denn mit der Bewusstwerdung der drohenden oder zu erwartenden Schwierigkeiten stehen fast zwangsläufig Veränderungen bzw. große und kleine Entscheidungen an, die uns ein gewisses Magengrummeln bereiten.
Doch keine Sorge … Gut vorbereitet ist jeder Mensch dazu in der Lage, die notwendigen Veränderungen und Entscheidungen in Angriff zu nehmen und seinem Reiterglück wieder ein Stück näher zu kommen.

ANLEITUNG

Das Prinzip ist einfach. Innerhalb dieses Testes stoßen Sie auf alle Gebiete, auf die Sie mit dem Lesen dieses Kapitels in aller Ausführlichkeit gestoßen sind.
Nun geht es für Sie darum, die einzelnen Bereiche für sich zu bewerten. Dabei orientieren Sie sich an dem allseits bekannten »Schulnoten-Prinzip«; Sie verteilen Noten für jeden einzelnen Unterpunkt. Zur Erinnerung ist hier noch einmal die Erläuterung der verschiedenen Benotungen:

Note 1: Sehr gut
Das bedeutet, Sie sind überaus zufrieden mit diesem Bereich. Die Note 1 steht also für den absoluten Optimalzustand.

Note 2: Gut
Das heißt, der optimale Zustand ist fast erreicht. Wenn es etwas zu bemängeln gibt, fällt dies so gut wie nicht ins Gewicht.

Note 3: Befriedigend
Diese Bewertung zeigt an, dass Sie – trotz Mängel – einigermaßen zufrieden sind. Über Veränderungen wird ggf. nachgedacht, jedoch (noch) nicht im akuten Maße.

Note 4: Ausreichend
Mit der Note 4 nähern Sie sich bereits dem Grenzbereich, der so genannte Grauzone. Gewisse Voraussetzungen verhindern, dass Sie sich in oder mit diesem Bereich richtig wohlfühlen können. Die Lage kann sich jeder Zeit sowohl zum Negativen als auch zum Positiven verändern.

Note 5: Mangelhaft
Bei der Vergabe dieser Bewertung besteht bereits dringender Handlungsbedarf und es sollte ernsthaft über Veränderungen nachgedacht werden.

Note 6: Ungenügend
Wenn Sie sich für diese Note entscheiden, nähern Sie sich bereits dem reiterlichen Supergau, und es ist abzusehen, dass die Lage sehr bald eskalieren wird (wenn dies nicht bereits geschehen ist).
Hier ist schnelles Handeln von Nöten, denn jedes Zögern macht die Lage noch schlimmer.

Am Besten, Sie verteilen die Noten relativ spontan und zögern nicht zu lang bei der Beantwortung der Fragen.
Sie haben die Möglichkeit, den Fragebogen unter dem Punkt »Sonstiges« individuell zu erweitern.
Ich empfehle Ihnen, den Test erst vollständig auszufüllen, bevor Sie die einzelnen Bereiche auswerten.
Gewertet wird zunächst jeder Bereich; erst zum Abschluss wird der Gesamtwert aus der Summe aller Teilbereiche errechnet. Nachdem Sie die Noten verteilt haben, errechnen Sie den Durchschnittswert, indem Sie die Noten addieren und dann durch die Anzahl der verschiedenen Teilbereiche teilen.

Beispiel für den Bereich 1, Ihr Heimatstall:

Lage/Umgebung

Anfahrtsweg	Note 4
Gelände/Ausreitmöglichkeiten	Note 1
Sonstiges:	
Verkehrsaufkommen	Note 1

Unterbringung

Boxen/Paddocks	Note 2
Optisches Erscheinungsbild	Note 2
Zustand der Boxen	Note 2
Einstreu	Note 1
Sozialkontakte	Note 3
Häufigkeit des Weidegangs	Note 4
Organisation des Weidegangs	Note 4
Zusammenstellung der Herden	Note 2
Zustand der Koppeln	Note 2

Fütterung

Futter-Qualität	Note 2
Futter-Auswahl	Note 1
Fütterungszeiten	Note 2

Zusatzleistungen

Reithalle	Note 5
(wird vermisst oder schlechter Zustand)	
Reitplatz	Note 3
Führanlage	Keine Wertung
(fehlt, wird aber nicht vermisst)	
Round Pen	Keine Wertung
Solarium	Note 1
Longierplatz	Note 4

Allgemeines

Fortbildungsmöglichkeiten	Note 3
Allgemeine Trainingsmöglichkeiten	Note 4
Atmosphäre	Note 2
Anzahl der Einsteller	Note 4
Preis-Leistungsverhältnis	Note 3

Nach der Bewertung werden alle vergebenen Noten für den Themenbereich 1 addiert. In unserem Beispiel ergibt sich hierbei ein Wert von 62.
Es wurden für insgesamt 24 Bereiche zum Thema Heimatstall Punkte vergeben. Der Durchschnittswert errechnet sich, indem das Ergebnis der Addition durch die Summe aller Bewertungen geteilt wird. Der errechnete Durchschnittswert (62:24) erreicht in diesem Beispiel ein Ergebnis von aufgerundeten 2,6 und fällt bei der Auswertung damit in den mittleren Bereich.
Sie können also alle Themenbereiche nacheinander abarbeiten und sehen nach der Auswertung auf den ersten Blick, welche Dinge Sie sich näher betrachten sollten.
Abschließend errechnen Sie das Gesamtergebnis Ihrer Bewertungen und erhalten auf diese Weise den Wert Ihres persönlichen »Glücksbarometers«.

WICHTIG!!!
Eine vergebene 5 oder gar 6 erfordert immer Handlungsbedarf, selbst wenn der Durchschnittswert des Themenbereiches insgesamt im guten oder mittelmäßigen Bereich liegt.

ARBEITSBEREICH 1

THEMA	BERWERTUNG
Themenbereich 1: Ihr Heimatstall	
Lage/Umgebung	1
Anfahrtsweg	4
Gelände/Ausreitmöglichkeiten	1
Sonstiges:	
1.	
2.	
3.	
Unterbringung	
Boxen/Paddocks	1
Optisches Erscheinungsbild	2
Zustand der Boxen	1
Einstreu	3
Sozialkontakte	1
Häufigkeit des Weidegangs	1
Organisation des Weidegangs	1
Zusammenstellung der Herden	1
Zustand der Koppeln	1
Sonstiges:	
1.	
2.	
3.:	
Fütterung	
Futter-Qualität	1
Futter-Auswahl	1
Fütterungszeiten	1
Sonstiges:	
1. Menge	1
2.	
3.	
Zusatzleistungen	
Reithalle	4
Reitplatz	1
Führanlage	–
Round Pen	–
Longierplatz	–
Solarium	–

Wie zufrieden sind Sie wirklich?

THEMA	BERWERTUNG
Sonstiges:	
1. "Ponyhalle"	1
2.	
3.	
Allgemeines	
Fortbildungsmöglichkeiten	1
Allgemeine Trainingsmöglichkeiten	1
Atmosphäre	1
Anzahl der Einsteller	1
Preis-Leistungsverhältnis	1
Sonstiges:	
1.	
2.	
3.	
Durchschnittswert, Themenbereich 1:	1,375

Themenbereich 2: Ihr Pferd			
Rasse	1	1	1
Größe	1	1	1
Alter	1	1	2
Charakter	1	1	1
Gesundheit	3	1	1
Händelbarkeit	1	1	3
Zielerreichung	1	1	1
Sonstiges:			
1.			
2.			
3.			
Durchschnittswert, Themenbereich 2:			

Themenbereich 3: Die Reitbeteiligung	
Reiterliche Qualitäten	3
Menschliche Qualitäten	1
Kostenbeteiligung	–
Sonstiges:	
1.	
2.	

THEMA	BERWERTUNG
3.	
Durchschnittswert, Themenbereich 3:	2
Themenbereich 4: Ihr Reitlehrer	
Fachliche Kompetenz	1
Erfahrung	1
Sympathie/menschliche Kompetenz	1
Unterrichtsstil	1
Sonstiges:	
1.	
2.	
3.	
Durchschnittswert, Themenbereich 4:	1
Themenbereich 5: Ihr Unterricht	
Häufigkeit	
Longenstunden	
Einzelunterricht	
Gruppenunterricht	
Individualität	
Verständlichkeit	
Abwechslung	
Lernfaktor	
Vor- und Nachbereitung	
Theorie	
Unterstützung beim Bodentraining	
Spaß-Faktor	
Preis-Leistungsverhältnis	
Sonstiges:	
1.	
2.	
3.	
Durchschnittswert, Themenbereich 5:	
Themenbereich 6: Ihre bevorzugte Trainingsmethode	
Eigenes Verständnis	
Eigene Überzeugung	
Zeitlicher Aufwand	

THEMA	BERWERTUNG
Organisatorischer Aufwand	
Ausrüstungsmaterial	
Akzeptanz am Hof	
Hilfestellung	
Bücher zur Methode	
DVD`s zur Methode	
Seminare/Kurse	
Trainingsvoraussetzungen	
Spaß	
Sonstiges:	
1.	
2.	
3.	
Durchschnittswert, Themenbereich 6:	
Themenbereich 7: Ihre gewählte Reitweise	
Trainingsmöglichkeiten	1
Akzeptanz am Hof	1
Spaß	1
Sonstiges:	
1.	
2.	
3.	
Durchschnittswert, Themenbereich 7:	1
Themenbereich 8: Ihr privates und berufliches Umfeld	
Der Umgang des Partners mit dem Hobby	
Die Vereinbarung Kinder und das Pferd	
Die Akzeptanz des Hobbys im Freundeskreis	2
Die Vereinbarung Beruf/Pferd	3
Finanzielle Möglichkeiten	2
Sonstiges:	
1.	
2.	
3.	
Durchschnittswert, Themenbereich 8:	

Gesamtwert aller Themenbereiche:
Übertragen Sie bitte hier Ihre errechneten Ergebnisse aus allen Themenbereichen, addieren Sie diese und teilen Sie sie durch die Zahl 8.

1. Ihr Heimatstall

2. Ihr Pferd

3. Die Reitbeteiligung

4. Ihr Reitlehrer

5. Ihr Unterricht

6. Ihre bevorzugte Trainingsmethode

7. Ihre gewählte Reitweise

8. Ihr privates und berufliches Umfeld

Gesamtwert: geteilt durch 8:

AUSWERTUNG

Durchschnittswert 1, 0 bis 2, 0:
Dem Reiterglück ganz nah …

… sind Sie offenbar, wenn Sie in der Gesamtwertung eine Punktzahl in diesem Bereich erreicht haben. Ganz offensichtlich besteht bei Ihnen ein sehr gesundes Gleichgewicht aus den Zielen, die Sie sich gesteckt haben und den Voraussetzungen, die dafür notwendig sind.

Vermutlich ist das eher die Ausnahme; daher können Sie sich besonders glücklich schätzen. Doch auch, wenn Sie ein sehr gutes Gesamtergebnis erreicht haben, ist es möglich, dass Sie innerhalb eines bestimmten Themenbereiches eine schlechte Wertung abgeben mussten. In diesem Falle ist es sinnvoll, sich diesen Bereich noch etwas genauer zu betrachten.

Ein solches Ergebnis zeigt aber auch an, in welchen Gebieten Sie sich bereits im Optimal-Bereich bewegen. Selbst, wenn Sie Veränderungen anstreben, sollten Sie darauf achten, dass die Bereiche, in denen Sie sehr gute Ergebnisse erzielt haben, beibehalten werden.

Aber auch, wenn Sie innerhalb eines Themenbereiches den oben genannten Wert erhalten haben, scheinen Sie zumindest auf diesem Sektor zu den Glückspilzen zu gehören.

Wenn es hin und wieder Kleinigkeiten gibt, die Ihnen nicht zu 100 % gefallen, schaut es danach aus, als würden diese Ihr Reiterleben nicht wesentlich negativ beeinflussen.

Durchschnittswert 2,1 bis 3,0:
Fast alles im Lot …

… ist es bei Ihnen, wenn Sie diesen Gesamtwert für sich errechnet haben.

Doch die Wahrscheinlichkeit, dass in mindestens einem der Themenbereiche »der Wurm« sitzt, wird bereits etwas höher. Sie können sich bei diesem Gesamtergebnis darauf einstellen, dass möglicherweise Veränderungen auf Sie zukommen könnten, wenn Sie die Situation verbessern möchten. Aller Wahrscheinlichkeit nach stimmen Ihre Zielsetzungen und Wünsche nicht ganz mit den dafür notwendigen Voraussetzungen überein.

Haben Sie diesen Wert für einen bestimmten Teilbereich errechnet, zeigt dies an, dass zwar nicht alles optimal läuft, aber die Lage verbessert werden sollte, damit Sie Ihrem Reiterglück noch ein Stück näher kommen.

Durchschnittswert 3, 1 bis 4, 0:
Der Trainingsblues lässt grüßen

Wenn Sie mit Ihrer Punktezahl hier landen, befinden Sie sich höchst wahrscheinlich in bester Gesellschaft. Doch leider ist Ihnen der Trainingsblues bereits ganz dicht auf den Fersen. Dieser Wert, vor allem im erreichten Gesamtergebnis, ist irgendwie »nichts Halbes und nichts Ganzes«. Er ist weder »Fisch noch Fleisch«, weder »Sekt noch Selters«. Die meisten Pferdemenschen befinden sich in diesem Zustand des »Halb-Glücks«. Eigentlich sind diese Leute »ganz zufrieden« mit dem, was sie haben, doch zunehmend gibt es auch die Phasen der Unzufriedenheit. Meistens wird die Situation nicht als

schlimm genug empfunden, um etwas zu verändern. Also werden die Dinge so angenommen wie sie sind, bis irgendeine Kleinigkeit das Fass zum Überlaufen bringt.
Jeder Zeit müssen Sie damit rechnen, dass sich die Lage verschlechtert und der Blues zum ausgewachsenen Frust wird ... Das Ergebnis als Gesamtwert lässt ahnen, dass zum Glück nicht alles im Argen liegt. Entweder, Sie sind grundsätzlich mit allen Bereichen nur »halb zufrieden«, oder aber bei Ihnen halten sich gute und schlechte Zustände einigermaßen die Waage.
Aber einmal ehrlich: Auf Dauer kann das nicht zufrieden stellend sein – auch dann nicht, wenn es sich »nur« um einige Teilbereiche handelt.

Durchschnittswert 4,1 bis 5,0
Akuter Frustalarm ...

... herrscht vor, wenn Sie sich mit Ihren Punkten in dieser Kategorie wieder finden. »Lichtblicke« scheinen ausgesprochen selten zu sein. Vermutlich gibt es immer wieder Zoff wegen eines bestimmten Themas oder aber Sie sind häufig traurig oder entmutigt. Evtl. denken Sie hin und wieder darüber nach, Ihr Hobby an den Nagel zu hängen. Mit Sicherheit wissen Sie, dass dringend etwas verändert werden muss, haben aber keine Ahnung wie Sie dies anstellen sollen.

Hochgradig kritisch wird es, wenn Sie sich mit Ihren errechneten Gesamtpunkten in diesem Bereich befinden. Dann läuft grundsätzlich etwas schief und es bedarf einer »Komplettsanierung«.
Sie müssen damit rechnen, dass es sehr viel für Sie zu tun geben wird, wenn Sie sich dazu entschließen, die Schwierigkeiten in Angriff zu nehmen. Dieser Gedanke mag Ihnen vielleicht nicht sehr behaglich sein. Doch wenn es Ihnen gelingt, Ihre Wünsche und Ziele klar zu formulieren, werden Sie Wege finden, dafür die notwendigen Voraussetzungen zu schaffen.

Durchschnittswert 5,1 bis 6,0
Schlimmer geht's nimmer ...

... das mögen Sie wohl denken, wenn Sie sich in diesem Bereich bewegen.
Es ist unwahrscheinlich, dass Sie mit Ihrem Gesamtergebnis hier landen werden. Doch auch, wenn in einem Teilbereich dieses Ergebnis erzielt wird, heißt es: Alarmstufe rot!
Es scheint Umstände zu geben, die sich nicht nur ein wenig mit Ihren Zielen, Wünschen und Vorstellungen »beißen«, sondern das Erreichen Ihrer Zielvorstellungen unmöglich machen. Es ist deshalb kein Wunder, wenn Sie genervt und gefrustet sind.
Trotzdem ist »das Kind noch nicht in den Brunnen gefallen«. Wenn Sie sicher sind, dass Sie Ihr Hobby weiterhin ausüben möchten, wird es Lösungen für Sie geben.

WAS SIE ÜBER IHRE REITERLICHEN ZIELE WISSEN SOLLTEN

Warum brauchen Reiter klare Ziele?

Beim Lesen des vorangegangenen Kapitels werden Sie wahrscheinlich gemerkt haben, dass das Thema »Ziele setzen« immer wieder auftauchte. Nicht ohne Grund sind Sie beim Lesen nun schon mehrmals über diesen Begriff »gestolpert«.

Entspannte Ausritte ... Das wird für viele Reiter ein vorrangiges Ziel.

Vielleicht erinnern Sie sich an die Definition des Begriffes »Frustration« ... Frust entsteht dann, wenn Erwartungen, Wünsche und Ziele nicht erfüllt, bzw. nicht erreicht werden.

Folglich dessen werden Sie immer dann enttäuscht und frustriert sein, wenn bestimmte Umstände oder Personen die Umsetzung Ihrer individuellen Wunsch- und Zielvorstellungen behindern, verlangsamen oder gar zunichte machen.

Wenn in Ihrem Reiterleben etwas schiefläuft, hat es also immer etwas mit unerfüllten Wünschen und Hoffnungen, aber auch mit verhinderten Zielen zu tun.

Stellen Sie sich einmal vor, Sie sind auf der Suche nach einem neuen Stall. Eine Freundin schwärmt Ihnen in den höchsten Tönen von ihrem Heimatstall vor und schildert Ihnen in schillernden Farben alle Vorzüge, die der Hof bietet. Da es zwischen den Vorstellungen Ihrer Freundin und Ihren eigenen sehr viele Parallelen gibt, haben Sie bald den Eindruck, dass dieser Stall auch für Sie der richtige sein muss. Das Ganze klingt arg nach einem Schlaraffenland für Reiter, und für Sie steht außer Frage, dass auch Sie dort mit Ihrem Pferd glücklich werden können. Also erkundigen Sie sich im Groben nach den Dingen, die Ihnen wichtig sind, packen Ihre sieben Sachen und verabschieden sich von Ihrem jetzigen Heimatstall.

Natürlich sind Sie voller Erwartungen. Sie malen sich aus, wie Sie mit Ihrem Pferd sämtliche Vorteile nutzen werden, die der Hof bietet. Sie stellen sich vor, wie Sie mit Ihren neuen Stallkollegen in Zukunft gemeinsame Ausritte erleben werden. Sie werden Unterricht bei dem gleichen Lehrer haben, von dem Ihre Freundin so begeistert ist und endlich haben Sie eine Halle zu Verfügung und müssen nicht mehr bei Wind und Wetter auf einen matschigen Außenplatz ausweichen. In Ihrem Kopf haben sich die Bilder vom unbeschwerten, glücklichen Reiterleben bereits breit gemacht und Sie freuen sich riesig auf Ihr neues Zuhause.

Wochen später folgt die Ernüchterung; die »Wolke sieben«, auf der Sie noch vor kurzer Zeit schwebten, hat sich in Luft aufgelöst und Sie unsanft zurück auf den Boden der Tatsachen befördert. Denn nach und nach

Reiten soll Spaß machen; wo das nicht mehr so ist, müssen Ziel und Training überdacht werden.

stellte sich heraus, dass einige der neuen Stallkollegen mit denen Sie eigentlich gemütlich ausreiten wollten, überhaupt nicht Ihre Wellenlänge haben. Hinzu kommt, dass Ihr Pferd ganz offensichtlich Probleme mit den Pferden Ihrer neuen Stallkollegen hat ... Damit fallen die gemeinsamen, »gemütlichen« Ausritte in der Gruppe schon einmal ins Wasser. Später stellen Sie außerdem zu Ihrem Entsetzen fest, dass der Reitlehrer Ihrer Freundin der arroganteste Mensch ist, der Ihnen jemals über den Weg gelaufen ist. Und die lang ersehnte Reithalle können Sie so gut wie gar nicht nutzen, weil sie ständig belegt ist, wenn Sie den Stall besuchen.

So etwas passiert, wenn nur schwammige Vorstellungen von den reiterlichen Zielen vorhanden sind.

Ein richtig formuliertes Ziel, hingegen, hat häufig etwas mit dem ganz individuellen Herzenswunsch zu tun und besitzt damit eine ungeheure Zugkraft. Haben Sie nicht nur Ihr Grobziel, sondern auch Ihre Feinziele deutlich vor Augen, werden Sie in Zukunft wesentlich sensibler auf Alles reagieren, was zur Erfüllung Ihres Wunsches beitragen kann. Dinge, die Sie früher vielleicht gar nicht beachtet hätten, erregen plötzlich Ihre Aufmerksamkeit. So werden Sie zunehmend aufmerksamer für all die kleinen und großen Dinge, die Ihren Traum wahr werden lassen können.

Wer kein Ziel hat, weiß nicht, was er will.
Wer nicht weiß, was er will, kann nichts erreichen.
Wer nichts erreicht, wird auf Dauer unzufrieden.

Die Unterscheidung zwischen Grobziel und Teilzielen

Wenn Reiter gefragt werden, welche Ziele sie haben, können die meisten von ihnen zumindest ein Ziel benennen. Meist ist es das so genannte Grobziel, das Pferdefreunde benennen, wenn sie zu ihren reiterlichen Zielen befragt werden oder es ist das Teilziel, welches ihnen aktuell am wichtigsten erscheint.

Ein Grobziel ist beispielsweise: Ich werde mein Pferd zu einem gelassenen, coolen Freizeitpferd ausbilden mit

dem ich entspannt und angstfrei in Anlehnung an die Westernreitweise ins Gelände reiten kann.
Ehrlich gesagt ist dies schon ein recht gut formuliertes Grobziel. Sehr viele Pferdemenschen beantworten die Frage nach dem Ziel sehr viel ungenauer, z. B. mit dem Satz: »Ich will mit meinem Pferd einfach nur nett ins Gelände reiten«. Punkt. Das wars …
Ein hoher Prozentsatz derer, die ihr Ziel so formulieren, wundern sich darüber, dass sie mit ihren Pferden Lichtjahre von diesem »nett ins Gelände reiten« entfernt sind. Einige von ihnen plagen sich mit Pferden herum, die im Gelände äußerst originelle Verhaltensweisen an den Tag legen und sind sehr erstaunt, dass sich das Problem einfach nicht lösen will. Und das, obwohl sie das »nette Ausreiten« tagtäglich mit ihren Vierbeinern üben.
Hier wird deutlich, dass es bei Weitem nicht ausreicht, ein ungefähres Grobziel zu haben. Auf die Formulierung kommt es an und auf die Feinziele, die sich aus dieser Formulierung ergeben.

Unterscheiden Sie zwischen Grob- und Teilzielen. Denn: Gut durchdacht ist halb gewonnen.

Das Grobziel ist das, was als Idealzustand bezeichnet werden kann; es ist so zu sagen das Endergebnis aller Arbeit und damit das, was Pferdemenschen als »Reiterglück« bezeichnen.
Die Feinziele hingegen zeigen die vielen kleinen Teilschritte an, die notwendig sind, um das Grob- oder Endziel erreichen zu können.
Nehmen wir uns einmal das hier formulierte Grobziel »Ich werde mein Pferd zu einem gelassenen, coolen Freizeitpferd ausbilden, mit dem ich entspannt und angstfrei in Anlehnung an die Westernreitweise ins Gelände reiten kann.«
Aus diesem formulierten Grobziel ergeben sich weitere, kleine Teilziele, sobald sich der betreffende Reiter fragt, wie er dieses Ziel am besten erreichen kann.
Hat dieser Reiter ein Pferd, welches nicht ganz so gelassen ist, wie er es sich wünscht, kann sich daraus z. B. folgendes Teilziel ergeben: Ich werde einmal wöchentlich mit meinem Pferd üben, in Stresssituationen gelassen zu bleiben. Auch hier sollte der Gedanke noch etwas weitergesponnen werden, indem der Reiter sich fragt, wie dieses Schrecktraining aussehen soll und wann genau er es durchführen möchte. Ein gut formuliertes Feinziel könnte folgendermaßen lauten: Ab sofort werde ich jeden Donnerstag mindestens eine halbe Stunde mit meinem Pferd das Schrecktraining im Round Pen durchführen. Mein erstes Ziel wird es sein, mein Pferd an ein bestimmtes Bodenhindernis zu gewöhnen.
Und noch ein weiteres Teilziel ergibt sich aus der klaren Formulierung des Grobziels: Da der Reiter in Anlehnung an die Westernreitweise ins Gelände reiten möchte, braucht er voraussichtlich einen Reitlehrer mit dem Schwerpunkt Westernreiten, der ihm dabei helfen wird, sein Ziel zu erreichen. Die Formulierung eines weiteren Teilzieles könnte so aussehen: Ich suche ab sofort einen Reitlehrer, dessen Unterricht genau auf meine Bedürfnisse abgestimmt ist. Mir ist wichtig, dass er mir dabei behilflich ist, mein Pferd gelassener werden zu lassen. Für das Reiten im Gelände möchte ich, dass mir zunächst die Grundkenntnisse der Reitweise beigebracht werden und mir gezeigt wird, wie ich mein Wissen im Gelände anwenden kann.

Die Erarbeitung der Grob- bzw. Teilziele ist sehr individuell und von Reiter zu Reiter verschieden. Ergeben sich sehr viele Feinziele aus der Formulierung des Grobzieles, so müssen ggf. Prioritäten gesetzt werden. Denn zu viele

Longenarbeit als Teilziel – auch das ist möglich.

»Baustellen« führen dazu, dass sich der Anwender schnell einmal »verzettelt«.

Wann reiterliche Ziele frustrieren und wann sie uns Glück bringen

Die Formulierung der Ziele kann wesentlich zum Erfolg oder Misserfolg unserer Vorsätze beitragen.

Zu hoch angesetzte Ziele überfordern, frustrieren und werden Sie schnell dazu bringen, das Handtuch zu schmeißen. Einen durchschnittlichen Schüler der zweiten Grundschulklasse würde ein Lehrer niemals mit komplizierten Dreisatz-Rechenaufgaben überfordern, denn dies hätte fatale Folgen. Er wäre schnell völlig demotiviert, würde den Eindruck erhalten, nichts zu können und würde sich gegebenenfalls nicht wieder an schwierigere Dinge heranwagen.

Etwas Ähnliches geschieht, wenn Sie Ihre reiterlichen Ziele so hoch ansetzen, dass diese für Sie nicht erreichbar sind.

Zu niedrig angesetzte Ziele stellen auf den ersten Blick kein allzu großes Problem dar, denn solch ein »Mini-Ziel« wird für Sie im Regelfall sehr, sehr gut umzusetzen sein. Diese »Mogelpackungen« unter den Zielen sind eine Art »Schaf im Wolfspelz«. Sie kommen ganz harmlos daher und bringen rasche Erfolgserlebnisse. Aber da Sie im Grunde genommen keine besondere Leistung erbringen müssen, um ein solches Ziel zu erreichen, bleibt auch der mit einem Erfolgserlebnis verbundene Stolz aus. Eigentlich sind zu niedrig angesetzte Ziele keine Ziele, sondern lediglich Maßnahmen der Marke »Beschäftigungstherapie«. Auf Dauer sind sie unattraktiv, sorgen für Langeweile und Unterforderung.

»Echte« Ziele, die Ihnen und Ihrem Pferd wirklich etwas bringen, sind immer auch eine Herausforderung. Ein »richtiges« Ziel erkennen Sie daran, dass ein gewisser Aufwand nötig ist, um es zu erreichen und dass Sie etwas dafür tun müssen.

Übungen, bei denen Sie gleichzeitig Däumchendrehen können, sollten Sie deshalb tunlichst aus Ihrem Ziel-Repertoire streichen.

Nehmen Sie Ihr Reiterglück selbst in die Hand

Ihre Ziele sollten nicht zu sehr von anderen Personen/äußeren Faktoren abhängen.

Wenn Sie sich ausschließlich oder überwiegend auf Ziele konzentrieren, für deren Erreichung Sie zwingend die Hilfe anderer Menschen benötigen, geraten Sie schnell unbeabsichtigt in eine gewisse Abhängigkeit. Dies führt dazu, dass Sie Ihr Glück nicht mehr selbst bestimmen können, denn Sie allein haben es dann nicht mehr in der Hand. Das Gleiche gilt für äußere Faktoren. Ein Ziel, auf

Lagebesprechung: Sich Rat und Hilfe zu holen, gehört zum Reiteralltag. Aber wer ist der richtige Ansprechpartner für welches Thema?

das Sie keinen Einfluss haben, ist kein Ziel, sondern viel mehr ein Wunsch. Ein Ziel muss immer aus eigener Kraft erreicht werden können.

Wenn Sie z. B. formulieren: »Ich will, dass meine Stallkollegen aufhören zu lästern«, legen Sie die Verantwortung für das Erreichen Ihres Zieles in die Hände anderer. Das mag zwar bequem sein, ist aber nicht sehr effektiv. Stattdessen könnten Sie es so formulieren: »Ich gehe ab sofort gelassener mit den Bemerkungen meiner Stallkollegen um.«

Das heißt natürlich nicht, dass Sie grundsätzlich auf Hilfe von außen verzichten sollen. Sie können sich jeder Zeit helfen lassen; manchmal ist das sogar sehr sinnvoll. Doch das Zepter behalten Sie in der Hand. Haben Sie berechtigt den Eindruck, dass jemand (z. B. eine helfende Stallkollegin, ein Trainer usw.) das Erreichen Ihrer Ziele – aus welchen Gründen auch immer – blockiert, haben Sie jeder Zeit das gute Recht, denjenigen aus dem Rennen zu schicken. Wenn Sie bei der Argumentation Ihres Entschlusses fair und sachlich bleiben, sollte Ihnen diese Entscheidung niemand übel nehmen.

Das Gleiche gilt übrigens für äußere Faktoren. Nehmen wir einmal an, Sie formulieren eines Ihrer Feinziele so: »Immer, wenn das Wetter schön ist, nutze ich die Zeit, um auf dem Reitplatz zu trainieren, weil mein Pferd sich an den Platz gewöhnen muss.«

Äh, was – bitte schön – tun Sie, wenn sich sechswöchige, sintflutartige Regengüsse ankündigen? – Klar, dann sind Sie erst einmal »aus dem Schneider«. Sie müssen nicht trainieren und brauchen sich im Zuge dessen auch nicht mit irgendwelchen möglichen Misserfolgen umherquälen ... Doch im Ernst: Wie lange werden Sie damit zufrieden sein?

Früher oder später wird sich garantiert das schlechte Gewissen bei Ihnen melden und Ihnen sagen: »Es wird allerhöchste Zeit, dass Du mal wieder etwas Produktives mit Deinem Pferd tust!«

Wenn Sie also ein Ziel dieser Art formulieren, sollten Sie immer auch einen »Plan B« haben, auf den Sie im Notfall zurückgreifen können.

Das Erreichen eines Zieles darf niemals von dem Wohlwollen oder gar von der Entscheidung eines anderen abhängig sein.

Reiterliche Ziele formulieren – aber richtig!

Ziele richtig zu formulieren ist eine Kunst für sich und erfordert ein wenig Übung. Daher ist es hilfreich, wenn Sie Ihre Ziele aufschreiben. Schon während Sie dies tun, programmieren Sie sich selbst und Ihr Unterbewusstsein darauf, auf dieses Ziel hinzuarbeiten.

Nicht alle »Botschaften« kommen im Hirn auf die gewünschte Weise an. Deshalb sollten verschiedene Regeln beachtet werden.

Achten Sie darauf, dass Sie Ihre Ziele positiv formulieren.

Negative Formulierungen, wie z. B.: »Ich werde ab sofort nicht mehr bei XY Unterricht nehmen«, sind Motivationshemmer. Besser ist die Formulierung: »Für die kommende Woche werde ich eine Unterrichtsstunde zur Probe bei dem Trainer ... vereinbaren.«

Bei den meisten Menschen versteht das Unterbewusstsein keine Verneinung. Wenn Sie sich z. B. fest vornehmen, innerhalb der nächsten 30 Sekunden nicht an einen Salsa tanzenden Außerirdischen zu denken, garantiere ich Ihnen, dass in Ihrem Hirn in der nächsten halben Minute die Post abgeht und lateinamerikanische Rhythmen sowie ein grünes Männchen für eine Wahnsinns-Fete sorgen.

Beschreiben Sie so viele Details wie möglich.

Die meisten Menschen denken in Bildern. Worte in Bilder umzuwandeln, ist deshalb die beste Möglichkeit, sich etwas einzuprägen. So genannte »Gedächtniskünstler«, die sich z. B. endlos lange Zahlenreihen einprägen und diese auch später benennen können, arbeiten fast ausschließlich mit solchen Bildern.

Formulieren Sie beispielsweise: »Bis zum nächsten Sommer habe ich einen Offenstall mit guter Futterversorgung und netten Stallkollegen gefunden«, bleiben viele X-Faktoren offen. Wer weiß, ob dort Ihre bevorzugte Reitweise erwünscht wird? Was ist, wenn die anderen Einsteller eine chronische Antipathie gegen Ihre Trainingsmethode haben? Und was geschieht, wenn die Futterversorgung zwar für alle anderen Pferde an diesem Stall optimal ist, aber Ihre speziellen Wünsche ggf. nicht berücksichtigt werden können?

Je »pingeliger« Sie bei der Beschreibung Ihrer Zielvorstellungen sind, desto besser können Sie sich vor bösen Überraschungen schützen.

Formulieren Sie Ihre Ziele stets in der »Ich-Form«.
Beispiel: Die Zielformulierung: »Meine Stallkollegen sollen in Zukunft mehr Rücksicht auf mich und mein krankes Pferd nehmen«, macht den Erfolg von anderen abhängig. Stattdessen könnten Sie es folgendermaßen ausdrücken: »Ich werde meine Stallkollegen bitten zu berücksichtigen, dass mein Pferd geschont werden muss. Ab sofort werde ich nur noch mit Leuten ausreiten, die Verständnis dafür aufbringen können.«

Welche Ziele sind Ihnen wirklich wichtig?

Nur die Ziele, die Ihnen wirklich am Herzen liegen, werden Sie auch erreichen.
Überlegen Sie sich, was Ihre Motivation/der Antrieb für Ihren Wunsch ist. Der Wille ist gewissermaßen der Motor für die Erreichung Ihrer Ziele. Fehlt Ihnen der ehrliche Wille für die Umsetzung Ihrer Ziele, ist das Ganze so gut wie zum Scheitern verurteilt.

Spätestens, wenn das Training einmal stagniert oder kurzzeitig die Erfolgserlebnisse ausbleiben, beginnt der Kampf mit dem gefürchteten inneren Schweinehund. Finden Sie dann keine guten Gründe mehr, trotzdem hartnäckig am Ball zu bleiben, ist es äußerst schwierig, sich dennoch wieder aufzuraffen und weiterzutrainieren. Deshalb ist es sehr sinnvoll, sich die Motivation für das Erreichen des Zieles deutlich zu machen; am Besten auch dies in schriftlicher Form. Schreiben Sie sich Gründe auf, die Ihnen einfallen, warum und weshalb Ihnen das Erreichen dieses Zieles so wichtig ist. Das gilt nicht nur für das Grobziel, sondern auch für alle erarbeiteten Feinziele.
Fragen Sie sich:
Was genau macht dieses Ziel so attraktiv für mich?
Welche Folgen/Konsequenzen hat es für mich, wenn ich dieses Ziel erreiche?

Tipps und Ratschläge einer anderen Person sind nur hilfreich, wenn diese mit den eigenen Zielvorstellungen übereinstimmen.

Welche Vorteile habe ich, wenn ich mein Ziel erreicht habe?

Sich der Konsequenzen bewusst zu werden ist wichtig, um z. B. unbedachte Folgen wahrnehmen zu können. Mitunter kommt es vor, dass Sie evtl. auf etwas Anderes verzichten müssen, wenn Sie sich für ein bestimmtes Ziel entscheiden. Vielleicht wird Ihnen klar, dass Sie Ihre Ziele nur dann erreichen können, wenn Sie den Stall wechseln. Dies kann zur Folge haben, dass Sie einige Menschen, die Ihnen bislang sehr wichtig gewesen sind, nicht mehr so häufig sehen. Sie werden sich einen weiteren Bekanntenkreis aufbauen, müssen ganz neue Kontakte knüpfen und sich zuerst mit den Gepflogenheiten an dem neuen Hof vertraut machen. Vielleicht müssen Sie auf gewisse Vorteile verzichten, die Ihnen an Ihrem bisherigen Heimatstall zu Verfügung standen. Oder Sie zahlen eine höhere Stallmiete.

Versuchen Sie immer, eine Veränderung weder ausschließlich durch die berühmte »rosarote Brille« zu betrachten, noch sich durch permanente Schwarzmalerei die Erfüllung Ihres Wunsches selbst zu vereiteln. Fragen Sie sich, welche möglichen Verluste auf Sie zukommen, aber vergessen Sie die angenehmen Aspekte dabei bitte nicht.

Ein gutes Ziel ist messbar

Nur detaillierte Ziele sind messbare Ziele. Sie haben Ihr Ziel erreicht, wenn die Realität mit allen Details Ihrer Zielbeschreibung übereinstimmt.

Auch konkrete Zeitangaben sind dabei wichtig. Was ist für Sie motivierender? Die Aussage: »Ich will Reitlehrer werden«, oder die Formulierung: »Bis zum 01. August des nächsten Jahres bin ich Reitlehrer und werde mindestens ein monatliches Einkommen von ... Euro haben!?«

Bedenken Sie, dass große Ziele mehr Zeit in Anspruch nehmen als kleine Ziele und lassen Sie die Kirche im Dorf. Wenn ein Reitanfänger die Zielvorstellung formuliert, dass er in einem halben Jahr Reitlehrer ist und einen Haufen Geld verdienen wird, ist das nicht nur größenwahnsinnig, sondern auch komplett unrealistisch.

Auch die Zielformulierung: »Ich will, dass mein Pferd bis zum nächsten Sommer weniger schreckhaft ist«, ist nur schwierig messbar. Besser für die Messbarkeit des Erfolges wäre diese Zielsetzung: »Ich will, dass mein Pferd bis zum ... keine Angst mehr vor Regenschirmen hat!«

Setzen Sie sich realistische Termine und planen Sie ruhig ein wenig großzügiger. Denn so können Ihnen auch unvorhergesehene Ereignisse nichts anhaben.

Behalten Sie Weg und Ziel im Auge. Ein gut formuliertes Ziel sollte stets überprüfbar sein.

Vorhandene Ressourcen nutzen, neue Ressourcen entdecken

Wenn ein Pferdemensch mit seinem Reiterleben ausgesprochen unzufrieden ist und der Trainingsblues bereits »zugeschlagen« hat, fällt es ihm im Regelfall sehr schwer, die positiven Aspekte seines Reiterlebens zu erkennen und diese entsprechend zu nutzen. Zunächst erscheint alles nur furchtbar düster und der Fokus richtet sich auf alle Missstände.

Ein ganz wichtiger Schritt bei so einem reiterlichen »Tief« ist es, den Blick wieder auf etwas Angenehmes zu richten. Dieses Angenehme gibt es in jedem Reiterleben; auch wenn es manchmal nicht danach auszusehen scheint.

Sind die neuen Ziele erst einmal festgelegt und überprüft worden, geht es darum, festzustellen, welche Personen oder Umstände dazu beitragen können, die Ziele zu erreichen.

Haben Sie beispielsweise entdeckt, dass Sie mit Ihrer Reitweise unzufrieden sind und in ein anderes »Lager« wechseln möchten, tauchen wahrscheinlich solche oder ähnliche Gedanken auf: »Wie soll denn das funktionieren? Ich muss meinen bisherigen Reitlehrer in die Wüste schicken, weil er sich mit der anderen Reitweise überhaupt nicht auskennt; na, der wird sauer sein! Außerdem: Bei wem soll ich dann Unterricht nehmen? Vielleicht komme ich sogar selbst nicht mit dieser Reitweise klar? Für mein Pferd ist das auch alles Neuland ... Meine Freunde werden denken, ich spinne total, wenn ich plötzlich etwas ganz anderes machen will ... Du lieber Himmel, außerdem bin ich die Einzige an meinem Stall, die diese Reitweise toll findet ... Und dann das ganze Ausrüstungszeug! Mein Pferd braucht einen neuen Sattel und eine neue Trense. Und meine eigenen Klamotten kann ich dann sowieso einmotten. Ich muss mich komplett neu einkleiden ... Oh Gott, was das Alles kostet! Vielleicht würden mich alle verspotten?! Und wenn ich nun den Stall wechseln muss ... Was dann?«

Hallo, hallo ... Ganz ruhig bleiben ... Das Beste in solchen Situationen ist: Erst einmal durchatmen und schauen: Ist denn wirklich alles so furchtbar oder glauben Sie es nur? Ihrem Reitlehrer passiert es sicher nicht zum ersten Mal, dass sich einer seiner Reitschüler verabschiedet und eine andere Reitweise bevorzugt. Und was einen anderen Reitlehrer angeht ... Hey, die gibt es inzwischen wie Sand am Meer. Allein in diversen Internetforen finden Sie viele Adressen guter Reitlehrer. Wie Ihr Pferd die neue Reitweise annimmt, bleibt abzuwarten. Dass es bislang nur eine Reitweise kennen gelernt hatte, bedeutet nicht gleich, dass es für etwas anderes gar nicht geeignet ist. Ihre Freunde mögen vielleicht wirklich aus allen Wolken fallen, wenn Sie ihnen Ihre Entscheidung mitteilen; doch wenn es wirkliche Freunde sind, werden sie sich sicher bald von dem ersten Schock erholen und weiterhin mit Ihnen befreundet bleiben. Noch ist fraglich, ob Sie sich tatsächlich mit der anderen Reitweise anfreunden können ... Sie müssen ja nichts übers Knie brechen und sich sofort entscheiden. Wie wäre es mit einigen Schnupperstunden? Und wenn Sie sich wirklich entschließen, in das andere Reitlager zu wechseln, werden sich ausreichend Kontakte ergeben, sodass die Sache mit der Ausrüstung kein unlösbares Problem sein wird.

Fragen Sie sich, welche persönlichen Ressourcen sind vorhanden, damit Sie die Veränderung in Angriff nehmen können. Wer kann Ihnen ggf. helfen? Was spricht dafür, dass Sie vielleicht die erste Person an diesem Hof sind, die mit dieser Reitweise glücklich wird und möglicherweise die Vorarbeit für einen neuen Trend schaffen?

Überlegen Sie sich genau, welche Voraussetzungen notwendig sind, damit Sie Ihr Ziel erreichen können. Einige dieser Voraussetzungen und Ressourcen sind vielleicht schon vorhanden, andere müssen erst neu erschlossen werden.

Kein Land in Sicht?

Schon zum Ende dieses Kapitels werden Sie voraussichtlich eine lange Liste mit verschiedenen Zielen auf Ihrem Tisch liegen haben. Zehn oder mehr Feinziele sind keine Seltenheit für einen gut organisierten Reiter.

Auf den ersten Blick werden Sie womöglich »den Wald vor lauter Bäumen nicht mehr sehen« und sich denken: »Hilfe, das wird eine Lebensaufgabe. Ich weiß überhaupt nicht wo ich anfangen soll!«

Keine Sorge, das Problem lässt sich relativ einfach lösen und zwar, indem Sie damit beginnen, Ihre Ziele nach deren Dringlichkeit zu sortieren.

Einige Feinziele können Sie parallel zueinander bearbeiten, andere müssen Schritt für Schritt nacheinander

Sein Pferd auch in der Nähe befahrener Straßen kontrollieren zu können, kann Teil eines Zieles sein.

abgearbeitet werden. Setzen Sie Prioritäten und bearbeiten Sie die Dinge zuerst, die Ihnen am Wichtigsten erscheinen. Nehmen Sie sich erst dann das nächste Ziel vor, wenn Sie ein voran gegangenes Ziel erreicht haben. So gut organisiert werden Sie Ihrem persönlichen Reiterglück Stück für Stück ein wenig näherkommen.

Was Sie über das Festlegen Ihrer Ziele wissen müssen

Zusammenfassung

- Für ein glückliches, erfolgreiches Reiterleben brauchen Sie Ziele.
- Formulieren Sie zunächst Ihr Grobziel möglichst detailliert.
- Schreiben Sie die Feinziele auf, die sich daraus ergeben.
- Überprüfen Sie Ihre Ziele noch einmal (Warum sind diese Ziele wichtig für Sie?).
- Sortieren Sie die erarbeiteten Ziele nach deren Wichtigkeit.
- Checken Sie ab, welche Ressourcen/ Voraussetzungen für das Erreichen der Ziele bereits vorhanden sind und welche Sie erst schaffen müssen.
- Prüfen Sie außerdem, welche Voraussetzungen und Ressourcen Ihnen bei der Umsetzung Ihrer Ziele im Wege stehen.

WIE SIE SCHRITTWEISE IHRE ZIELE ERARBEITEN

Dem reiterlichen Ziel auf der Spur

Die richtige Formulierung der Ziele ist die Voraussetzung für eine erfolgreiche Arbeit mit Ihrem Pferd und bildet daher einen wesentlichen Teil der Vorarbeit für ein glückliches und zufriedenes Reiterleben.

Beim Lesen der vorangegangenen Seiten haben Sie einen Einblick in das komplexe Thema »richtiger« Zielsetzungen erhalten.

Nun geht es darum, das neu erworbene Wissen umzusetzen, Ihre eigenen Ziele zu erarbeiten und diese entsprechend zu formulieren.

Nicht allen Reitern ist auf Anhieb klar, was sie wirklich mit ihren Pferden erreichen möchten. Bei den meisten existiert lediglich eine vage Vorstellung von dem, was sie glücklich macht.

Vieles erscheint vielleicht auch Ihnen verlockend und erstrebenswert, doch bislang hat es an der Umsetzung gehapert. Gegebenenfalls denken Sie schon seit Ewigkeiten darüber nach, mit Ihrem Pferd einmal an einer Gelassenheitsprüfung teilzunehmen. Oder Sie bewundern bei Turnieren das Können der Teilnehmer und wären gerne selbst einmal an ihrer Stelle. Doch aus irgendwelchen unerfindlichen Gründen finden Sie nie den »richtigen Dreh« und es bleibt bei der gedanklichen Seifenblase.

Andersherum ist es ebenso möglich, dass Sie mit Ihren Freunden regelmäßig ins Gelände reiten, aber irgendwie merken, dass etwas nicht stimmt. Sie schließen sich der Gruppe an, weil dies schon seit ewigen Zeiten so ist oder weil Ihre Mitreiter Sie der Faulheit oder der Ängstlichkeit bezichtigen, wenn Sie nicht an den Ausritten teilnehmen. In so einem Fall macht sich bei dem Reiter sehr oft ein zunächst unbestimmtes Gefühl der Unzufriedenheit breit. Vielleicht stellt er fest, dass er sich immer seltener dazu aufraffen kann mit seinem Pferd in den »Busch« zu gehen. Oder er reitet zwar mit, aber der Spaß an der Unternehmung lässt zu wünschen übrig.

Deshalb ist es u. a. wichtig zu erfahren, welche Ziele tatsächlich auf Ihrem »Mist« gewachsen sind und welche dieser Ziele Ihnen quasi von außen übergestülpt wurden. Möglicherweise ist Ihr Reitlehrer der Meinung, dass Sie ein ungeheures Talent besitzen und dass es eine Schande sei, dieses Talent verkümmern zu lassen. Daher arbeitet er mit Ihnen konsequent auf die Teilnahme an diversen Turnieren hin. Irgendwann merken Sie, dass Ihnen der nötige Ehrgeiz abhanden gekommen ist und Sie viel lieber hin und wieder mit Ihren Freunden ausreiten würden, anstatt sich auf dem Reitplatz oder in der Halle auf die Turniere vorzubereiten. Doch bis Ihnen bewusst wird, dass Sie sich bemühen, Ziele zu erreichen, die gar nicht Ihre eigenen Ziele sind, vergeht mitunter eine lange Zeit des Frustes und der latent vorhandenen Unzufriedenheit. Einige Reiter bemerken sogar nie, dass sie einem Ziel hinterherjagen, das überhaupt nicht (oder nicht mehr) ihren eigenen Vorstellungen entspricht.

Nehmen Sie sich wichtig

»Was willst Du wirklich?« Dies ist eine einfache Frage, auf die man eine einfache Antwort erwarten dürfte. Doch so simpel ist das Ganze für die meisten Reiter nicht.

Damit es Ihnen gelingen kann, Ihr ganz persönliches Ziel treffsicher und genau zu umschreiben, bedarf es einiger Vorarbeit, die zunächst einmal ausschließlich in Ihrem Kopf stattfindet. Und zwar in Ihrem eigenen Kopf und nicht etwa in dem Ihres Reitlehrers, in den Köpfen Ihrer Freunde, Ihres Lebenspartners oder Ihrer Kinder. Das hat nichts mit purem Egoismus zu tun, sondern schlichtweg mit Ihrer Selbstwahrnehmung. Sollten Sie sich dennoch unwohl fühlen bei dem Gedanken, sich einmal ausschließlich mit sich und Ihren eigenen Bedürfnissen zu befassen, hilft es Ihnen vielleicht, dass die Menschen in Ihrem Umfeld durchaus von den gewonnenen Erkenntnissen profitieren können. Denn so lange Sie unzufrieden oder sogar unglücklich sind, wirkt sich dies so gut wie immer negativ auf Ihr Umfeld aus. Vermutlich werden Ihre Mitmenschen jubeln, wenn sie merken, dass es Ihnen wieder besser geht, weil Sie endlich wissen werden, was Sie wirklich wollen.
Außerdem wird Ihr Umfeld selbstverständlich in wichtige Entscheidungsprozesse einbezogen (es sollte zumindest so sein). Es besteht also kein Grund, sich mit einem schlechten Gewissen herumzuquälen.

Nicht jeder Reiter mag Wanderritte. Auch, wenn das für viele nicht nachvollziehbar ist.

Was ist los in Ihrem Reiterleben?

Aber wie können Sie zuverlässig herausfinden, was Sie wirklich wollen? Nun, es gibt verschiedene, kleine Tricks, die Ihnen dabei helfen können, Ihren Willen und damit Ihr Ziel zu ermitteln.

Im ersten Schritt sollten Sie sich umfassend mit Ihrem aktuellen Reiterleben auseinander setzen. Einen Anfang haben Sie bereits gemacht, als Sie den ersten Arbeitsbogen ausgefüllt hatten. Er diente der Vorbereitung auf alle weiteren Schritte und Maßnahmen.

Sie haben nun eine grobe Vorstellung von dem, was Ihr Reiterleben angenehm macht, aber auch von dem, was es weniger schön und manchmal auch frustriert macht.

Im ersten Arbeitsschritt haben Sie schon ein wenig an der Oberfläche Ihres Reiterlebens »herumgekratzt«. Im Folgenden geht es darum, das Ganze noch etwas detaillierter zu durchleuchten.

Dafür habe ich für Sie am Ende dieses Unterkapitels eine Pro- und Contraliste erstellt. Hier tragen Sie ein, welche Dinge Ihnen sehr wichtig sind, an denen Sie echte Freude haben und Sie glücklich und zufrieden machen.

Das Gleiche gilt für die Dinge, die Ihnen ein Dorn im Auge sind, die Sie nicht ausstehen können und die für Sie ein »rotes Tuch« darstellen. Auch die Umstände, die Stress bei Ihnen auslösen, sollten Sie an dieser Stelle aufführen. Damit kein Bereich Ihres Reiterlebens vergessen wird, nehmen Sie sich am besten noch einmal die Arbeitsliste aus dem letzten Kapitel vor. Am Hilfreichsten wird es für Sie wahrscheinlich sein, wenn Sie die Liste Punkt für Punkt abarbeiten und niederschreiben, was Ihnen zu den einzelnen Bereichen einfällt.

Auf der »guten« Seite könnte z. B. stehen: An meinem Heimatstall wird mein Pferd hervorragend versorgt und ich fühle mich dort ausgesprochen wohl. Oder: Ich liebe mein Pferd und komme gut mit dessen Eigenheiten zurecht. Oder: Ich habe eine Trainingsmethode gefunden die mir Spaß und Erfolg bringt.

Auf der »schlechten« Seite könnten beispielsweise folgende Dinge stehen: Es nervt mich wahnsinnig, dass ich an meinem Hof keine Reithalle zu Verfügung habe. Oder: Es geht mir auf den Keks, wenn mein Reitlehrer ständig die Reitstunden ausfallen lässt. Oder: Ich finde es blöd, wenn das Ausreiten an den Wochenenden keine Entspannung bringt, weil zu viele rücksichtslose Fahrradfahrer unterwegs sind.

Ab und an ist es günstig, eine kleine Verschnaufpause einzulegen und sich zu fragen: »Was will ich eigentlich mit meinem Pferd erreichen?«

Manche Leser werden an dieser Stelle denken: »Ja, muss das denn unbedingt sein? Ich weiß doch auch so, was mich nervt oder glücklich macht. Ist es wirklich notwendig, dass ich das Ganze auch noch aufschreibe?!«

Ja, es ist notwendig, wenn dieses Arbeitskonzept greifen soll. Denn alle Arbeitsbereiche sind aufeinander abgestimmt und bauen aufeinander auf. Lassen Sie einen Bereich aus, werden Ihnen diese schriftlichen Gedankengänge zu einem späteren Zeitpunkt fehlen. Damit geht Ihnen die Arbeitsgrundlage für alles Weitere verloren.

Es lohnt sich also, in den »sauren Apfel« zu beißen und sich etwas Mühe zu geben. Letztlich kommt es Ihnen und Ihrem Pferd zu Gute.

Helfen Sie Ihren Gedanken auf die Sprünge

Vielleicht fällt es Ihnen schwer, sich detaillierte Gedanken über Ihr Reiterleben zu machen. Hier kann es sehr hilfreich sein, einmal die Perspektive zu wechseln.

Stellen Sie sich einmal vor, Sie feiern den 65. Geburtstag an Ihrem Heimatstall … Alle Menschen, die Sie auf Ihrem reiterlichen Weg begleitet haben, sind gekommen, um Ihnen zu gratulieren. Zu Ihrer Überraschung hat sich sogar jeder von ihnen eine kleine Rede ausgedacht, um Ihr Reiterleben aus seiner Sicht zu schildern.

Was würden diese verschiedenen Menschen wohl über Sie erzählen? Wie würde sich Ihr Lebenspartner äußern, was würden Ihre Kinder sagen, Ihre Freunde, Ihre damaligen Reitlehrer, der Stallbesitzer usw.?

Sie werden staunen, was bei diesem kleinen Gedankenspiel alles ans Tageslicht kommt.

Vielleicht glauben Sie, dass ein früherer Reitlehrer sagen wird: »Sie hat immer schon ein gewisses Talent gehabt. Hätte sie nicht so häufig ihre Reitlehrer gewechselt, wäre sie erfolgreicher geworden.« Oder Sie meinen, dass Ihr Lebens- oder Ehepartner sich so äußern würde: »Pferde waren immer ein wichtiger Bestandteil unseres Lebens, aber sie haben auch so manche kleine Krise bei uns ausgelöst …«. Gegebenenfalls würden sich Ihre Kinder Ihrer Ansicht nach diese Rede einfallen lassen: »Unsere Mama ist einfach toll, obwohl wir sie oft mit den Pferden teilen mussten.« Der Besitzer Ihres Heimatstalles hätte vielleicht folgenden Spruch für Sie parat: »Sie war und ist immer da, wenn sie gebraucht wird. Nur um eine Mistgabel macht sie noch heute einen riesigen Bogen.«

Sie merken es schon: Nicht alles, was Sie in Ihren Gedanken von Ihren lieben Mitmenschen zu hören bekommen, ist schmeichelhaft für Sie. Dennoch zeigt es ganz klar die »Knackpunkte« in Ihrem jetzigen Reiterleben an; aber natürlich auch Ihre Vorzüge und Qualitäten.

Aus den hier aufgeführten Beispiele ließe sich Folgendes ableiten: Sie sind offensichtlich eine talentierte Reiterin, haben aber Probleme damit, für sich den richtigen Reitlehrer zu finden. Pferde besitzen für Sie einen außerordentlich hohen Stellenwert und Sie gehen – abgesehen vom täglichen Misten, das Sie zu hassen scheinen – verantwortungsvoll mit den Vierbeinern um. Manchmal geschieht dies leider zu Lasten der Familie.

Und schon haben Sie wieder neue Erkenntnisse gewonnen, was Ihre aktuelle Situation anbelangt. Machen Sie sich doch einfach den Spaß und probieren Sie dieses Spiel einmal aus. Es lohnt sich …

Ihre eigene Prioritäten-Liste

Haben Sie Ihre ganz persönliche Liste erstellt, geht es darum, den positiven oder negativen Stellenwert der einzelnen Aspekte festzustellen. Dies wird nicht mehr ganz so aufwändig.

Eigentlich müssen Sie sich nur Ihre angefertigte Liste noch einmal anschauen und überlegen, welchen Wichtigkeitsanteil die einzelnen Teilbereiche für Sie einnehmen.

Zuerst nehmen Sie sich also die »gute« Liste vor und sortieren diese nach dem Stellenwert, den dieser Bereich für Sie einnimmt. Wenn Sie z. B. geschrieben haben, dass Sie Spaß daran haben, hin und wieder an den hofeigenen Turnieren teilzunehmen und dies der vorherrschende Grund dafür ist, dass es Ihnen in Ihrem Reiterleben gut geht, platzieren Sie diesen Part auf den ersten Platz. Es folgt dann der Bereich, der für Sie an 2. Stelle steht, danach der Bereich, der den 3. Platz einnimmt, usw. …

Ebenso verfahren Sie mit dem Sortieren Ihrer »Grusel«-Liste. Was Ihnen den größten Kummer bereitet, setzen Sie an die erste Stelle. Was Ihnen danach am Wichtigsten erscheint, kommt an die 2. Stelle usw. …

Sie müssen dabei die Sätze aus der ersten Liste nicht zwingend wortwörtlich übernehmen; Sie können ebenso

gut Stichpunkte aufschreiben. Die Hauptsache ist, dass Sie wissen, was damit gemeint ist.
Mit dieser Liste haben Sie einen hervorragenden Überblick über Ihr Reiterleben gewonnen und das Grobziel ergibt sich quasi »automatisch«.

Ihr Grobziel

Aus Ihrer erstellten Pro- und Contra-Liste können Sie nun sehr einfach Ihr ganz persönliches Ziel ableiten, indem Sie die Ergebnisse analysieren. Wie Sie an dem folgenden Beispiel erkennen können, ist das nicht sehr schwierig.
Im Prinzip brauchen Sie sich nur zu überlegen, welchen positiven Aspekten Sie in Zukunft mehr Platz einräumen wollen und welche negativen Umstände keinen oder weniger Raum erhalten sollen.

Falls Sie noch etwas unsicher sind, welches Ziel Sie formulieren sollen, können Sie sich einmal fragen, wie für Sie ein perfekter Tag in Ihrem Reiterleben aussehen könnte.
Haben Sie evtl. ein Turnier vor Augen und sehen sich am Ende auf dem Siegertreppchen? Oder gefällt Ihnen der Gedanke an einen Strandurlaub mit Ihrem Pferd?
Lassen Sie Ihren Gedanken ruhig einmal freien Lauf; der Formulierung Ihrer Ziele kommt es zu Gute.

Abschließend überprüfen Sie Ihre Zielsetzung sowie die Formulierung noch einmal, indem Sie sich fragen, warum dieses Ziel für Sie so wichtig ist und welche Konsequenzen der Weg dorthin und das Erreichen des Zieles mit sich bringen.

Können Sie Ihr Ziel nicht begründen und die damit verbundenen Konsequenzen benennen, haben Sie ein falsches Ziel vor Augen.

Ein Beispiel für die erfolgreiche Erstellung eines Zieles:

Mit Hilfe des ersten Testbogens hat eine Reiterin folgende Liste für sich erstellt (siehe Kästen unten):

PRO
An meinem Heimatstall fühle ich mich sehr wohl und es gibt keinen Bereich, der mich wesentlich stört.
Am liebsten reite ich mit meinem Pferd ins Gelände und habe sehr gerne meine Freunde dabei.
Die Trainingsmethode mit der ich arbeite, bringt mir großen Spaß und die ersten Erfolge stellen sich ein.
Ich habe Spaß an den kleinen Spaß-Turnieren, die an unserem Hof veranstaltet werden.
Meine Kinder sind am Stall gerne gesehen und fühlen sich sehr wohl dort.
Ich liebe mein Pferd und es ist mir sehr wichtig.

CONTRA
Mit meinem Reitunterricht bin ich sehr unzufrieden, weil dieser für mich und mein Pferd viel zu leistungsorientiert ausfällt.
Mein Pferd geht im Gelände manchmal durch und das macht mir oft Angst
Ich weiß nicht immer, wie ich mit dieser Schwierigkeit umgehen soll.
Es stört mich sehr, dass ich mich oft nicht auf mein Pferd verlassen kann, Wenn es wirklich drauf ankommt.
Es ist schade, dass meine Kinder nicht auf meinem Pferd reiten können, weil es einfach zu gefährlich für sie ist.

In dem nun folgenden, zweiten Schritt werden die aufgeschriebenen Punkte von der Reiterin in Stichpunkten nach deren Wichtigkeit sortiert. Daraus ergeben sich für sie folgende Prioritäten:

PRIORITÄTENLISTE

Diese Dinge sind am wichtigsten

1. Mein Pferd
2. Die Voraussetzungen am Stall
3. Gute Versorgung meiner Kinder am Hof
4. Trainingsmethode
5. Ausritte
6. Teilnahme an Veranstaltungen

Diese Dinge stören mich am meisten

1. Meine Angst im Sattel.
2. Die Unzuverlässigkeit meines Pferdes.
3. Mein Reitlehrer/der Unterricht.
4. Kinder können Pferd nicht reiten.

Die Analyse

Die Prioritätenliste zeigt deutlich an, in welchen Bereichen die Reiterin ihre Schwerpunkte gesetzt hat.

Sie liebt ihr Pferd anscheinend sehr, da es auf ihrer Prioritätenliste gleich an der ersten Stelle steht. Trotzdem scheint sie einige Schwierigkeiten mit ihrem Vierbeiner zu haben. Das Pferd neigt zum Durchgehen und es fällt der Reiterin schwer, ihrem Pferd in allen Situationen zu vertrauen.

Die Angst, die die Reiterin im Sattel entwickelt hat, scheint ein großer Störungsfaktor für sie zu sein. Deshalb muss dieser Punkt unbedingt bearbeitet werden, zumal die Reiterin gerne an Ausritten und öffentlichen Veranstaltungen teilnehmen würde. Außerdem bedauert sie, dass sie ihre Kinder nicht auf dem Pferd reiten lassen kann, da es für diese zu gefährlich werden könnte.

Von Ihrem Reitlehrer erhält die Reiterin offenbar nicht die Hilfen, die sie wirklich benötigt, da das Training vorwiegend auf Leistung abzielt.

Die Reiterin hat jedoch eine Trainingsmethode gefunden, die ihr scheinbar dabei hilft, das Problem mit ihrem Pferd wenigstens ansatzweise zu lösen.

An ihrem Heimatstall fühlt sich die Reiterin scheinbar ausgesprochen wohl und es bedarf keiner Veränderung.

Das Gesamtbild zeigt, dass die Reiterin nicht mit dem Gedanken spielt, ihr Pferd abzugeben. Sie möchte ihre Ängste überwinden und an der Zuverlässigkeit ihres Pferdes arbeiten. Dafür benötigt sie einen Reitlehrer, der

Für Viele gehört die Stallarbeit zum Reiteralltag.

mit dieser Problematik gut umgehen kann, damit sie langfristig ihre Ausritte und diverse Veranstaltungen angstfrei mit ihrem Pferd meistern kann.

Das Ziel für diese Reiterin:

Bei der Formulierung des Grobzieles sollte darauf geachtet werden, dass möglichst viele, wichtige Bereiche berücksichtigt werden. Auf diese Weise können später die Feinziele treffender festgelegt werden.
Für diese Reiterin wäre dieses Ziel optimal:

Ich werde mein Pferd freizeitorientiert reiten und durch einen geeigneten Unterricht sowie mit Hilfe meiner Trainingsmethode meine Ängste in den Griff bekommen. Mein Pferd wird zuverlässig werden, damit ich an Ausritten und Veranstaltungen teilnehmen kann.

Die Überprüfung des Zieles

Damit die Reiterin wirklich sicher sein kann, dass das erarbeitete Ziel für sie das richtige ist, sollte sie dieses mit Hilfe eines einfachen Testes überprüfen. Hierzu wird sie sich die Fragen beantworten, warum ihr diese Ziele so wichtig sind und welche Konsequenzen mit dem Erreichen dieses Zieles verbunden sind.
Bei der Reiterin in unserem Beispiel sieht die Überprüfung des Zieles folgendermaßen aus:

Warum ist das erarbeitete Ziel für Sie so wichtig?
Die Reiterin beantwortet sich diese Frage so: Mir ist es wichtig, dieses Ziel zu erreichen, weil es für mich nichts Schöneres gibt, als mit meinem Pferd entspannte Ausritte zu genießen. Außerdem freue ich mich darauf, an Veranstaltungen teilzunehmen ohne befürchten zu müssen, dass ich wieder mit einem durchgehenden Pferd auffalle. Ich bin mir sicher, dass ich die Zeit mit meinem Pferd viel besser genießen kann, wenn ich endlich meine Ängste in den Griff bekomme.
Schon heute freue ich mich auf die staunenden Gesichter meiner Freunde, wenn ich zum ersten Mal alleine mit meinem Pferd ins Gelände reiten kann.

Welche Konsequenzen sind mit dem Erreichen des Zieles verbunden?
Hier antwortet die Reiterin: Es wird sich für mich nicht vermeiden lassen, mir einen anderen Reitlehrer zu suchen. Da einige meiner Freunde mit diesem Lehrer jedoch sehr zufrieden sind, werden sie meinen Entschluss vielleicht nicht verstehen und ich muss mich auf viele Fragen einstellen.
Ich muss damit rechnen, dass es mir nicht sofort gelingen wird einen Reitlehrer zu finden, der auf mich und meine Bedürfnisse eingehen kann. Hier stellt sich die Frage, wie ich diese Zeit am besten überbrücken kann.

ARBEITSBEREICH 2

ERARBEITEN UND FORMULIEREN SIE IHR GROBZIEL

1. Arbeitsschritt

Die Pro- und Contraliste

Nun sind Sie an der Reihe. Nehmen Sie sich am besten den Test aus dem 1. Arbeitsbereich zu Hilfe, und schon kann es losgehen mit der Erstellung Ihrer ganz persönlichen Pro- und Contraliste.
Ich empfehle Ihnen, sich beim Ausfüllen Zeit zu lassen. Oft ist es gut, Aufgaben wir diese nach der Bearbeitung

eine Zeit lang an die Seite zu legen. Denn es kann vorkommen, dass Ihnen nach der »Verschnaufpause« noch Dinge einfallen, die Sie auf den ersten Blick vergessen hatten.

Viel Spaß mit Ihrer Pro- und Contra-Liste!

PRO- UND CONTRA-LISTE

PRO	Contra

2. Arbeitsschritt

Die Prioritätenliste

Das Meiste haben Sie nun schon hinter sich gebracht. Jetzt geht es darum, Ihre verschiedenen Punkte nach deren Wichtigkeit zu sortieren.

Beginnen Sie sowohl auf der »guten«, als auch auf der »schlechten« Seite mit den Aspekten, die für Sie absolute Priorität besitzen und führen Sie die Liste gemäß des Stellenwertes, den ein Umstand für Sie hat, fort.

PRIORITÄTENLISTE

Diese Dinge sind am Wichtigsten

1. __________
2. __________
3. __________
4. __________
5. __________
6. __________

7.
8.
9.
10.

Diese Dinge stören mich am Meisten

1.
2.
3.
4.
5.
6.
7.
8.
9.
10.

Die Analyse

Sie sehen nun auf den ersten Blick, welche Umstände Ihnen in Ihrem Reiterleben am besten gefallen und welche Umstände Sie am meisten nerven.

Wenn Sie nun damit beginnen werden, Ihr Grobziel zu formulieren, sollten Sie unbedingt darauf achten, dass wenigstens die ersten wichtigsten Unterpunkte (sowohl positiv als auch negativ) berücksichtigt werden.

Das ist wichtig, damit Sie zu einem späteren Zeitpunkt Ihre Feinziele korrekt formulieren können.

Ihr formuliertes Grobziel lautet:

Die Überprüfung des Zieles

Damit Sie wirklich sicher sein können, dass das formulierte Ziel für Sie das richtige ist, sollten Sie noch diese Fragen beantworten. Frage 1 dient dem Motivationscheck, Frage 2 verhindert, dass Sie realistisch bleiben und sich ggf. schon im Vorfeld mit den unangenehmen Begleiterscheinungen, die Ihr Ziel mit sich bringt, auseinander setzen.

Warum ist das Erreichen dieses Zieles für Sie so wichtig?

Welche Konsequenzen sind für Sie mit dem Erreichen dieses Zieles verbunden?

WAS SIE ÜBER TEILZIELE WISSEN SOLLTEN

Was genau sind Teilziele überhaupt?

Während die Umsetzung des Grobzieles die Vorstellung von der späteren Zukunft widerspiegelt, sind Teilziele kurzfristige Ziele und damit Erfolge, die in regelmäßigen Abständen erreicht werden können und sollen.

Teilziele ergeben sich aus dem zuvor formulierten Grobziel und helfen dabei, dieses zu erreichen.

Hierfür überlegt der Anwender, welche einzelnen Schritte (Etappen) notwendig sind, um das Grobziel erreichen zu können.

Verglichen mit einer zu lösenden Rechenaufgabe steht das Grobziel für das Endergebnis. Teilziele stellen den Rechenweg dar.

Mit dem Grobziel definieren Reiter ihre Vorstellung von Glück; mit den Feinzielen planen sie es.

Teilziele sind fest formulierte Absichten mit einem (selbst)verpflichtenden Charakter.

Was geschehen kann, wenn ein Reiter keine Teilziele besitzt

Kurz und prägnant könnte ich sagen: Voraussichtlich wird das große Chaos ausbrechen.

Einer großen Mehrheit der Pferdemenschen ist dieser Zustand mehr oder weniger bekannt.

Damit möchte ich keineswegs andeuten, dass der »Rest« sich zwangsläufig in solch intensivem Maße mit der Formulierung ihrer Ziele beschäftigt hat wie ich es in diesem Buch empfehle. Doch ich muss neidvoll zugeben, dass es scheinbar solche Planungsgenies gibt und ihnen das »glückliche Händchen« quasi mit in die Wiege gelegt wurde. Manchmal ist es ihnen noch nicht einmal bewusst. Viele von ihnen meinen, dass sie einfach nur Glück gehabt haben. In Wirklichkeit ist es eher so, dass sie mal mehr, mal weniger unbewusst ein großes Ziel verfolgen und ebenso unbewusst darauf hinarbeiten. So ein Naturtalent bin ich leider nicht und ich kann wohl davon ausgehen, dass die meisten meiner Leser mir diesbezüglich die Hand reichen können.

Bei denjenigen, die sich – wie ich in der Vergangenheit – fragen, warum andere Reiter den Erfolg nur so anziehen und die anderen dynamisch aber erfolglos auf der Stelle treten, sieht das Reiterleben auszugsweise ungefähr so aus:

Oft sind es nur kurze harmonische Momente, die Reitern und Pferden Zufriedenheit bescheren.

Der Einfachheit halber nenne ich die Reiter ohne Teilziele »Rotzis« (Reiter ohne Teilziele) und bitte darum, dies nicht als Schimpfwort zu deuten, sondern als nett gemeinte Bezeichnung für alle, die ihre Teilziele (noch) nicht entdeckt haben.

Rotzis führen im Allgemeinen ein durchschnittlich glückliches Reiterleben, das hin und wieder von einigen Gewitterwolken überschattet wird.

Die meisten Rotzis lieben ihre Pferde sehr, auch wenn sie zwischendurch einmal Probleme mit ihren Vierbeinern haben. Viele Rotzis arrangieren sich »irgendwie« mit den Eigenheiten ihrer Pferde. Manche versuchen jedoch auch – mit meist mäßigem Erfolg – ihren Vierbeinern diese »Marotten« auszutreiben. Dafür nehmen sie einiges in Kauf. Sie besuchen Seminare, sind auf Messen zu finden, kaufen sich Bücher, probieren vieles aus (verwerfen allerdings auch vieles wieder) und geben einen Haufen Geld für neues Equipment aus.

Überhaupt ist der klassische Rotzi ein gut informiertes Wesen. Wie ein Schwamm saugt er alles auf, was auch nur annähernd etwas mit seinem Hobby zu tun hat. Aus diesem Grunde ist der Rotzi auch äußerst empfänglich für Tipps und Ratschläge aller Art; und außerdem ein sehr willkommenes »Opfer« für diejenigen, die ihre Ratschläge unbedingt loswerden müssen. Rotzis sind dankbare Zuhörer, denn sie glauben, eine Wissenserweiterung könne niemals schaden.

Oft treten Rotzis in Rudeln auf, denn die meisten von ihnen lieben die Gesellschaft. Unter ihresgleichen fühlen sie sich im Wesentlichen ausgesprochen wohl, obgleich es hin und wieder zu bösen Zankereien kommen kann. Es gibt sowohl männliche als auch weibliche Rotzis, wobei es unter den Weibchen häufiger zu Auseinandersetzungen kommt. Obwohl Rotzis Lästereien gar nicht mögen, finden sie in geselliger Runde häufig jemanden, dessen reiterlichen Fehler Anlass dazu geben, sich intensiv darüber auszutauschen. In den allermeisten Fällen weiß derjenige allerdings nichts davon.

Weil Rotzis so gesellige und soziale Wesen sind, orientieren sie sich ausgesprochen gern an der Mehrheit. Je

Einen kleinen Augenblick die Ruhe mit seinem Pferd zu genießen; auch das kann Reiterglück sein.

mehr andere Pferdemenschen eine bestimmte Methode verfolgen und je mehr Leute bei einem bestimmten Trainer Unterricht haben, desto höher ist die Wahrscheinlichkeit, dass ein Rotzi sich dort einreiht.

Es gibt Rotzis, die ihre Ansichten und Meinungen häufig einmal ändern, denn Rotzis sind sehr flexibel. Böse Zungen behaupten, Rotzis würden sich wie das berühmte Fähnchen im Winde drehen. Dieses gemeine Vorurteil könnte daher rühren, dass Ausnahme-Rotzis mitunter ihre Reitlehrer wechseln oder vagabundenartig von Stall zu Stall ziehen.

Rotzis sind auch ausgesprochen offen für neue Trends und Methoden aller Art, denn sie wollen stets das Beste für ihre Pferde. Viele Rotzis stellen jedoch nach einiger Zeit fest, dass der neue Trend doch nicht hielt, was er versprochen hatte, denn irgendwie blieb das erhoffte Wunder aus.

Aber kampflos geben Rotzis niemals auf. Die nächste Trainingsmethode, der bessere Reitlehrer und der luxuriösere Stall kommt bestimmt.

Na, fühlen Sie sich ertappt?

Ich gebe zu, dass die Persönlichkeitsanalyse, die ich für die Rotzis erstellt habe, ein wenig frech ausfällt. Meiner Erfahrung nach fällt es den meisten Menschen leichter, sich zu reflektieren, wenn dies auf humorvolle Weise geschieht.

Auch, wenn ich bei dieser Beschreibung ein klein wenig übertrieben habe und sicherlich nicht alle beschriebenen Merkmale auf Sie zutreffen werden, haben Sie sich oder andere Pferdemenschen bestimmt dort wieder treffen können.

Sind Reiter ohne Teilziele weniger zufrieden?

Sie mögen sich evtl. fragen, ob es für einen Reiter überhaupt möglich ist, auch ohne Teilziele so etwas wie Reiterglück zu erleben.

Ich denke schon, dass dies grundsätzlich möglich ist; allerdings mit gewissen Einschränkungen. Ich kenne sehr viele Reiter, die ihr Reiterleben sehr wohl als »zufrieden stellend« bezeichnen würden oder die kurzfristig sogar glücklich sind, aber dies ist häufig nur von kurzer Dauer oder aber verhältnismäßig selten. Meistens sind sie dann besonders glücklich, wenn sie etwas Besonderes erlebt haben. Sie haben z. B. einen schönen Ausritt hinter sich gebracht, erfolgreich an einem Turnier teilgenommen oder etwas geschafft, woran sie sich lange Zeit »die Zähne ausgebissen« haben.

Grundsätzlich ist es also selbstverständlich möglich, auch als »Rotzi« zeitweise Reiterglück zu erleben.

Der wesentliche Unterschied zwischen den Reitern mit Zielen und den Pferdemenschen ohne konkrete Zielvorstellungen besteht darin, dass die Reiter mit Zielen und damit mit einem eigenen Konzept und Stil in regelmäßigen Abständen etwas erreichen, damit regelmäßiger Erfolgserlebnisse genießen und folglich dessen regelmäßiger Reiterglück erfahren.

Warum Reiter Teilziele haben sollten

Stellen Sie sich vor, Sie haben sich vorgenommen, den Mount Everest hinaufzuklettern … Wenn Sie nicht gerade Spiderman sind, werden Sie das nie und nimmer schaffen, ohne diesen irrsinnig langen Weg in verschiedene Etappen zu unterteilen. Die Etappen dienen nicht

Die Teilnahme an einem Spaßturnier oder einer Reiterrallye kann für einige Reiter zum Teilziel werden.

Wenn das Ende eines Weges in Sichtweite ist, wird vieles – auch im übertragenen Sinne – einfacher.

nur dazu, kleine Verschnaufpausen einzulegen. Etappenziele sorgen außerdem dafür, die »Motivations-Batterie« wieder aufzuladen. Ein Kletterer wird stolz sein, wieder eine Etappe erreicht zu haben und schöpft neue Kräfte für den weiteren Weg.

Auch ein Reiter wird froh sein, wenn er wieder etwas geschafft hat, was ihn näher zu seinem großen Ziel bringt.

Möchte ein Reiter, grob formuliert, ein cooles Pferd haben, mit dem er durch »dick und dünn« gehen kann, könnte z. B. die erfolgreiche Teilnahme an einer Gelassenheitsprüfung ein Meilenstein auf seinem Weg dorthin sein. Ein anderer Reiter verfolgt vielleicht das grobe Ziel mit seinem Pferd erfolgreich an einer M-Dressur teilzunehmen, ist aber noch Lichtjahre von diesem Niveau entfernt. Selbstverständlich könnte er hingehen, einige Unterrichtsstunden zu nehmen und dann sein Glück einfach beim nächsten Turnier versuchen … Aber die Wahrscheinlichkeit, dass diese Aktion gründlich danebengeht, ist relativ hoch, da er sich nur dürftig vorbereitet hat.

Teilziele helfen enorm dabei, konzentriert und selbstbewusst den eigenen Weg zu gehen und damit seinen eigenen Stil zu entwickeln. Ein Reiter, der Teilziele für sich formuliert hat, läuft kaum mehr Gefahr, sich von anderen Menschen oder unvorhergesehenen Umständen verunsichern zu lassen. Reiter mit differenzierten Zielvorstellungen schaffen es tatsächlich, sich auf das Wesentliche zu konzentrieren.

Pferdemenschen, die Teilziele für sich formuliert haben, sind im Regelfall weniger ablenkbar und sehr konsequent und motiviert bei der Umsetzung ihrer Ziele. Sie treffen in sämtlichen Bereichen ihres Reiterlebens weniger Fehlentscheidungen und sind definitiv erfolgreicher als andere Reiter.

Für viele Reiter stellt die Bezeichnung »Turniersieg« den Inbegriff für reiterlichen Erfolg dar. Aber Ziele zu haben ist nicht nur für Pferdemenschen mit Turnierambitionen angebracht.

Besonders für den durchschnittlichen Freizeitreiter kann es ein großer Erfolg sein, wenn er erreicht, mit seinem

Pferd entspannt ins Gelände reiten zu können. Sogar, wenn ein Reiter sagt: »Ich möchte nichts weiter als Spaß mit meinem Pferd«, hat er ein Ziel – wie auch immer er den Begriff »Spaß« für sich definiert. Auch dies will vorbereitet sein; vor allem dann, wenn der Vierbeiner diesbezüglich ganz anderer Ansicht ist. Besonders Menschen, die den Wunsch haben, »nur Spaß« mit ihren Pferden zu haben, scheuen sich davor, Teilziele festzulegen. Sie fürchten, dass das Ganze allzu stark in Arbeit ausarten könnte und lassen deshalb lieber alles beim Alten – auch, wenn es für sie ggf. manchmal überhaupt nicht so »spaßig« ist. Diesen Menschen ist meist nicht klar, dass sie ihre Feinziele selbst erarbeiten. Sie können also Ziele ausarbeiten, bei denen der Spaß-Faktor für sie nicht verloren geht. Dies gilt übrigens für jeden, der Ziele erarbeitet. Wenn die Verfolgung eines Zieles nicht mit Spaß verbunden ist, geht die Motivation verloren und das hat zur Folge, dass wahrscheinlich frühzeitig aufgegeben wird.

Sich Ziele zu setzen, diese zu verfolgen und umzusetzen ist keine Frage der Reitweise oder des reiterlichen Schwerpunktes.

Die Macht der eigenen Gedanken

Ziele und ihre psychologische Wirkung

Einige Menschen vertreten die Ansicht, dass Erfolge oder Misserfolge so etwas wie »Selbstläufer« sind. Sie glauben, dass ein Glückspilz für ewige Zeiten ein Glückspilz bleiben wird und dass ein Pechvogel für immer und ewig vom Pech verfolgt sein wird. Manche meinen, wenn jemand ständig Glück oder ständig Pech hat, sei dies ausschließlich das Werk des »Schicksals«. Natürlich gibt es Lebensumstände, auf die Menschen keinen direkten Einfluss haben und die entweder das Glück oder vermeintliche Pech des Einzelnen fördern. Aber auch die innere Einstellung, das Denken und Fühlen trägt wesentlich zum persönlichen Glück oder Pech bei.

Während der konkreten und intensiven Auseinandersetzung mit den eigenen Wünschen und Zielen wird das Gehirn »automatisch« darauf ausgerichtet. Der Mensch wird sensibler für alles, was ihm dabei helfen wird, dieses Ziel zu erreichen, und die Wahrnehmung wird auf das Erreichen dieses Zieles »programmiert«. In der Praxis wirkt sich das z. B. so aus, indem jemand unweigerlich zu dem richtigen Buch greift oder »zufällig« den richtigen Menschen um Rat fragt.

Außenstehende (und manchmal auch dieser Mensch selbst) mag dann glauben, es seien »glückliche Umstände« gewesen, die dies hervorgerufen haben. Tatsächlich ist es so, dass sämtliche »Antennen« dieses Menschen durch das Verinnerlichen der Ziele auf alles gerichtet sind, was zum Erreichen dieser Ziele beiträgt.

Bei all der Arbeit sollte der Spaß nicht verloren gehen.

Wie Sie sich auf die Ausarbeitung Ihrer reiterlichen Teilziele vorbereiten

Das Grobziel in Teilziele zu »zerlegen« erfordert noch einmal ein wenig Arbeit. Doch wenn Sie die vorangegangen Seiten aufmerksam gelesen haben, dann werden Sie wissen, dass sich der Aufwand lohnen wird.

Im folgenden Arbeitsschritt werden Sie für alle zu Verfügung stehenden Ressourcen sensibilisiert, die Ihnen bei der Umsetzung Ihrer Ziele behilflich sein können.

Zuerst nehmen Sie sich bitte noch einmal das von Ihnen erarbeitete Grobziel vor. Anschließend beantworten Sie folgende Fragen:

Was kann ich tun, um dieses Ziel zu erreichen?

Welche äußeren Voraussetzungen müssen gegeben sein oder geschaffen werden, damit ich mein Ziel erreichen kann?

Wann möchte ich dieses Ziel erreichen?

Wer kann mir bei der Umsetzung meines Zieles behilflich sein?

Wer oder was steht der Umsetzung meines Zieles im Wege und wie gehe ich in Zukunft damit um?

BEISPIEL

Hier habe ich noch einmal das Ergebnis der Reiterin aus dem vorangegangenen Kapitel genommen und es so bearbeitet wie Sie es im Anschluss daran tun können.

Beispiel eines Grobzieles:

Ich werde mein Pferd freizeitorientiert reiten und durch einen geeigneten Unterricht sowie mit Hilfe meiner bevorzugten Trainingsmethode meine Ängste in den Griff bekommen. Mein Pferd wird zuverlässig werden, damit ich an Ausritten und Veranstaltungen teilnehmen kann.

Frage 1:

Was kann ich tun, um dieses Ziel zu erreichen?

Ich werde mich nach einem Reitlehrer umsehen, der mit meinen Ängsten und den Auffälligkeiten meines Pferdes umzugehen weiß. Schon vor der ersten Reitstunde werde ich mit dem Reitlehrer über mein vorrangiges Ziel sprechen und ihn fragen, wie ich dieses Ziel mit seiner Hilfe am besten umsetzen kann.

Dabei ist es mir wichtig, dass der Reitlehrer mich gegebenenfalls bei meiner Trainingsmethode unterstützt. Ich werde mich erkundigen, welche Übungen meiner Methode besonders geeignet sind, um mein Ziel zu erreichen und daraufhin einen Trainingsplan erstellen, der genau auf meine Bedürfnisse ausgerichtet ist. Dies soll in Absprache mit meinem Reitlehrer geschehen.

Ich erstelle eine Liste mit Aktivitäten, an denen ich gerne mit meinem Pferd teilnehmen möchte und arbeite innerhalb meines Trainings gezielt darauf hin.

Frage 2:

Welche äußeren Voraussetzungen müssen gegeben sein oder geschaffen werden, damit ich mein Ziel erreichen kann?

Ich benötige in erster Linie einen Ort, an dem ich ungestört mit meinem Pferd auf meine Weise trainieren kann und einen Zeitplan, der ein regelmäßiges und effektives Training möglich macht.

Frage 3:

Wann möchte ich dieses Ziel erreichen?

Mit dem Unterricht möchte ich spätestens in 2 Wochen beginnen.

Spätestens nach der 2. Unterrichtsstunde werde ich nach Absprache mit meinem Reitlehrer Elemente meiner Trainingsmethode in mein tägliches Training einfließen lassen.
In genau 12 Monaten will ich erstmals angstfrei mit meinem Pferd an einem größeren Ausritt teilnehmen.

Frage 4:
Wer kann mir bei der Umsetzung meines Zieles behilflich sein?
Mein neuer Reitlehrer kann mich bei der Umsetzung meiner Ziele unterstützen. Des Weiteren gibt es 3 Freunde, die ebenfalls mit meiner Trainingsmethode arbeiten (Namen). Sie kann ich fragen, wenn Unsicherheiten auftreten.
Darüber hinaus gibt es ein Internet-Forum, in dem sich ausschließlich Menschen austauschen, die nach dieser Methode arbeiten. Hier werde ich mich gleich morgen anmelden, damit ich Ansprechpartner habe, wenn die Menschen in meinem Umfeld für mich gerade nicht greifbar sind.

Frage 5:
Wer oder was steht mir bei der Umsetzung meines Zieles im Wege und wie gehe ich in Zukunft damit um?
Da mir keine Halle zu Verfügung steht, wird es bei schlechtem Wetter oder im Winter schwierig für mich, regelmäßig zu trainieren. Wenige Meter von meinem Heimatstall entfernt gibt es einen Hofbesitzer, der seine Halle auch außen stehenden Reitern zu Verfügung stellt. Ich werde mich erkundigen, ob dies auch für mich ein- bis zweimal wöchentlich in Frage kommt
Obwohl mein bisheriger Reitlehrer gut über meine Schwierigkeiten informiert ist, geht er nicht auf diese Probleme ein. Ich werde ihm deshalb mitteilen, dass ich ab sofort den Unterricht bei ihm beenden werde.
Vereinzelt gibt es Leute an meinem Heimatstall, die nichts mit meiner Trainingsmethode anfangen können, mich aber ständig mit Ratschlägen versorgen, die mir nicht weiterhelfen. Wenn sie wieder an mich herantreten, werde ich ihnen sagen, dass ich dabei bin, mir die passende Hilfe zu organisieren und werde sie bitten, meine Trainingsweise einfach zu akzeptieren. Von Ratschlägen, die mein Ziel nicht unterstützen, werde ich mich ab sofort distanzieren. Auch von Leuten, die wegen meiner Angst dumme Sprüche klopfen, werde ich mich nicht mehr verunsichern lassen und werde darauf einfach nicht mehr reagieren. Denn ich bin mir ganz sicher, dass ich mit Hilfe meines neuen Konzeptes all meine Schwierigkeiten in den Griff bekommen werde!

Wie Sie aus einem Grobziel mehrere Teilziele machen

Durch die gewissenhafte Beantwortung der Fragen sind Sie nun nicht mehr weit von Ihren ganz persönlichen Feinzielen entfernt.
Im Folgenden geht es im Prinzip nur noch darum, zu überlegen, welche Dinge Sie zuerst erledigen möchten und welche Schritte Sie auf einen späteren Zeitpunkt verlegen wollen.
Damit Sie für Ihre eigene Auswertung eine Orientierungshilfe haben, gebe ich Ihnen wieder ein Beispiel an die Hand und erkläre Ihnen, worauf Sie im Wesentlichen bei der Formulierung Ihrer Feinziele achten sollten. Für die Reiterin aus unserem Beispiel ergeben sich folgende Feinziele, die sie nach Prioritäten sortiert und aufgeführt hat:

Im Idealfall hilft Ihnen Ihr Reitlehrer bei der Umsetzung Ihrer Ziele.

Teilziel 1:
Ich werde mich von meinem bisherigen Reitlehrer verabschieden und binnen 2 Wochen (Datum) einen geeigneten Trainer für mich finden.

Teilziel 2:
In Absprache mit meinem neuen Reitlehrer werde ich einen Trainingsplan erstellen, an den ich mich konsequent halten werde. Mindestens zweimal wöchentlich werde ich mit meinem Pferd trainieren.

Teilziel 3:
Ich werde mich in dem Internet-Forum anmelden und Kontakt zu Gleichgesinnten aufnehmen.

Teilziel 4:
Ich werde mit meinen Freunden feste Zeiten für ein gemeinsames Training vereinbaren.

Teilziel 5:
Ab sofort werde ich auf nichts mehr reagieren, was mich von meinen Zielen abbringen wird.

Teilziel 6:
Am Nachbarstall werde ich mich erkundigen, ob und wann ich die Halle nutzen darf.

Teilziel 7:
Ich erstelle eine Liste mit Aktivitäten, an denen ich in spätestens 12 Monaten teilnehmen möchte.

Arbeitsbereich 3

LEGEN SIE IHRE TEILZIELE FEST

Bitte übertragen Sie hier Ihr formuliertes Grobziel:

Beantworten Sie nun folgende Fragen:
Was kann ich tun, um dieses Ziel zu erreichen?

Welche äußeren Voraussetzungen müssen gegeben sein oder geschaffen werden, um dieses Ziel zu erreichen?

Wann möchte ich dieses Ziel erreichen?

Wer kann mir bei der Umsetzung meines Zieles behilflich sein?

Wer oder was steht mir bei der Umsetzung meines Zieles im Wege und wie gehe ich in Zukunft damit um?

Betrachten Sie sich die Antworten und entwickeln Sie daraus differenziert Ihre Teilziele mit Zeitangaben

Ressourcen nutzen, richtig entscheiden

REITERLICHE RESSOURCEN ERKENNEN UND NUTZEN

Was Künstler mit erfolgreichen Reitern gemeinsam haben …

Erfolgreiche Künstler haben ihn, berühmte Schauspieler haben ihn auch … genau so wie Sänger, Modemacher, Tänzer und andere Berühmtheiten. Der eigene, individuelle Stil macht diese Menschen erfolgreich und unverwechselbar.

Einige von ihnen sind vielleicht ganz besonders sympathisch und talentiert. Andere sind, in den Augen der meisten Leute, gegebenenfalls ausgesprochen unattraktiv und relativ talentfrei, aber dennoch beliebt und sehr erfolgreich.

Nicht immer ist das, was diese Leute auszeichnet, was sie bekannt und unverwechselbar macht, positiv im klassischen Sinne. Aber auch diverse Eigenheiten und »Macken« können für den eigenen Erfolg genutzt werden. So sind beispielsweise diverse Komiker nicht gerade mit Attraktivität gesegnet, nutzen aber gerade diesen »Makel« als Sprungbrett für ihre Karriere.

Einige Parallelen sind dennoch bei nahezu allen erfolgreichen Menschen zu beobachten: Sie sind allesamt selbstbewusst. Sie wissen, was sie tun, warum sie es tun und wie sie es tun. Sie sind kein »billiger Abklatsch« von irgendjemand anderes, sie sind keine Kopien, sondern

Individualisten und stehen meist uneingeschränkt hinter dem, was sie tun und wie sie es tun. Kurz: Sie kennen alle Ihnen zu Verfügung stehenden Ressourcen, wissen diese für sich zu nutzen und entwickeln dadurch ihren eigenen Stil.
Auch bekannte und erfolgreiche Reiter besitzen etwas, das sie von allen anderen unterscheidet, und oft wird dies als das »Geheimnis ihres Erfolges« bezeichnet.
Ich habe für Sie zwar kein allgemein gültiges Rezept für die Entwicklung Ihres eigenen, reiterlichen Stils parat, aber einige Hilfen, die für Sie der ganz individuelle Schlüssel zur Ausbildung Ihres eigenen Stils werden kann.

I am what I am

Woran Sie einen Reiter mit persönlicher Stilrichtung erkennen

Reiter, die ihren eigenen Stil gefunden haben, sind sich ihrer Stärken sowie ihrer Schwächen bewusst und können in angemessener und sogar produktiver Form damit umgehen.
Sie wissen stets sehr genau, was sie wollen, warum sie es tun und wie sie es umsetzen können.
Zielsicher greifen diese Pferdemenschen auf alle Ressourcen zurück, die ihr reiterliches Vorankommen und ihre Ziele unterstützen.
Die meisten Reiter mit eigenem Stil zeichnen sich durch einen besonderen oder durch mehrere, sich wiederholende Erfolge aus.
Im Regelfall werden Reiter mit der persönlichen Stilrichtung entweder beneidet und/oder bewundert; viele versuchen ihnen nachzueifern. Damit werden sie für einzelne Personen oder bestimmte Zielgruppen zu Vorbildern.
Reiter mit eigenem Stil treffen in den seltensten Fällen Fehlentscheidungen; und wenn es ihnen doch einmal passieren sollte, lernen sie daraus und begehen einen Fehler nicht ein zweites Mal.
Sie besitzen ihre eigene, ganz persönliche Art, verschiedenen Umständen zu begegnen und besitzen dabei eine klare Linie. Trotz des eigenen Stils sind sie in den meisten Fällen offen für alles, was sie weiterkommen lässt. Bevor Sie irgendetwas als »Blödsinn« titulieren, prüfen sie es und entscheiden dann, ob es für sie persönlich nützlich oder kontraproduktiv ist. Daher sind sie in den seltensten Fällen sogenannte »Mitläufer«.
Reiter mit eigenem Stil erwecken oftmals den Eindruck, dass sie ihr Reiterglück für sich langfristig gefunden haben und lassen sich von Rückschlägen nicht aus der Bahn werfen, sondern betrachten diese eher als eine Motivation dafür, es beim nächsten Mal besser zu machen.

Was Ihnen helfen kann, Ihren eigenen Stil zu entdecken

»Schön und gut«, werden Sie womöglich denken. »Der eigene Stil ist also wichtig, wenn ich ein glückliches und erfolgreiches Reiterleben führen möchte ... Aber wie kann ich es schaffen, diesen eigenen Stil zu entwickeln?« Mit der Festlegung Ihrer ganz persönlichen Ziele haben

Zwei mit Kampfgeist ...
Auch Menschen kann ein solcher Charakterzug für das Erreichen ihrer Ziele nützlich werden.

Sie bereits einen ganz entscheidenden Schritt für die Entwicklung Ihrer persönlichen Stilrichtung hinter sich gebracht. Im Gegensatz zu den meisten anderen Pferdemenschen wissen Sie nun recht genau, wohin Sie sich reiterlich bewegen möchten und wie Sie dieses im Groben erreichen können.
Eigentlich geht es nun noch darum, bestimmte Feinheiten zu beachten. Und diese »Feinheiten« werden in diesem Kapitel ausführlich behandelt.
Auf den folgenden Seiten werden Sie nicht nur die wichtigsten Dinge zur Entwicklung der eigenen Stilrichtung erfahren, sondern Sie erhalten auch hier wieder mittels eines Arbeitsbereiches die Gelegenheit, Ihren eigenen Stil aktiv zu erarbeiten.

Im Wesentlichen sind es vier Dinge, die erheblich zur Entwicklung des eigenen Stils beitragen können.

1. Die individuellen Ziele sollten festgelegt und konsequent verfolgt werden.
2. Ressourcen sollen erkannt, erschlossen und genutzt werden.
3. Entscheidungen sollten stets unter Berücksichtigung der eigenen Ziele getroffen werden.
4. In sämtlichen Bereichen des eigenen Reiterlebens sollten die individuellen Ziele niemals aus den Augen verloren werden.

Ihre ganz persönliche »Vorratskammer« – Ressourcen erkennen und nutzen

Eine Ressource ist die Bezeichnung für alles, was Ihnen dabei helfen kann, bestimmte Aufgaben zu erfüllen oder gewisse Ziele zu erreichen.

Es liegt an Ihnen zu entscheiden, welchen Weg Sie mit Ihrem Pferd einschlagen möchten.

Ressourcen können z. B. persönliche Stärken/Vorzüge und Eigenschaften sein. Aber auch persönliche Schwächen/Defizite, sofern man in der Lage ist, diese als Ressourcen wahrzunehmen und zu nutzen.

In der »Vorratskammer« eines jeden Reiters sind auch soziale Ressourcen vorhanden. Hiermit sind alle Personen gemeint, die dazu beitragen können, dass Sie Ihre Ziele erreichen.

Auch materielle Ressourcen, wie z. B. das zu Verfügung stehende Lern- und Ausrüstungsmaterial können entscheidend zur Verfolgung und Umsetzung Ihrer Ziele beitragen.

Infrastrukturelle Ressourcen wie eine zu Verfügung stehende Reitschule oder ein Ausbildungszentrum vervollständigen die persönliche Vorratskammer eines Reiters.

Damit Sie einen sicheren Blick für die Ihnen zu Verfügung stehenden Ressourcen entwickeln, werde ich die verschiedenen Bereiche an dieser Stelle für Sie aufführen und Ihnen verschiedene Möglichkeiten aufzeigen.

Eigenlob stinkt nicht immer

Wenn Menschen gefragt werden, was sie besonders gut und was sie besonders schlecht können, werden häufig zuerst die eigenen Schwächen benannt.

Das ist ziemlich schade, denn häufig ist es so, dass diese Leute aus lauter Frust und vor lauter Ärger über ihre eigenen Unzulänglichkeiten ihre eigenen Stärken schlichtweg »übersehen«. Viele von ihnen konzentrieren sich sogar überwiegend darauf, ihre Schwächen irgendwie loszuwerden, anstatt ihre Stärken für sich zu nutzen und diese zu optimieren.

Für den eigenen Stil ist es sehr wichtig, dass Sie ziemlich exakt einschätzen können, wo Ihre individuellen

Ruhe und Gelassenheit beim Training können wichtige, persönliche Ressourcen sein.

Stärken schlummern und wie Sie diese für das Erreichen Ihrer erarbeiteten Ziele nutzen können.

Sich der eigenen Stärken bewusst zu werden, hat nichts mit Selbstbeweihräucherung zu tun; es hat auch nichts mit chronischem Größenwahn gemeinsam. Eine realistische Einschätzung bezüglich der eigenen Stärken dient lediglich der Ausbildung Ihres Selbstwertgefühls. Und das ist – wie Sie nun wissen – ein ganz wesentlicher Bestandteil für die Entwicklung Ihres eigenen Stils.

Viele Menschen besitzen eine negativ angehauchte Vorstellung von dem Begriff »Selbstbewusstsein«. Vor deren geistigen Auge tauchen angesichts dessen häufig Leute auf, die ihr sogeganntes Selbstbewusstsein laut, aufdringlich und schrecklich auffallend nach außen tragen. Abgesehen davon, dass die meisten solcher Exemplare sich nicht gerade großer Beliebtheit erfreuen, sind sie in den häufigsten Fällen ohnehin nur »Mogelpackungen«. Hinter diesen »Hoppla, jetzt komm' ich«-Gattungen verstecken sich oft sehr verunsicherte Leute, die ihr mangelndes Selbstbewusstsein hinter einer Fassade »bollerigen« Auftretens verstecken.

Wirklich selbstbewusste Menschen haben so etwas nicht nötig.

»Richtiges« Selbstbewusstsein zeichnet sich durch Souveränität und Ausgeglichenheit aus. Menschen mit einem »echten« Selbstbewusstsein sind nicht darauf bedacht, anderen die Show zu stehlen und müssen sich ihre Vorzüge nicht in großen Lettern auf die Stirn schreiben. Sie wissen, was sie können und strahlen dies sozusagen automatisch nach außen. Genau dies zu erreichen, sollte ein Ziel für Sie werden, wenn Sie Ihren persönlichen Stil entwickeln wollen.

Es ist daher sinnvoll, sich zu fragen: Welche menschlichen und reiterlichen Qualitäten habe ich überhaupt? Verständlicherweise wird jeder Reiter darauf andere Antworten finden; und das ist genau das, was den eigenen Stil ausmacht.

Einer wird angeben, er sei ganz besonders gut in der Lage, sich auch in Stresssituationen zu konzentrieren, ein anderer findet vielleicht, dass er sehr sattelfest ist, besonders sensibel, ausnehmend konsequent oder was auch immer ...

Sicherlich werden auch Sie einige Vorzüge bei sich entdecken und diese auch benennen können. Sollte Ihnen diese Art der Selbstbeurteilung schwerfallen, fragen Sie sich einfach, welche Vorzüge andere Menschen bei Ihnen benennen würden. Welche Stärken würde beispielsweise Ihr Reitlehrer an Ihnen entdecken? Welche positiven Dinge könnten Ihre Stallkollegen, der Stallbetreiber oder auch Familienmitglieder benennen?

Schwächen unerwünscht?

Viele Reiter tendieren dazu, akribisch und nahezu verbissen an der Austreibung ihrer Schwächen zu arbeiten, sogar dann, wenn dies zu einem ziemlich aussichtslosen Unterfangen zu werden droht.

In der Praxis kann das beispielsweise wie folgt aussehen: Ein Reiter stellt fest, dass er eine unwiderrufliche Abneigung dagegen verspürt, mit seinem Pferd ins Gelände zu reiten. Die Gründe hierfür können unterschiedlicher Natur sein. Vielleicht sind es Ängste, die ihn dazu bringen, Ausritte einfach nur fürchterlich zu finden. Oder es macht ihm schlicht und ergreifend keinen Spaß, durch den Wald zu reiten; auch, wenn dies für viele andere völlig unverständlich ist. Doch anstatt sich dazu zu bekennen, dass er Angst hat oder zuzugeben, dass ihm »die Juckelei durch die Botanik« keine Freude bereitet, quält er sich regelmäßig damit herum, sich seinen ausreitenden Freunden anzuschließen. Schließlich möchte er nicht als »Spaßbremse« oder gar als »Hasenfuß« dastehen. Ungeachtet der Tatsache, dass er dadurch wertvolle Zeit mit Dingen verplempert, die ihm weder Freude bereiten, noch seinem eigentlichen, reiterlichen Ziel dienen, zieht er diese emotionale Quälerei durch bis zum »bitteren Ende«. Das »Ende« naht im Regelfall dann, wenn er sich plötzlich wundert, dass er frustriert ist, sich immer häufiger vor diesen Ausritten drückt, von seinen mit reitenden Freunden deshalb schief angesehen und sich ggf. sogar ernsthaft fragen wird, ob er sich nicht besser ein anderes Hobby suchen sollte.

Im Endeffekt macht ein solcher Reiter nicht nur allen anderen, sondern auch sich selbst etwas vor – und das kann niemals produktiv, geschweige denn befriedigend sein.

Ein anderer Reiter hat ggf. sein Faible für die Westernreiterei entdeckt, stellt im Laufe der Zeit jedoch fest, dass es ihm absolut zuwider ist, sein Pferd hoch konzentriert durch irgendwelche Hütchen oder über bunte

Stangen zu lenken. Dem entsprechend chaotisch verlaufen diese Trainingseinheiten natürlich auch. Trotzdem verbringt dieser Reiter einen Großteil seiner Zeit damit, ausgerechnet diese verhassten Dinge zu üben, weil ein Westernpferd »so was schließlich können muss«, oder weil sein Reitlehrer der Ansicht ist, dass Übungen wie diese unbedingt sein müssen.

Aber was soll das? Warum quälen sich so viele Reiter tagtäglich mit Dingen herum, die sie im Grunde genommen überhaupt nicht wollen, die ihnen im Endeffekt noch nicht einmal nutzen und ihnen nichts weiter einbringen als Stress und Frust? Okay, vielleicht hin und wieder einmal die Anerkennung der anderen Reiter, des Reitlehrers oder sonst einer anderen Person. Aber ginge die Welt unter, wenn diese Anerkennung – zumindest für diese bestimmte Aufgabe – ausfiele?

Wenn Sie z. B. mangelenden Mut als Schwäche und damit fehlende Ressource für sich entdecken, haben Sie zwei Möglichkeiten, die wirklich effektiv sind. Entweder, Sie setzen alles daran, Ihren Mut zu fördern – dann aber bitte nur, wenn dies Ihr wirklicher und tiefer Wunsch ist (nicht der Wunsch anderer Menschen). Oder Sie gestehen sich ein und akzeptieren, dass Sie Angst haben, aber letztlich ganz gut damit leben können.

Das Gleiche gilt für mangelndes Interesse an einer Sache. Stellen Sie fest, dass Sie überhaupt keinen Spaß an bestimmten Übungen oder Aktionen haben, sollten Sie Ihre Zielsetzung dringend noch einmal überprüfen. Denn es ist dann sehr wahrscheinlich, dass ein bestimmtes Ziel (auch ein Teilziel) überhaupt nichts mit Ihren eigenen Wünschen und Vorstellungen zu tun hat.

Auch, wenn ein Westernreiter feststellt, dass der Trail überhaupt nicht seinen Interessen entspricht, dass er Schwierigkeiten mit dieser Disziplin hat, weil er z. B. zu ungeduldig ist, kann er dies für sich nutzen, indem er sagt: »Okay, ich pfeife auf den Trail und konzentriere mich stattdessen auf das, was ich wirklich gut kann und mir Spaß macht!«

Möglicherweise besitzt er ein natürliches Talent für die Reining (Westerndressur) oder er mag es noch rasanter und zieht deshalb die Cutting-Disziplin vor.

Wenn fehlende Ressourcen erkannt werden und es den Reitern gelingt, ehrlich dazu zu stehen, können auch diese in gewisser Weise genutzt werden, nämlich, indem

Bodentraining gehört nicht für alle Reiter zu deren Lieblingsbeschäftigungen.

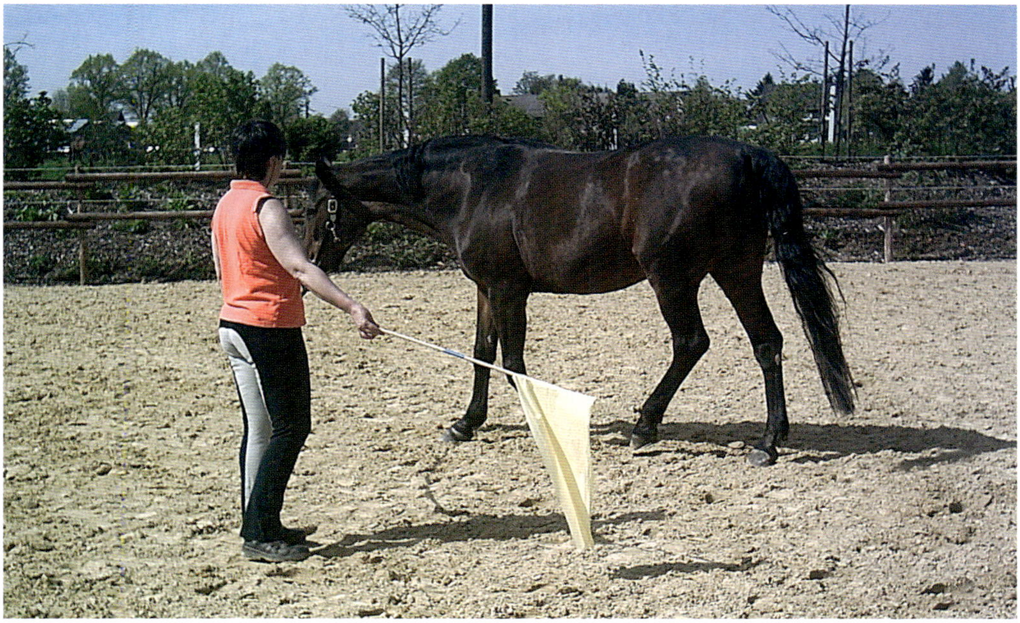

diese erkannt werden und Dinge vermieden werden für die diese Ressourcen dringend erforderlich wären.

Reitlehrer, Trainer und Co. – Soziale Ressourcen entdecken

Mit sozialen Ressourcen sind all die Menschen gemeint, die Ihnen bei dem Erreichen Ihrer Ziele behilflich sein können.

Dies kann Ihr Reitlehrer oder ein anderer Trainer sein, ein Tierarzt, der Hufschmied, ein Mensch, der sich besonders gut mit Ihrer favorisierten Trainingsmethode auskennt, aber manchmal auch Menschen, die nur indirekt etwas mit Ihrem Reiteralltag zu tun haben.

Für eine junge Mutter und Pferdebesitzerin könnte beispielsweise die Oma, eine Nachbarin oder eine Freundin eine sehr nützliche Ressource sein, die dann zum Einsatz kommt, wenn sie jemanden benötigt, der, während sie reitet, auf Ihr Kind aufpasst.

Lassen Sie die Menschen, die Sie kennen, einmal vor Ihrem geistigen Auge Revue passieren. Sicher fallen Ihnen auf Anhieb einige ein, die Ihnen bei dem Erreichen Ihrer Ziele behilflich sind oder noch behilflich sein werden.

Möglicherweise werden Sie bei Ihren Überlegungen so manche Überraschung erleben. So kann es vorkommen, dass sich in Ihrem Umfeld Menschen tummeln, mit denen Sie bislang zwar schon viel Zeit verbracht, aber die Sie nie um Hilfe gebeten haben. Oder Sie erkennen, dass es ggf. sogar Leute gibt, deren Rat Sie gesucht haben, die aber letztlich überhaupt nicht zum Erreichen Ihrer Ziele beitragen können.

Einige Reiter begehen den Fehler, sich mit ihren Fragen und Anliegen ausschließlich an ein oder zwei Personen zu wenden, denen sie besonders vertrauen. Das ist nicht weiter verwerflich, allerdings besteht hier die Gefahr, dass diese Menschen nicht innerhalb jedes Themengebietes die richtigen Ansprechpartner sind. Leider signalisieren die wenigsten von ihnen, dass sie sich auf einem bestimmten Gebiet überhaupt nicht auskennen und versuchen die Frage dennoch zu beantworten. Die Wahrscheinlichkeit, dass diese Antworten dann noch Hand und Fuß besitzen, ist verhältnismäßig gering.

Es ist also gut zu wissen, welche besonderen Kenntnisse und Stärken die Leute in ihrem Umfeld besitzen, um diese in Zukunft gezielter ansprechen zu können.

Reiterkram und Krempel

Mit materiellen Ressourcen sind all die Dinge gemeint, die Sie sich bezüglich Ihres Hobbys zugelegt haben. Wie jeder Pferdemensch weiß, kann die Ansammlung solcher Gegenstände mit der Zeit geradezu bedenkliche Ausmaße annehmen.

Wissen Sie, wie viele Pferdebücher Sie in Ihrem Schrank stehen haben? Wie viele DVDs und Videokassetten haben Sie sich schon angesehen?

Gehören Sie womöglich zu den Reitern, deren Spind aus allen Nähten zu platzen droht, weil er vollgestopft ist mit allem möglichen Krempel von dem Sie ganz sicher sind, dass Sie ihn unbedingt brauchen?

Wie viele verschiedene Ausbinder, Gebisse, Trainingshalfter und Longen besitzen Sie?

Zubehör... Die meisten Reiter besitzen viel mehr davon, als es wirklich nötig wäre.

Bei den meisten Pferdemenschen wird diese »Ressourcen-Vorratskammer« vermutlich den größten Raum einnehmen. Was das bedeutet, werden Sie vielleicht schon ahnen, aber erst zu einem späteren Zeitpunkt wirklich wissen …

Trainingszentren, Reitanlagen usw.

Entwickeln Sie den Blick für infrastrukturelle Ressourcen

Mit den infrastrukturellen Ressourcen sind alle Institutionen gemeint, die Ihnen auf Ihrem Weg dienlich sein können.

Dies kann der Heimathof sein, eine nahegelegene Pferdeklinik, ein Reit- und Ausbildungszentrum in Ihrer Nähe oder Ähnliches.

Hier wird die Auswahl höchstwahrscheinlich für Sie nicht besonders groß sein. Daher ist es in diesem Bereich ganz besonders wichtig, die Qualität dieser Institutionen genau zu prüfen und zu klären, inwieweit diese dazu geeignet sind, Ihre reiterlichen Ziele umzusetzen.

Es ist nicht alles Gold was glänzt

Häufiger als man meinen mag, werden von Pferdemenschen vermeintliche Ressourcen genutzt, die sie im Grunde genommen überhaupt nicht benötigen.

Im Reiteralltag macht sich dies bemerkbar, indem beispielsweise Trainingsmethoden verfolgt werden, die zwar an sich sehr gut, aber nicht auf die individuelle Zielsetzung des Einzelnen abgestimmt sind.

Es kann auch sein, dass ein Reiter eine Disziplin seiner Reitweise bevorzugt, die die Fähigkeiten des Pferdes oder des Reiters nicht zur Geltung bringt.

Einige Pferdemenschen wenden sich mit ihren Fragen Rat suchend an Leute, die ihnen letztlich nicht bei der Verfolgung Ihrer Ziele behilflich sein können. Oder aber sie nehmen die ungebetenen Ratschläge der Menschen an, die nichts von der eigenen Zielsetzung dieses Reiters wissen.

In diesen Fällen werden Ressourcen genutzt, die für viele andere sehr nützlich und gut sein mögen, aber leider in keiner Weise oder nur eingeschränkt dazu beitragen, letztlich die Ziele zu erreichen, die man sich vorgenommen hat.

All dies ist Ressourcen-Verschwendung, und ich kann dieses Phänomen überall und ständig beobachten. Dies ist nicht weiter verwunderlich, wenn wir bedenken, mit wie vielen verschiedenen Menschen, Ausbildungsmethoden, Reitweisen, Informationen usw. Reiter täglich konfrontiert werden. Hier zu unterscheiden, was für den Einzelnen nützlich oder eben nicht nützlich ist, kann in ein schwieriges Unterfangen ausarten. Allerdings nur dann, wenn das eigene Konzept und damit der eigene Stil fehlt.

Damit Ihnen so etwas nicht passiert, geht es darum, die vorhandenen Ressourcen individuell auf Ihre Zielsetzungen abzustimmen.

Brach liegende Ressourcen

Manchmal liegt das Glück direkt vor unserer Nase und wir entdecken es trotzdem nicht …

Vielleicht ist es einfach zu unscheinbar für uns, zu wenig schillernd, glänzend und auf den ersten Blick zu wenig Erfolgs versprechend und attraktiv, als dass wir genauer hinsehen würden.

Hierzu fällt mir spontan eine rührende Geschichte mit Happy End ein, die hervorragend zu dem Thema der brach liegenden Ressourcen passt:

Ich habe vor einigen Jahren einmal eine Reiterin kennen gelernt, die kreuzunglücklich war, weil sie sich in einer ziemlich schwierigen Zwickmühle befand. Diese Reiterin besaß ein Pferd, das schon recht alt war und das sie ausschließlich nutzte, um mit ihm ins Gelände zu reiten. Dies konnte sie zwar sehr genießen, trotzdem war sie sehr unzufrieden, weil sie im Grunde genommen nur bedingt der Typ für reiterliche Gemütlichkeit war.

Also versorgte sie weiterhin tagaus, tagein vorbildlich ihr Pferd und ritt mit ihm im Schritttempo durch die Wälder. Doch eigentlich träumte sie immer wieder von rasanten Ausritten und wünschte sich die alten Zeiten zurück.

Niemals hätte sie es über das Herz gebracht, sich von ihrem Pferd zu trennen. Erstens war es schon seit dem Fohlenalter in ihrem Besitz, und die Liebe zu diesem Tier und ihr Verantwortungsgefühl hätten es ihr verboten, es nun – wie sie es beschrieb – einfach »abzuschieben«. Zweitens freute sie sich, trotz aller Einschränkungen, über die Zeit, die sie mit ihrem vierbeinigen Freund verbringen konnte.

Aber der Wunsch nach etwas mehr Abwechslung wurde immer größer und hatte zur Folge, dass die Reiterin dem berüchtigten »Trainingsfrust« Stück für Stück ein wenig näher rückte. Das Problem schien gegenwärtig für sie absolut unlösbar zu sein.

Eines Tages traf ich diese Reiterin wieder und wunderte mich sehr, denn ihrem Gesichtsausdruck nach zu urteilen, war sie weit von jeglichem Trainingsfrust entfernt. Strahlend berichtete sie mir, sie habe ein junges, gesundes Pferd gefunden, das sie reiten durfte, weil die Besitzerin zu wenig Zeit für ihren Vierbeiner fand. Der Witz an der Sache war der, dass diese andere Pferdebesitzerin mit besagter Reiterin schon seit Monaten benachbart war. Die beiden Pferde standen quasi Box an Box direkt nebeneinander, ohne dass die Besitzerinnen sich jemals zuvor ausgetauscht hätten.

Wie Sie sehen, ist es nie verkehrt, mit offenen Augen und Ohren durch das eigene Reiterleben zu spazieren, denn manchmal tun sich überraschend Ressourcen auf, von denen wir niemals zu träumen gewagt hätten.

ENTSCHEIDUNGEN FÄLLEN OHNE REUE

Was sind richtige, bzw. falsche Entscheidungen?

Wenn Ihnen Ihre Ziele klar geworden sind, werden Sie ggf. bemerken, dass kleinere oder größere Veränderungen nötig sind, damit Sie Ihre Ziele erreichen können. Fast immer sind mit Veränderungen auch Entscheidungen verbunden.

Über die Zukunft eines Fohlens zu entscheiden, ist mit vielen Überlegungen verbunden.

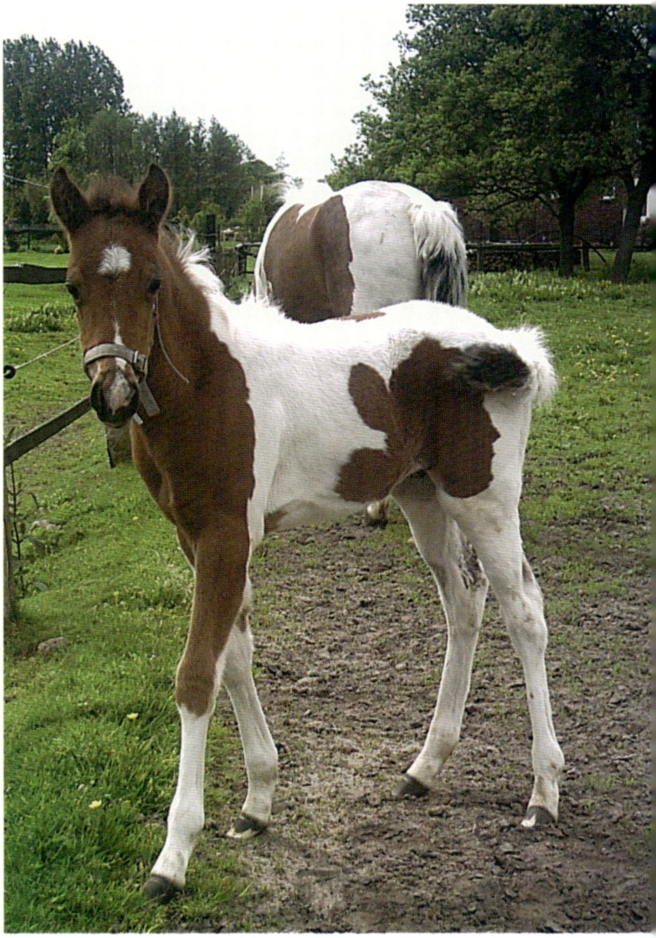

Entscheidungen zum Wohle des Pferdes zu treffen, liegt den meisten Reitern am Herzen.

Viele Menschen haben Angst davor, sich falsch zu entscheiden. Besonders fürchten sie sich vor den Folgen, die mit einer Entscheidung – und sei diese noch so winzig – verbunden sind.

Ohne so etwas wie Wortklauberei betreiben zu wollen, möchte ich betonen, dass es eigentlich keine »falschen« oder »richtigen« Entscheidungen gibt.

Entscheidungsfindungen haben immer etwas mit der eigenen Wahrnehmung und der eigenen Persönlichkeit zu tun. Es gibt deshalb keine einzige Entscheidung, die für alle Menschen gleichermaßen richtig oder gleichermaßen falsch ist.

Besonders bei größeren Entscheidungen, die sehr viele Konsequenzen nach sich ziehen, teilen sich die Meinungen meistens. Letztendlich kommt es darauf an, ob der, der sich zu entscheiden hat, mit diesen Konsequenzen umgehen bzw. leben kann oder ob die Konsequenzen einer getroffenen Entscheidung für ihn – aus welchen Gründen auch immer – nicht tragbar sind. Eine individuell richtige Entscheidung zeichnet sich demnach dadurch aus, dass der Betroffene diese in all ihrer Konsequenz nicht bereut. Eine individuell schlechte Entscheidung wird von dem Einzelnen später häufig als belastend empfunden. Die Entscheidung wird bereut und von demjenigen am liebsten wieder rückgängig gemacht werden wollen.

Bei »kleinen« Entscheidungen (also solchen, die nur wenige bis keine tragenden Konsequenzen nach sich ziehen), fällt »der Griff daneben« weder für den Einzelnen, noch für das Umfeld gravierend ins Gewicht. Bei »großen« Entscheidungen mit weit reichenden Konsequenzen macht sich eine »falsche« Entscheidungsfindung viel deutlicher bemerkbar. Oft ist sie dann auch von Außenstehenden wahrnehmbar und sorgt ordentlich für Gesprächsstoff.

Reiter müssen in regelmäßigen Abständen irgendwelche Entscheidungen treffen. Sehr oft sind es ganz winzige, unauffällige und verhältnismäßig banale Entscheidungen. Die Anschaffung einer bestimmten Satteldecke erfordert eine Entscheidung, die Wahl für ein bestimmtes Trainingshalfters setzt eine Entscheidung voraus. Die Möglichkeit heute auszureiten oder in der Halle zu trainieren erfordert ebenfalls eine Entscheidung. Innerhalb dieser Kategorie kommt es nicht zum ultimativen Supergau, falls ein Pferdemensch am Ende feststellt, dass er sich falsch entschieden hatte.

Gravierender wird es, wenn es um die Wahl des geeigneten Tierarztes geht, um die Wahl der Reitweise, um den individuell »richtigen« Hufschmied usw. Hier können die Folgen einer falschen Entscheidung schon so etwas wie einen kleinen Katastrophenalarm auslösen.

Noch deutlichere Konsequenzen haben Entscheidungen, die die Zukunft eines Reiters, bzw. Pferdes maßgeblich beeinflussen. Dies kann z. B. die Entscheidung für oder gegen einen bestimmten Stall sein, denn ein neues Zuhause ist stets ein einschneidendes Ereignis für das Pferd und den Reiter.

Sehr belastend und am schwierigsten sind wohl für jeden Reiter Entscheidungen, bei denen es im wahrsten Sinne des Wortes um Leben oder Tod geht. So wird nahezu jeder Pferdebesitzer irgendwann einmal vor der Frage stehen, wie er sich von seinem Pferd verabschieden möchte. Nur in selteneren Fällen wird ihm die Entscheidung durch tragische Umstände (wie einen schweren Unfall oder eine tödliche Erkrankung) abgenommen. Meistens kann oder muss der Pferdebesitzer selbst wählen, wo und wie sein Pferd die letzten Minuten seines Lebens verbringen wird.

Bei solch traurigen Entscheidungen kann es fatal sein, wenn der Pferdebesitzer am Ende das Gefühl hat, sich falsch entschieden zu haben.

Besonders dieses letzte Beispiel zeigt an, wie wichtig es ist, dass Sie voll und ganz hinter einer getroffenen Entscheidung stehen können; im Idealfall sowohl mit dem Kopf als auch mit dem Herzen.

Jede Entscheidung, die Sie am Ende nicht bereuen müssen, ist eine individuell richtige Entscheidung.

Wie Ressourcen und Ziele Ihre reiterlichen Entscheidungen beeinflussen

Die Bestimmung konkreter Ziele und ein gründlicher Ressourcen-Check ist deshalb für Sie wichtig, weil die Ergebnisse ganz wesentliche Helfer bei Entscheidungsfragen für Sie werden können.

Jede Entscheidung, die Sie treffen, wird von Ihren eigenen, inneren Werten, Wünschen und Zielen bestimmt. Das bedeutet: Menschen, denen Ziele fehlen, deren Wünsche unklar sind und deren Werte (Ressourcen) unbestimmt bleiben, werden viel leichter »falsche« Entscheidungen treffen.

Je genauer Sie Ihre Ziele benennen können, desto größer ist die Wahrscheinlichkeit, dass Sie eine individuell richtige Entscheidung für sich treffen werden. Wenn Sie beispielsweise das Ziel verfolgen mit Ihrem Pferd bei Turnieren zu starten und dieses Ziel noch genauer differenzieren, indem Sie die Teilziele festlegen, werden Sie mit der größtmöglichen Treffsicherheit alle Umstände auf dieses Ziel abstimmen. Sie werden sich bei einem möglicherweise anstehenden Pferdekauf »automatisch« für den richtigen Vierbeiner entscheiden. Sie werden sich ohne große Probleme für den richtigen Trainer oder Reitlehrer entscheiden, und auch bei der Auswahl Ihres Heimatstalles werden Sie höchstwahrscheinlich nicht auf die Nase fallen, wenn Sie Ihre Ziele so genau wie möglich benennen können.

Genauso ist es bei den Ihnen zu Verfügung stehenden Ressourcen. Wenn Sie wissen, wo sich Ihre ganz persönlichen, sozialen, materiellen oder infrastrukturellen

Menschen und Trainingshilfsmittel, die Ihnen gezielt bei der Ausbildung und Korrektur Ihres Pferdes helfen können, sind für Sie wichtige Ressourcen.

Ein kompetenter Schmied Ihres Vertrauens gehört zu den unbedingt notwendigen Ressourcen.

Ressourcen befinden und wenn Sie in der Lage sind, diese mit Ihren individuellen Zielen in Bezug zu stellen, werden Sie diese Ressourcen auch bei Entscheidungsfragen sicher und effektiv nutzen können.

Dann ist es für Sie möglich, Ihre Stärken für Ihre persönliche Entscheidungsfindung zu nutzen, indem Sie beispielsweise Ihren unerschütterlichen Teamgeist in einem Reitverein nutzen und von den Vorteilen des Vereins hinsichtlich Ihrer Zielsetzungen profitieren.

Zielstrebig werden Sie bei anstehenden Entscheidungen die geeigneten Menschen um Rat fragen. Sie werden ohne großartige Herumsucherei auf die Bücher oder Informationsquellen zurückgreifen, die Ihnen bei der Entscheidungsfindung behilflich sein werden. Und Sie werden deutlich weniger Probleme damit haben, bei anstehenden Entscheidungen die Institutionen mit einzubeziehen, die Sie in Ihrer Entscheidung unterstützen und Sie begleiten können.

Vorsicht, Falle! Wie Sie garantiert die falschen Entscheidungen treffen

Bevor ich Ihnen verschiedene Möglichkeiten aufzeige, die richtigen Entscheidungen zu treffen, möchte ich Ihnen die häufigsten Fehler bei der Entscheidungsfindung nicht vorenthalten.

Diese »Fehlerliste« bezieht sich grundsätzlich auf alle Entscheidungen, die Ihr Reiterleben betreffen; ganz gleich, ob es sich um große oder kleine Entscheidungen handelt.

Reine Kopf-Entscheidungen

Es gibt Menschen, die bei ihrer Entscheidungsfindung ausschließlich rationale Argumente einfließen lassen. Dies kann sich vorteilhaft auswirken, muss aber nicht.

Nehmen wir z. B. eine anstehende Entscheidung beim Sattelkauf: Sattel A passt dem Pferd hervorragend, sieht

Die meisten Reiter lieben ihre Pferde. Dennoch sind bei reiterlichen Entscheidungen sowohl das Herz als auch der Kopf gefragt.

toll aus und befindet sich in der angesetzten Preisklasse innerhalb des Ihnen zu Verfügung stehenden Budgets. Beim Probesitzen fühlen Sie sich einigermaßen wohl, merken aber, dass Ihre Sitzfehler durch die Form des Sattels irgendwie noch deutlicher zum Vorschein kommen als ohnehin schon …

Sattel B passt dem Pferd ebenfalls hervorragend. Auch er ist optisch betrachtet eine wahre Wonne. Beim Probesitzen fühlen Sie sich wie auf »Wolke 7« und von Ihren Sitzfehlern ist kaum noch etwas zu sehen. »Perfekt!«, denken Sie. Doch ein Blick auf das Preisschild befördert Sie wieder unsanft zurück auf den Boden der Tatsachen, denn mit dem Kauf dieses Sattels würden Sie sich nicht unerheblich von Ihren Preisvorstellungen entfernen. Der Verkäufer bietet Ihnen die Möglichkeit einer Ratenzahlung an. Damit wäre es rein theoretisch für Sie möglich, diesen Sattel zu kaufen. Dennoch entscheiden Sie sich dagegen, weil Sie denken: »Ach, was soll's. An meinem Sitz muss ich sowieso arbeiten und mit der Zeit wird dieser Sattel bestimmt genauso bequem wie der andere. Meinem Pferd passt er ja; das ist das Wichtigste. Und prinzipiell mag ich keine Ratenzahlungen, da verliert man schnell einmal den Überblick. Der Sattel ist qualitativ wirklich hochwertig; ich werde schon damit klarkommen.«

Und Wochen später sind Sie noch immer damit beschäftigt, Ihr wundes Hinterteil in Kamillenbäder zu tauchen und ärgern sich darüber, dass Sie Ihren Sitzfehler einfach nicht in den Griff bekommen. Hätten Sie doch bloß auf Ihr Gefühl gehört …!

Herzens-Entscheidungen

Nicht minder unangenehm kann es enden, wenn einzig das sprechende Herz zum Zünglein an der Waage wird. Auch bei allzu emotional getroffenen Entscheidungen kann »der Schuss nach hinten losgehen«. Einige dieser

»Herzensentscheidungen« sind in so manchem Stall zu finden. Sie haben im Normalfall immerhin 4 Beine, sehen mitunter zottelig aus, sind oftmals krank und/oder sehr alt und fressen ihren Besitzern nicht nur die Haare vom Kopf, sondern bringen auch noch andere Unannehmlichkeiten mit sich.

So genannte »Mitleidskäufe« sind quasi der Prototyp der reiterlichen Herzens-Entscheidungen.

Auch wenn es noch so gut gemeint ist: Oft werden die Konsequenzen dieser Käufe nicht bedacht, das Mitleid und das gute Herz siegen, während das Hirn mit einem emotionalen »Knockout« einfach ausgeblendet wird.

Einige Zeit später stellt der Käufer u. U. entsetzt fest, dass in seinem Geldbeutel nur noch Ebbe herrscht, weil die Tierarztkosten eine Schwindel erregende Höhe erreichen. Darüber hinaus ist das Pferd so gut wie nicht mehr reitbar und die Stallkollegen klopfen dumme Sprüche, weil sie selbstverständlich sofort gesehen haben, dass »so was« nicht gut gehen kann ...

Damit Sie mich nicht falsch verstehen: Ich rate nicht grundsätzlich von dem Kauf eines Pferdes ab, das offensichtlich sehr schlechte Erfahrungen gemacht hat. Aber besonders hier sollte die Kaufentscheidung gut durchdacht werden; und zum Denken ist der Kopf nun einmal besser geeignet als das Herz.

Eine Entscheidung, die Sie sowohl mit dem Kopf als auch mit dem Herzen bejahen können, ist i. d. R. eine Entscheidung hinter der Sie stehen können. Gelingt Ihnen diese Ausgewogenheit, werden Sie auch die Kommentare und Meinungen aus Ihrem Umfeld nicht mehr verunsichern.

Unbedachte Konsequenzen, positiv und negativ

Es kommt vor, dass nicht ausreichend überlegt wird, welche Auswirkungen eine getroffene Entscheidung mit sich bringt. Oder in der Vorstellung des Entscheidenden tauchen Konsequenzen auf, die überhaupt nicht der Realität entsprechen.

Besonders heimtückisch sind jene Konsequenzen, an die zuvor überhaupt nicht gedacht wurde, die aber absehbar gewesen wären.

So kann es z. B. geschehen, dass ein Pferdemensch frohlockend seinen Heimatstall verlässt, aber einige Bereiche bei seinen Überlegungen zur Entscheidungsfindung einfach »ausradiert« hatte. Eventuell ist der Reiter so begeistert von den Angeboten des neuen Hofes, dass er vergisst, sich die anderen Einsteller etwas genauer anzuschauen.

Ebenso gut ist es möglich, dass sich jemand gegen einen bestimmten Stall entscheidet, weil dort beispielsweise keine Reithalle vorhanden ist. Ansonsten wäre dieser Hof für ihn und sein Pferd die perfekte Wahl gewesen, weil dort – abgesehen von der Halle – jeder Luxus geboten wird, der diesem Reiter ebenfalls wichtig ist. Erst nachdem er sich für einen anderen Stall entschieden hat, der zwar eine Reithalle besitzt, aber dafür nur eingeschränkten, anderen Luxus, erfährt er, dass an dem anderen Stall eine Halle gebaut werden soll ...

Dumm gelaufen, kann da nur gesagt werden. Denn mit einer etwas intensiveren Vorbereitung hätte diese Entwicklung vermieden werden können.

Zu schnell getroffene oder »halbherzige« Entscheidungen

Besonders »große« Entscheidungen mit weit reichenden Konsequenzen brauchen Zeit.

Je mehr die Folgen einer Entscheidung das Reiterleben verändern, desto besser sollten sie durchdacht und vorbereitet werden, denn häufig gibt es nach besonders großen Entscheidungen kein »Zurück« mehr oder eine Rücknahme ist mit großen Schwierigkeiten und einem enormen Kraft- und Zeit-Aufwand verbunden.

Eine Versteigerung, wie hier beim Dülmener Wildpferdefang, ist sicher eine ungewöhnliche Art, sich ein Pferd anzuschaffen.

Dies gilt in den meisten Fällen auch dann, wenn sich jemand dazu entschließt, mit seinem Pferd den Stall zu wechseln. Stellt er nach einiger Zeit enttäuscht fest, dass es an seinem vorherigen zu Hause viel schöner gewesen ist, kann es vorkommen, dass er nicht wieder dorthin zurückkehren kann. Möglicherweise sind die Boxen an dem ehemaligen Heimatstall komplett belegt und damit eine Rückkehr bis auf weiteres nicht möglich. Denkbar wäre außerdem, dass der ehemalige Stallbetreiber oder die anderen Einsteller so enttäuscht oder sogar erbost über die damalige Entscheidung dieses Reiters sind, dass diese nicht mehr bereit sind, ihn wieder in die Stallgemeinschaft aufzunehmen.

Manchmal kommt es vor, dass ein Reiter sich bei seiner Entscheidung zeitlich dermaßen unter Druck setzt (oder unter Druck setzen lässt), dass er sich letztlich entscheidet, obwohl er noch gar nicht die innere Bereitschaft dazu besitzt. In solchen Fällen geschieht es leicht, dass er – nur, um endlich »Ruhe« zu haben – eine halbherzige Entscheidung herbeiführt, hinter der er ggf. nur kurzfristig stehen kann.

Möglicherweise ist dieser Reiter schon seit Längerem mit seinem Pferd unzufrieden und schiebt die Entscheidung für oder gegen den Verkauf seines Pferdes seit einiger Zeit vor sich her. Für ihn ist dies selbstverständlich kein besonders schöner Zustand, da er noch nicht richtig absehen kann, ob er seine reiterliche Zukunft nun mit diesem oder einem anderen Pferd planen soll. Das beeinträchtigt sein Training, seine Laune und vielleicht auch den Kontakt zu seinem Pferd. Er weiß genau, dass dies kein Dauerzustand werden kann, doch wirklich entscheiden kann er sich aus den verschiedensten Gründen auch nicht. Schließlich drängen ihn seine Freunde: »Nun mache endlich einmal Nägel mit Köpfen. So kann das doch nicht weitergehen!«

Aber anstatt sich die Zeit und Ruhe zu gönnen, eine Entscheidung zu treffen, mit der er gut klarkommt und seinen Freunden genau dies klarzumachen, gibt er

Gemeinsame Unternehmungen sind wichtig für ein gutes Stallklima.

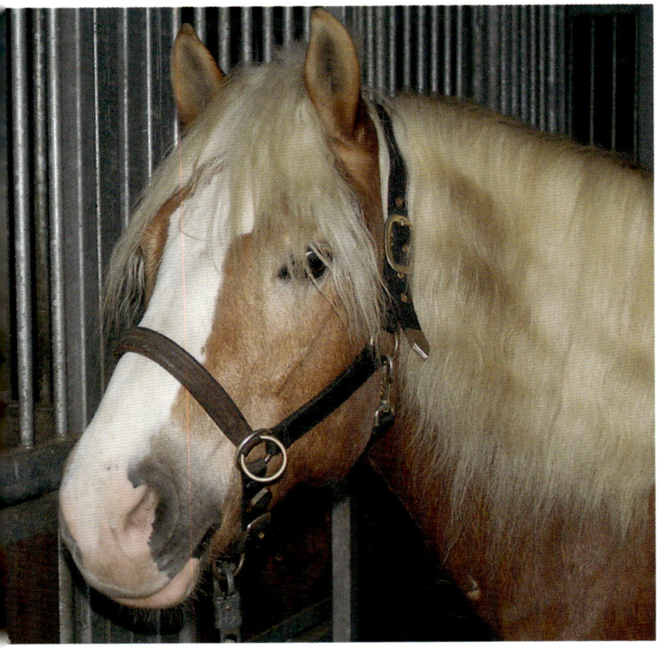

Ein hübsches, gesundes Pferd zu besitzen; davon träumen viele Reiter. Eine Garantie für die Erfüllung dieses Wunsches kann es aber nicht geben.

schließlich entnervt auf und beschließt: »Also gut. Ich verkaufe mein Pferd!«

Die Chancen, dass er sich unter diesem Druck richtig entschieden hat, stehen 50 : 50.

Damit kann weniger von einer gut durchdachten Entscheidung als von einer Losbudenlotterie gesprochen werden. Ebenso gut könnte er seine Entscheidung erwürfeln …

Garantieanspruch/falsches Sicherheitsdenken

Selbst Entscheidungen, die bis ins kleinste Detail durchdacht werden, schützen nicht zu 100 % vor einem möglichen Reinfall.

Es gibt immer Faktoren, die nicht absehbar sind. Da die wenigsten Pferdemenschen mit dem Einsatz von Kristallkugeln vertraut sind, bleibt es bei dem Blick in die reiterliche Zukunft auch bei aller Vorbereitung auf eine Entscheidung immer etwas diesig.

Für Menschen mit einem er- oder sogar überhöhten Sicherheitsanspruch kann diese Tatsache etwas sehr Bedrohliches und Angst einflößendes haben.

Mit der Entscheidung, sich ein bestimmtes Pferd zu kaufen, kann es sein, dass dieses Pferd sehr bald erkrankt, obwohl die Ankaufsuntersuchung keinen Befund auf eine Erkrankung ergeben hatte.

Hat ein Reiter sich entschieden, den Stall zu wechseln, ist es möglich, dass dieser Hof ggf. aus nicht absehbaren Gründen kurz nach dem Wechsel geschlossen werden muss.

Ein Reiter, der sich in dem guten Glauben befindet, sein Pferd »in gute und private Hände« verkauft zu haben, könnte ggf. irgendwann erfahren, dass dieses Pferd weiterverkauft wurde und inzwischen ein Zuhause hat, das dem ehemaligen Besitzer überhaupt nicht behagt …

Doch solche Unsicherheits-Faktoren gehören nun einmal zum (Reiter-)Leben dazu und sollten niemals der Grund dafür sein, sich vor nötigen Entscheidungen zu drücken oder sich grundsätzlich gegen etwas zu entscheiden. Schwarzmalerei führt oft dazu, dass Menschen sich bezüglich ihrer Entscheidungen nicht mehr zu rühren wagen.

Hier hilft nur der möglichst realistische Blick nach vorn, bei dem das Für und Wider einer Entscheidung genauer betrachtet werden sollte.

Wilde Spekulationen/Fehlende Fakten

»Wenn ich meinem Heimatstall den Rücken zuwende, werden alle schrecklich sauer auf mich sein. Meine besten Freunde werden mich hassen und mich behandeln als hätte ich eine ansteckende Krankheit. Mein Pferd wird sicherlich wahnsinnige Schwierigkeiten haben, sich in eine neue Herde zu integrieren. Bestimmt werden manche Leute vor lauter Wut und aus lauter Enttäuschung Lügengeschichten über mich verbreiten und dem neuen Stallbesitzer Storys erzählen, die überhaupt nicht stimmen. Ganz sicher schmeißt der mich dann raus. Ich werde mit meinem Pferd auf der Straße stehen und nirgendwo mehr Fuß fassen können…«

Dies waren Grusel-Spekulationen der besonderen Art und übelsten Sorte. Doch auch gegenteilige Spekulationen gibt es:

»Wenn ich endlich mein neues Pferd habe, werde ich

mich reiterlich in Null Komma nichts weiter entwickeln. Ganz bestimmt werden mich die Anderen dann wahnsinnig bewundern und sowieso viel lieber mögen. Mit diesem Pferd kann ich jedes Turnier gewinnen und mich an Disziplinen heranwagen, die vorher für mich in weiter Ferne gewesen sind. Mein ganzes Reiterleben wird ab sofort glücklich und erfolgreich werden ...«

Hallihallo?! Wo sind die Fakten?

Wer sagt, dass ein Reiter mit der Entscheidung für einen Stallwechsel zwangsläufig in der reiterlichen Gosse landen wird? Wer sagt, dass die besten Freunde das Weite suchen werden, dass das Pferd ein Problem mit seinen neuen Herdenkumpels haben wird und phantastische Erzählungen der Ehemaligen für den Ruin dieses Reiters sorgen werden? Wo bitte schön steht das geschrieben?!

Ist jemals mit den Freunden über einen möglichen Stallwechsel gesprochen worden? Ist danach gefragt worden, wie der Stallbetreiber auf einen Wechsel reagieren würde? Gibt es Fakten, die eindeutig belegen, dass sich das Ganze so und nicht anders entwickeln wird? Vielleicht ist der Stallbetreiber sogar froh, wenn jemand den Hof verlässt, weil er sowieso schon viel zu wenig Boxen zu Verfügung hat ... Möglicherweise sind die Freunde so begeistert von der Idee eines Wechsels, dass sie sich gleich anschließen werden?

Und was die rosaroten Spekulationen betrifft ... Positives Denken in allen Ehren, aber auch das ist völlig unrealistisch. Ein Pferd ist und bleibt ein Pferd, kein immer gleich funktionierendes Motorrad ... Vielleicht gehört es zu der Sorte der Vierbeiner, die schon ausrasten, sobald sie auch nur ansatzweise Turnierluft schnuppern? Und die erhoffte Bewunderung der Stallkollegen schlägt vielleicht ganz flott in Neid und Missgunst um. Was dann?

Auch, wenn es etwas mühsam erscheint: Das Sammeln von Fakten schützt vor Entscheidungen mit Überraschungs-Effekt.

Wer sich auf Stallsuche begibt, sollte sich den favorisierten Hof sehr genau anschauen.

Entscheidungen jenseits aller Ziele

Die eigenen Ziele nehmen einen sehr, sehr wichtigen Part ein, wenn es um reiterliche Entscheidungen geht.
Wer keine zukunftsorientierten Ziele besitzt, wird seine Entscheidungen weitgehend willkürlich und ausschließlich auf die gegenwärtige Situation zugeschnitten treffen. »Richtige« Entscheidungen zu treffen setzt eine gewisse Vorstellung bezüglich der Zukunft voraus.
Wenn sich beispielsweise ein Reiter mit dem Gedanken trägt, sich ein eigenes Pferd zuzulegen und nur unzureichende Vorstellungen davon hat, wie sich sein reiterlicher Weg weiterentwickeln wird, ist die Wahrscheinlichkeit, sich für das »falsche« Pferd zu entscheiden, relativ groß. Denn höchstwahrscheinlich wird er sich ein Pferd kaufen, welches nur seine aktuellen Bedürfnisse perfekt abdeckt. Vielleicht legt er sich einen Vierbeiner zu, der zwar sehr zuverlässig, aber überhaupt nicht für Turniere geeignet ist ... Stellt dieser Reiter dann nach einem Jahr fest, dass er gerne in den Turniersport einsteigen würde, hat er ein Problem.
Besonders bei Entscheidungen, die viele Konsequenzen mit sich bringen, sollte deshalb auch so gut wie möglich die weitere Zukunft berücksichtigt werden. Hilfreich dabei ist die Beantwortung von Fragen wie z. B.: »Wo sehe ich mich in 5 Jahren?«, »Welche Umstände in meinem Reiterleben haben Bestand und werden sich aller Voraussicht nach in den kommenden Jahren nicht verändern?«, »Gibt es Bereiche, deren Entwicklung zum jetzigen Zeitpunkt überhaupt nicht abzusehen ist und falls dies so ist: inwieweit ist es möglich, diese unbekannten Faktoren bei meiner Entscheidungsfindung zu berücksichtigen?«

Die »Drückeberger-Taktik«

Es kommt vor, dass Reiter vor einer Entscheidung stehen, die sie aus verschiedenen Gründen lieber vermeiden würden. In den meisten Fällen spielen große Ängste dabei eine Rolle. Ob diese Ängste nun realer oder irrealer Natur sind, ist erst einmal unerheblich. Denn beide Formen der Angst haben häufig zur Folge, dass jemand sagt: »Ich gehe den Weg des geringsten Widerstandes und entscheide mich einfach überhaupt nicht!«
Wer diesen Gedanken hegt, befindet sich bereits mit einem Bein in einer Falle, deren Tiefe vorerst nicht abzusehen ist.
So merkwürdig es auch klingen mag: Tatsächlich ist es so, dass es im Grunde genommen gar nicht möglich ist, sich nicht zu entscheiden.
Sogar eine nicht getroffene Entscheidung ist eine Entscheidung. Wenn jemand der Meinung ist, sich nicht entschieden zu haben, bringt dies Konsequenzen mit sich. Ein Mensch, der eine Entscheidung hinauszögert oder zunächst einmal »nein« sagt, weil er sich nicht zu einem eindeutigen »Ja« durchringen kann, hat sich bereits entschieden.
Auch jemand, der von sich behauptet: »Ich kann zur Zeit aus den unterschiedlichsten Gründen keine Entscheidung fällen!«, hat sich bereits entschieden; und zwar dafür, in der jetzigen Situation zu verharren, sich nicht zu bewegen und die Dinge – mit allen dazugehörigen Konsequenzen – nicht zu verändern.

Auch der Entschluss, sich nicht zu entscheiden ist eine Entscheidung und bringt Konsequenzen mit sich.

Der Umgang mit reiterlichen Fehlentscheidungen

Wenn wir bedenken, wie häufig ein Reiter im Laufe seines Lebens Entscheidungen treffen muss oder möchte, ist die Möglichkeit einer empfundenen Fehlentscheidung relativ groß.
Die meisten Menschen, die glauben, eine falsche Entscheidung getroffen zu haben, machen sich irgendwann einmal Vorwürfe, sind traurig darüber, wütend oder sonst etwas. Vor allem dann, wenn sie bemerken, dass dieser Schritt etwas Unwiderrufliches hatte.
Einer der häufigsten Gründe für eine »falsche« Entscheidung ist sicherlich eine unzureichende Vorbereitung. Oft ist das Ganze schlecht durchdacht worden. Wichtige Gesichtspunkte wurden während des Entscheidungsprozesses nicht beachtet oder von vorneherein falsch beurteilt. Oder der unwägbare Faktor X trägt die »Schuld« an einer Fehlentscheidung.
Ggf. hat sich der Mensch in der Vergangenheit nicht dazu in der Lage gefühlt, eine bestimmte Entscheidung zu treffen, weil er sich zu unsicher gefühlt hat. Vielleicht gab es auch Gründe, die dominanter waren als das, was der-

oder diejenige sich eigentlich vorgenommen hatte. Möglicherweise war ein Reiter in vergangenen Zeiten z. B. nicht in der Lage, den Stall zu wechseln, weil ihm das soziale Umfeld an diesem Hof wichtiger gewesen ist als alles andere.

Eventuell wurden aber auch eigene Bedürfnisse aus Rücksicht auf andere Beteiligte bei dem Entscheidungsprozess zurück gestellt. So kann es vorkommen, dass sich ein Reiter sein Pferd mit einem Freund teilt. Der Reiter stellt irgendwann einmal fest, dass dieses Pferd seine Bedürfnisse und Ziele nicht mehr erfüllen kann. Da der Freund jedoch sehr an diesem Pferd hängt und/oder niemanden sonst findet, mit dem er sich seinen Vierbeiner teilen könnte, verzichtet der andere Reiter darauf, sich von diesem Pferd zu trennen.

Mitunter kommt es auch vor, dass andere Personen eine Entscheidung gefällt haben, die man selbst nicht fällen konnte oder wollte, und bemerkt erst viel später, dass diese Entscheidung nicht richtig gewesen ist …

Wenn Sie mit einer in der Vergangenheit getroffenen Entscheidung auf dem Kriegsfuß stehen, kann das daran liegen:

- Wenn Sie jetzt zurückblicken, kennen Sie den genauen Verlauf der Dinge (vorher war das nicht möglich. Es sei denn, Sie sind hellsichtig).
- Sie haben sich verändert und damit auch neue Sichtweisen entwickelt.

Wie und was auch immer der Grund für eine Fehlentscheidung gewesen sein mag: Bleiben Sie fair mit sich! Wenn Sie wirklich glauben, dass Sie für sich eine falsche Entscheidung getroffen haben, war es scheinbar dennoch aus der damaligen Sicht für Sie genau das Richtige.

Normalerweise werden Entscheidungen in der Weise getroffen, die in der vergangenen Situation richtig und gut erschien. Da es jedoch in der Natur des Menschen liegt, sich selbst und damit auch Sicht-, Denk- und Handlungsweisen von Zeit zu Zeit zu verändern, erscheint einigen Leuten so manche Entscheidung im Nachhinein völlig falsch. Es kommt vor, dass er sich gegenwärtig ganz anders entscheiden würde. Doch wie gesagt: Manchmal verändern sich Sichtweisen auf Grund neuer Erfahrungen oder Umstände. Und wenn Sie allein deshalb aus heutiger Sicht den Eindruck haben, hin und

Da stehen und nichts tun … So verhalten sich auch manche Zweibeiner, wenn es darum geht, Entscheidungen zu treffen.

wieder ins »Entscheidungs-Fettnäpfchen« gestolpert zu sein, sollte Ihnen das niemand vorwerfen – am wenigsten Sie selbst.
Sehr viele Menschen begehen den Fehler, einer »falschen« Entscheidung zu viel Bedeutung beizumessen. Berücksichtigen Sie deshalb immer, dass Ihre jetzige, reiterliche Situation niemals das Ergebnis einer einzigen Fehlentscheidung sein kann. Sollten Sie aktuell mit Ihrem Reiterleben unzufrieden sein, dann liegt dies allenfalls an der Summe Ihrer bisherigen Entscheidungen, doch kaum an einer einzigen Fehlentscheidung.

Ihr jetziges Reiterleben ist das Ergebnis Ihrer bisherigen Entscheidungen.

Die Sache mit dem Bauchgefühl ...

Haben Sie auch schon einmal sagen müssen: »Verflixt, hätte ich doch bloß vorher auf mein Bauchgefühl gehört!«?
Manchmal sprechen wirklich alle Indizien dafür, sich für oder gegen etwas zu entscheiden.
Vielleicht wird Ihnen ein Pferd angeboten, von dem Sie schon immer geträumt hatten. Möglicherweise ist eine

»Soll ich, oder soll ich nicht?«

- Entscheidungshilfen für Reiter -

1. Checken Sie die Lage und sammeln Sie Ideen
In dieser allerersten Phase geht es nur darum, alles aufzuschreiben, was Ihnen bezüglich einer anstehenden Entscheidung einfällt. Dabei ist es völlig schnurz, wie wirr diese Gedanken zusammengewürfelt werden. Dieser Schritt hilft Ihnen später, wirklich alle Aspekte zu berücksichtigen.

2. Setzen Sie sich nicht unter Druck, aber schieben Sie auch nichts auf die lange Bank
Als Faustregel gilt: Je schwer wiegender die Folgen einer Entscheidung sind, desto mehr Zeit wird benötigt.

3. Fertigen Sie eine Liste an
Berücksichtigen Sie dabei folgende Fragen:
Worum geht es? Welche Fakten habe ich?
Welche Gedanken/Spekulationen habe ich?
Gibt es Hoffnungen/Befürchtungen,
und wenn ja: welche? Was sagen andere?
Werten Sie an dieser Stelle noch nichts. Es geht längst noch nicht um Lösungen.

4. Prüfen Sie die »Ungereimtheiten«
Welche Infos brauchen Sie, um eine gute Entscheidung treffen zu können und woher können Sie diese erhalten? Wer kann Ihnen helfen?

5. Schreiben Sie die möglichen Konsequenzen auf
Hier dürfen Sie nach Herzenslust spekulieren. Ganz wichtig: Versuchen Sie, eine Ausgewogenheit zwischen Pro und Contra herzustellen. Fällt Ihnen dies schwer, gibt es bereits eine Tendenz für die endgültige Entscheidung. Die Angst vor den negativen Konsequenzen einer Entscheidung ist absolut menschlich. Nutzen Sie diese Angst in ihrer Funktion als natürlichen Schutzmechanismus, um herauszufinden, worauf Sie besonders achten sollten.
Aber vergessen Sie auch die positive Seite nicht.

6. Prüfen Sie nun die Fakten
Schauen Sie sich die Liste mit den möglichen Konsequenzen noch einmal an und fragen Sie sich: Welche Dinge davon sind wirklich belegbar?

Trainingsmethode sehr viel versprechend und Sie haben die einmalige Gelegenheit an einem Seminar teilzunehmen. Ggf. sprechen alle Fakten für eine Turnierteilnahme in der kommenden Saison …

Trotzdem macht sich in Ihrer Magengegend oder sonst wo in Ihrem Körper so ein »komisches Gefühl« breit, das sie überhaupt nicht richtig einordnen können. Meist meldet es sich dermaßen leise, dass es gerade stark genug ist, um es wahrzunehmen. Eben weil es so unaufdringlich daher geschlichen kommt, wäre es ein Leichtes, es einfach bei Seite zu schieben.

Fast immer besitzt dieses »Bauchgefühl« eine natürliche Alarmfunktion und zeigt an, dass etwas noch einmal überdacht werden sollte. Mein Tipp lautet daher: Ignorieren Sie diesen kleinen Wink nicht, sondern schauen Sie besser noch etwas genauer an. Vielleicht haben Sie etwas übersehen?

Kommen Sie der Ursache Ihres Bauchgefühls nicht auf die Spur und/oder beginnt es sich etwas hartnäckiger zu melden, empfehle ich Ihnen, besser die Finger von Ihrem Vorhaben zu lassen. Möglicherweise wissen Sie irgendwann, wozu es gut gewesen ist …

Welcher Entscheidungstyp sind Sie?

Wenn eine Entscheidung ansteht, sind in der Regel sofort viele, hilfreiche Pferdemenschen zur Stelle, die Ihnen die Sache erleichtern möchten; das ist in Reiterkreisen schon immer so gewesen und wird vermutlich auch immer so bleiben.

Sicher kennen Sie Tipps und Ratschläge »der besonderen Art« ebenfalls und haben die Erfahrung gemacht, dass diese in den meisten Fällen nicht besonders hilfreich für Sie sind.

Hier eine kleine Auswahl »hilfreicher« Ratschläge:

- »Also, wäre ich an Deiner Stelle, hätte ich das Pferd schon längst verkauft, es wird allerhöchste Eisenbahn, dass Du Dir einmal Gedanken darüber machst!«
- »Ich verstehe nicht, warum Du noch immer bei XY Unterricht nimmst. Mein Trainer ist doch viel besser, nimm doch endlich einmal eine Probestunde bei ihm, damit Du nicht weiter Deine Zeit verplemperst!«
- »Wieso fütterst Du eigentlich immer noch diese ungesunde Pampe? Versuch es lieber einmal mit …« (es folgen endlose Vorträge, Bücher werden angeschleppt, Sie dürfen die »Schnupperprobe« machen, usw. …)
- »Den Gaul würde ich sofort in Beritt geben; dann merkt der endlich einmal, wo »die Glocken hängen«, aber Du kommst ja wieder nicht aus dem Quark!«
- »Dieses alte Pferd würde ich nie und nimmer reiten. Es wird Zeit, dass Du endlich einmal entscheidest, wie es weitergehen soll!«

Es gibt Menschen, die sich sehr schnell und ohne lange zu überlegen, entscheiden. Andere benötigen »Lichtjahre«, bis sie sich auch nur ansatzweise für oder gegen etwas entscheiden.

Für die eigene Entscheidungsfindung ist es nicht schlecht zu wissen, zu welchem Entscheidungstyp Sie gehören.

Wenn Sie Ihr eigenes Entscheidungsverhalten gut einschätzen können, werden Sie dieses auch besser nach außen vertreten können, und Ihr Umfeld weiß sich darauf einzustellen.

»Hm, und was sagt das Bauchgefühl?«
Bei wichtigen Entscheidungsfindungen sollte es nicht ignoriert werden.

Spaß beim Reiten und im Umgang mit Pferden – es darf auch mal Blödsinn gemacht werden.

Mit dem Wissen darum, dass es verschiedene Entscheidungstypen gibt, können Sie ganz nebenbei auch Ihre Freunde besser unterstützen und diese in Entscheidungssituationen besser verstehen.

Ich möchte Sie natürlich nicht in irgendwelche Schubladen hinein verfrachten. Es werden sicherlich auch nicht alle Persönlichkeitsanteile eines bestimmten Typus auf Sie zutreffen. Die Beschreibung dient lediglich der Orientierung und soll Ihnen helfen, sich und andere ein wenig besser einzuschätzen.

Der »Wurzel«-Typ

Diesen Entscheidungstyp erkennen Sie auf den ersten Blick daran, dass er mit allem und jedem »verwurzelt« zu sein scheint.

Er hängt geradezu abgöttisch an seinem Pferd, seine freundschaftlichen Kontakte am Hof sind ihm ungeheuer wichtig.

Der Wurzel-Typ liebt Rituale; oft zelebriert er das Füttern seines Pferdes, dabei legt er großen Wert auf liebevoll geplante Details, die er nur ungern verändert. Egal, ob es beim Misten, beim Putzen, beim Füttern oder sonst einer Tätigkeit ist ... jeder Handgriff sitzt perfekt, und der Ablauf muss immer der gleiche sein.

Der Wurzel-Typ pflegt seine Kontakte; innerhalb einer Stallgemeinschaft ist er oft so gut wie nicht wegzudenken. Sein Lebensmotto könnte sein: »Eine Hand wäscht die andere« und so verhält er sich auch.

Stallkollegen beschreiben diesen Typen meist als sehr beliebt, hilfsbereit, kontaktfreudig und ausgesprochen sympathisch. Wann immer jemand seine Hilfe benötigt, ist er sofort zuverlässig zur Stelle und nimmt seinerseits auch gern die Hilfe anderer für sich in Anspruch.

Oft nimmt er seit Jahren bei ein- und demselben Reitlehrer Unterricht. Wurzel-Typen werden gerne gefragt, ob sie ein fremdes Pferd versorgen können, denn bei ihnen kann jeder sicher sein, dass diesem Pferd nach der Rückkehr des Besitzers kein einziges Haar fehlen wird. Menschen, Tiere, Räumlichkeiten ... all das ist für ihn nicht einfach austauschbar. Kurz: Er ist eine absolut treue Seele. Wer mit einem »Wurzelchen« befreundet ist, kann sich glücklich schätzen, denn an Zuverlässigkeit und Hilfsbereitschaft ist er kaum zu übertreffen.

Der »Wurzel-Typ« liebt alt Bewährtes und Bekanntes. Anstehende Veränderungen lösen bei ihm den totalen Katastrophenalarm aus, denn in seinen Augen droht sein Sicherheitsgerüst wie ein Kartenhaus zusammen zu fallen. Wurzel-Typen können eine regelrechte Panik vor Entscheidungen und Veränderungen entwickeln, was sie zu einem beliebten »Opfer« für Ratschläge und Tipps aller Art werden lässt.

Andere »wittern« sofort die Panik des »Wurzelchens«, und weil es ja selbst immer so lieb und hilfsbereit ist, ist man der Meinung, das »Wurzelchen« an die Hand nehmen zu müssen.

Wenn Sie sich selbst in dem hier beschriebenen Wurzel-Typ wieder erkennen, brauchen Sie bei Entscheidungsfindungen Zeit, Zeit und noch einmal: Zeit. Allein schon die Tatsache zu akzeptieren, dass eine Entscheidung gefällt werden sollte, wird Sie vermutlich aus der Bahn werfen und erfordert Zeit. Bei allen weiteren Schritten schaut es ähnlich aus.

Das ist legitim, auch, wenn andere die Augen verdrehen, weil Sie »nicht in die Hufe« kommen. Erklären Sie den anderen ruhig, dass Sie sich bestimmt entscheiden werden, aber zur Zeit noch Angst davor haben. Räumen Sie sich die Bedenkzeit ein, die Sie benötigen und kündigen Sie an, dass Sie signalisieren werden, wenn Sie bei Ihrer Entscheidungsfindung die Hilfe Ihrer Freunde brauchen. So schützen Sie sich vor ungebetene Ratschläge aller Art. Sollte dennoch jemand auf Sie zukommen, haben Sie das gute Recht, dieser Person zu sagen: »Hör zu, ich brauche noch ein wenig Zeit und möchte mir das Ganze erst durch den Kopf gehen lassen, bevor ich darüber spreche. Aber ich komme gerne auf Dein Hilfsangebot zurück.« Ganz bestimmt werden Sie die Hilfe in Anspruch nehmen, nachdem Sie im Kopf bereits eine Vorentscheidung getroffen haben. Denn für den endgültigen »Schubs« in eine neue Richtung benötigen Sie die Hilfe Ihres Umfelds.

Gibt es so ein »Wurzelchen« in Ihrer Umgebung, können Sie ihm am besten helfen, indem Sie es nicht mit Ihren Ansichten »überfallen«. Drängen Sie es nicht; das führt höchstens dazu, dass sich die nötige Entscheidung weiter hinauszögert.

Die meisten Wurzeltypen treffen im Laufe der (manchmal sehr langen) Zeit bereits Vorentscheidungen. Oft regeln sie dies ganz alleine und brauchen ihre Mitmenschen nur, um sich Ihre Vorentscheidung bestätigen zu lassen.

Verschonen Sie Wurzel-Typen am besten mit komplizierten Erklärungen und Ausschweifungen. Sie brauchen klare, unkomplizierte Argumente und hinterher den berühmten, kleinen Tritt in den Allerwertesten, damit Sie ihr Vorhaben auch tatsächlich umsetzen.

Wurzel-Typen benötigen zwar oft sehr viel Zeit, um eine Entscheidung zu fällen, aber diese wird normalerweise nicht bereut. Haben Sie sich einmal für etwas entschieden, werden sie voll hinter dieser Entscheidung stehen können.

Der Alpha-Typ

Es gibt nur zwei Möglichkeiten: Entweder, man mag den Alpha oder man wünscht ihn dorthin, wo der Pfeffer wächst. Dazwischen gibt es nichts.

Alpha-Typen sind wie eine Ladung Dynamit und auf den ersten Blich strotzen sie nur so vor Selbstbewusstsein. Sie brauchen Kontakte, wollen gesehen werden und sind ungern alleine. Ohne eine gewisse Form der Aufmerksamkeit und/oder Bewunderung würde ein Alpha eingehen wie eine Primel.

Der Alpha-Typ besitzt nicht nur ein mitreißendes Wesen mit einer natürlichen Autorität und einer bemerkenswerten Ausstrahlung, sondern auch eine kleine Fangemeinde am Stall. Seine Dynamik ist oft so ansteckend, dass es dem Alpha immer wieder gelingt, andere Menschen für seine Ideen zu begeistern.

Mit lästigen »Nichtigkeiten« wie der täglichen Stallarbeit gibt sich der Alpha nur im Notfall ab. Viel mehr ist er derjenige, der sich mit den Leuten unterhält, die ihm etwas beibringen können. Dabei bevorzugt er nachweislich erfolgreiche Menschen, wie z. B. bekannte Trainer oder

Es muss nicht immer das Reiten sein. Einige Pferdeliebhaber entscheiden sich auch fürs Fahren.

Reitlehrer. Mit ihnen kann er stundenlang diskutieren, denn er ist stets auf der Suche nach dem Geheimnis des großen Erfolges. Beim Boxenmisten werden Sie ihn daher weitaus seltener zu Gesicht bekommen als im Gespräch mit angesehenen Leuten. Bedingt durch seine fast spielerische Art, sich zu begeistern und Neues auszuprobieren, besitzen die meisten Alphas den Charme eines zu groß geratenen Kindes, was ihnen häufig weitere Sympathien bringt.

Zu den Stallbesitzern hat der Alpha in den meisten Fällen ein ausgezeichnetes Verhältnis, was ihm durchaus manchmal den ein oder anderen Vorteil beschert. Wenn es darum geht, die Hofbesitzer von etwas zu überzeugen, ist es meist der Alpha, der zur Freude aller diese Aufgabe gerne übernimmt (»Rede Du mit denen, Du kannst das am besten …«).

Für seine Freunde besitzt der Alpha häufig eine Vorbildfunktion und er wird von ihnen uneingeschränkt bewundert.

Der Alpha-Typ übernimmt am Hof gerne die Rolle des Rudelführers; mit den Plätzen auf den hintersten Rängen gibt er sich nicht zufrieden und wird wahrscheinlich auch nicht dort landen.

Alphas streben danach sich klar zu positionieren. Sie hassen es, »in der Luft zu hängen« und nicht zu wissen, wie sich eine Sache gegenwärtig entwickelt. Sie mögen es auch nicht, wenn sie nicht wissen, wie sie von anderen Personen eingeschätzt werden. Alphas wollen die Gewissheit, ob sie es nun mit einem Freund oder einem Feind zu tun haben, damit sie diesem Menschen entsprechend begegnen können.

Außerdem können es die meisten Alphas nicht ausstehen, sich zu viele Gedanken über die spätere Zukunft zu machen. Ihr Leben findet im Hier und Jetzt statt und dies wollen sie genießen. Leider haben viele Alphas den Hang dazu, sehr radikale Denkweisen zu entwickeln. Bei ihnen gibt es entweder schwarz oder weiß, gut oder schlecht, Freund oder Feind. Hinzu neigen Alphas zu Vorurteilen und lassen sich ungern überzeugen. Wenn sie sich in dem Glauben befinden, dass z. B. ein bestimmter Reitlehrer in ihren Augen ein »Volldepp« ist, dann bleibt er es auch, basta! Das Gleiche gilt für Trainingsmethoden, Reitweisen, Pferderassen usw.

Das größte Problem der Alphas besteht darin, dass sie sich stark von der Bewunderung und dem Applaus anderer Menschen abhängig machen, obwohl sie dies natürlich im Leben nicht zugeben würden. Genau das kann ihnen bei der Entscheidungsfindung zum Verhängnis werden.

Bei Entscheidungen neigen Alphas dazu, diese aus dem Gefühl heraus, gepaart mit einer gewissen Impulsivität, zu treffen. Das wäre nicht weiter schlimm, wenn es ihnen nicht häufiger passieren würde, dass sie eine auf diese Weise getroffene Entscheidung meist irgendwann am liebsten wieder rückgängig machen würden.

Vielen Alphas passiert genau das, weil ihnen die Gegenwart so viel wichtiger ist als die ferne Zukunft. Sich auf die Gegenwart zu konzentrieren, ist durchaus klug, aber dennoch werden häufig die Konsequenzen für die Zukunft außer Acht gelassen. Und dies führt dann dazu, dass es beim »Alphalein« manchmal zu einer Bauchlandung kommt.

Wenn Sie selbst ein Alpha sind, empfehle ich einmal zu prüfen, ob die Ziele die Sie verfolgen, wirklich Ihre eigenen Ziele sind, oder ausschließlich darauf ausgerichtet sind, sich Bewunderung zu holen. Bezüglich der Entscheidungsfindung ist es nahezu unmöglich für einen Alpha, das Für und Wider einer Entscheidung abzuwägen, denn das findet er meist lästig, zeitaufwändig und viel zu theoretisch. Lieber entscheidet er sich von jetzt auf gleich. Und das ist dann, wenn sein Gefühl ihm sagt, dass es in diesem Augenblick genau die richtige Entscheidung ist.

Auch, wenn es Ihnen furchtbar schwer fällt, wäre es von Vorteil, etwas weniger Spontaneität, aber dafür etwas mehr Rationalität walten zu lassen und den Blick wenigstens ein klein wenig mehr nach vorn und damit in die Zukunft zu richten.

Im Hinblick auf den Umgang mit den Reaktionen aus dem Umfeld während einer Entscheidungsphase braucht der Alpha keine Tipps. Er wird sich ohnehin spontan entscheiden und seine Umgebung »urplötzlich« mit einem neuen Sattel, einer neuen Idee oder sogar mit einem neuen Pferd überraschen. So ist Alpha nun einmal ...

Der neutrale Beobachter

Die Neutralen sind auf den ersten Blick bei weitem nicht so leicht zu erkennen wie die Alphas, denn Neutrale kommen überwiegend unauffällig und »auf leisen Sohlen« daher.

Viele Neutrale wirken zunächst einmal eher zurückhaltend und kühl; zumindest im Umgang mit fremden Personen; trotzdem sind sie keine Einzelgänger.

Der Kontakt zu ihren Freunden und Stallkollegen ist Ihnen ebenso wichtig, wie die Zeit, die sie alleine verbringen möchten. Neutrale besitzen oft einen feinen Humor, den

sie auch einsetzen, um Kritik zu üben. Dies ist der Grund dafür, dass einem Neutralen kaum etwas übel genommen wird. Denn wenn er einmal Kritik übt, was selten vorkommt, dann ist sie erstens meist berechtigt und zweitens so witzig verpackt, dass die andere Person dies sehr gut annehmen kann.

Es entspricht überhaupt nicht der Art des Neutralen, in irgendeiner Form aufzufallen; passiert es ihm dennoch »aus Versehen« einmal, dann meist im positiven Sinne. Und das ist ihm dann mehr peinlich als angenehm. Neutrale sind in der Lage, sich wie ein Chamäleon der jeweiligen Umgebung und den jeweiligen Menschen anzupassen, ohne dabei ihre Persönlichkeit zu verlieren. Obwohl die meisten Neutralen einen gewissen Hang zum Perfektionismus haben, wollen sie dafür nicht bewundert werden. Meist werkeln sie in der Halle oder auf dem Reitplatz still und leise vor sich hin; dies ziehen sie so konsequent durch, bis sie ihr Ziel erreicht haben. Es genügt ihnen, mit sich und ihrer Leistung zufrieden zu sein. Was andere dazu sagen, ist ihnen zwar nicht egal, aber auch nicht fürchterlich wichtig.

Es ist den Neutralen kaum anzumerken, dass sie sich häufig Sorgen um die weitere Zukunft machen. Sie scheuen Risiken aller Art und versuchen sich oft durch das Sammeln von Informationen abzusichern. Nur selten kaufen Neutrale spontan etwas für ihre Pferde. Vorher werden Preise verglichen, Informationen über die Qualität eines Artikels eingeholt und verschiedene Bezugsquellen herausgesucht.

Was immer ein Neutraler auch in Angriff nimmt ... in den meisten Fällen ist es sehr gut durchdacht und besitzt Hand und Fuß.

Die Neutralen sind ausgesprochen gute Beobachter. Sie brauchen z. B. nur einen kurzen Blick auf eine Pferd-Mensch-Kombination zu werfen und wissen binnen weniger Minuten, wo bei den beiden das Problem liegt. Dennoch würden sie ungefragt niemals irgendwelche Ratschläge erteilen; es sei denn, der Reiter gehört zu ihren besten Freunden. Die Neutralen wissen im Regelfall ziemlich genau, wie die Pferde in ihrer Umgebung und die dazugehörigen Menschen »ticken«, doch sie würden es sich niemals anmerken lassen.

Durch ihre gute Beobachtungsgabe sind die Neutralen sehr schnell in der Lage, sich eine Meinung zu bilden. Werden sie nach dieser gefragt, können sie diese Meinung auch sehr gut vertreten.

An Lästereien beteiligen sich die Neutralen nur ungern. Selbst bei den unbeliebtesten Stallgenossen finden sie Charaktereigenschaften, die positiv zu bewerten sind. Daher kommen sie nahezu mit jedem gut klar und werden im Regelfall überall gerne gesehen.

Mitunter kommt es vor, dass einem Neutralen vorgeworfen wird, er sei »falsch«, denn einige Menschen können sich nicht vorstellen, dass jemand zu allem und zu jedem freundlich ist. Doch bei den Neutralen ist das wirklich so. Sie mögen keinen Stress; und wenn sie wirklich einmal jemanden nicht mögen, wird derjenige es spüren. Da Neutrale aber absolut nicht nachtragend sind, folgt nach einem Gewitter in den meisten Fällen bald wieder der Sonnenschein. Nur selten geschieht es, dass ein Neutraler jemanden für alle Ewigkeiten in die Wüste schickt, denn letztlich siegt immer wieder sein Verständnis für die andere Person.

Die Neutralen erwecken sehr schnell den Eindruck, dass sie immer genau wissen, was sie tun und warum sie es tun. Dies schützt sie bereits »automatisch« vor ungebetenen Ratschlägen sämtlicher Art. Neutrale prüfen für gewöhnlich sämtliche Möglichkeiten, bevor sie sich für etwas entscheiden. Sie fragen nach den Konsequenzen und versuchen möglichst viele Risiken von Vorneherein auszuschließen.

Wenn Sie sich zu den Neutralen zählen, werden Sie vermutlich dazu neigen, sich ausgesprochen viel Zeit für eine wichtige Entscheidung zu nehmen. Dabei gehören Sie zu denjenigen, die sich am wenigsten Gedanken über die möglichen Konsequenzen einer Entscheidung machen müssen. Da Sie die Gabe haben, mit nahezu allen Umständen umgehen zu können, werden Sie sich fast immer richtig entscheiden.

Vielleicht haben Sie die Erfahrung gemacht, dass Sie relativ selten mit ungebetenen Ratschlägen versorgt werden. Das liegt aller Wahrscheinlichkeit daran, dass Sie in Ihrer Vorgehensweise immer recht sicher wirken. Daher besteht für die anderen auch keine Veranlassung, Ihnen »unter die Arme zu greifen«. Des Weiteren signalisieren Neutrale dadurch, dass Sie weder Hilfe benötigen, noch diese möchten. Und einmal ehrlich: Sie mögen es doch eigentlich sowieso nicht so gerne, wenn man Ihnen zu sehr auf die Pelle rückt, oder?

Auch das ist Alltag: Die Reiter dieses Pferdes müssen damit leben, immer wieder gefragt zu werden, ob dieses Pferd überhaupt noch etwas sehen kann ...

Sollte Ihnen bei der Entscheidungsfindung die Hilfe Ihrer Stallkollegen und Freunde wichtig sein, ist es daher sehr wahrscheinlich, dass Sie diejenige sein müssen, die um Rat fragt.
Falls Sie einen Neutralen kennen, der sich gerade in einer Entscheidungsphase befindet, müssen Sie also davon ausgehen, dass er viel Zeit benötigt, um eine Lösung zu finden. Denn der Neutrale wird eine sehr sorgfältige und nahezu akribische Vorarbeit leisten müssen, um zu einer guten Entscheidung zu gelangen. Einen Neutralen zu drängen ist so ziemlich das Ungünstigste, was Sie tun können, denn dies bringt aller Wahrscheinlichkeit nichts weiter, als das der Neutrale sich in sein Schneckenhaus verkriecht.

Wie Sie Ressourcen effektiv für Ihre reiterlichen Ziele nutzen

Begeben Sie sich am besten zuerst auf »Spurensuche« und überlegen Sie, wo sich in Ihrem direkten und indirekten Reiterumfeld Ressourcen versteckt haben. Am Erfolgs versprechenden wird Ihre Spurensuche, wenn Sie sich eine Art »Ressourcenkarte« anlegen wie Sie sie in dem nächsten Arbeitsbereich vorfinden.
Überlegen Sie, welche Ihrer persönlichen Stärken, bzw. Schwächen Ressourcen sind. Vermutlich dauert es eine ganze Weile, bis Sie wirklich alle vorhandenen Ressourcen aufgespürt haben. Es werden im Laufe der Zeit höchstwahrscheinlich immer mehr Ressourcen hinzukommen.
Mit jedem kompetenten Pferdemenschen, den Sie kennen lernen, mit jeder hilfreichen Internetadresse, die Sie aufspüren, mit jeder Institution, mit der Sie Kontakt aufnehmen und mit jedem Buch, das Sie sich anschaffen, wird sich Ihre Ressourcensammlung erweitern.
Natürlich kann es auch vorkommen, dass im Laufe der Zeit die ein oder andere Ressource wieder verschwinden wird. Daher ist es sinnvoll, sich alle paar Wochen einige Minuten Zeit zu nehmen, um die Ressourcenkarte zu aktualisieren.
Eine gewissenhaft erstellte Ressourcenkarte kann wesentlich dazu beitragen, auch in schwierigen Situationen einen »kühlen Kopf« zu bewahren. Beispielsweise dann, wenn eine Entscheidung für Sie ansteht. Haben Sie den Eindruck, dass Sie Hilfe benötigen, brauchen Sie sich nur Ihre Ressourcenkarte zur Hand nehmen und punktuell abarbeiten, wer oder was Ihnen bei der Beantwortung einer bestimmten Frage oder eben bei der Entscheidungsfindung behilflich sein kann. Das Aufschreiben macht auch deshalb Sinn, weil die meisten Pferdemenschen z. B. besonders bei anstehenden Entscheidungen oder Schwierigkeiten von einer gewissen »Kopflosigkeit« heimgesucht werden. Plötzlich mag einem niemand mehr einfallen, der helfen könnte, alle wichtigen Adressen sind aus dem Hirn wie gelöscht und irgendwie klappt überhaupt nichts mehr. Die Ressourcenkarte ist also so etwas wie ein kleiner »Lichtblick« und eine wichtige Unterstützung.

Aber nicht nur angesichts drohender Schwierigkeiten hilft Ihnen Ihre persönliche Ressourcenkarte. Auch für das Erreichen Ihrer Teilziele spielt die Karte eine ganz wichtige Rolle. Immer, wenn Sie ein Ziel erfolgreich erreicht haben und sich dem nächsten Ziel widmen, können Sie sich Ihre Ressourcenkarte zu Hilfe nehmen. Ohne große Anstrengung haben Sie gewissermaßen auf einem Blick eine Reihe von Menschen, Dingen oder Institutionen, die Ihnen bei der Umsetzung Ihres nächsten Teilzieles behilflich sein können.
Die Ressourcen für Ihre individuellen Ziele zu nutzen ist also keine große Schwierigkeit.
Auch an dieser Stelle habe ich für Sie wieder ein Beispiel verfasst, an dem Sie sich orientieren können, wenn Sie sich später dem nächsten Arbeitsbereich widmen.
Wie immer beziehe ich mich auf die Reiterin aus unseren Beispielen.

BEISPIEL

1. Übertragen Sie hier Ihr erstes, erarbeitetes Teilziel (Siehe Arbeitsbereich 3):
Ich werde mich von meinem bisherigen Reitlehrer verabschieden und binnen 2 Wochen, genau bis zum Ersten August einen geeigneten Trainer für mich finden.

2. Erstellen Sie Ihre persönliche Ressourcenkarte:
(siehe Seite 134)

Persönliche Ressourcen
Ehrgeizig
Ängstlich
Sensibel
Sehr ruhige Reiterhand
Geduldig
Gute Kenntnisse über Pferdeverhalten
Schnelle Auffassungsgabe
Gemeinschaftssinn
Durchhaltevermögen
Sparsam
Konzentrationsfähig
Ausgeglichen
Reaktionsschnell
Wissbegierig
Hilfsbereit
Selbstständig
Selbstbewusst
Kritikfähig
Konfliktfähig

Soziale Ressourcen
Stallnachbarin 1, weil sie sich besonders gut mit meiner bevorzugten Trainingsmethode auskennt.
Mein derzeitiger Reitlehrer, weil er sehr viele gute, wichtige Leute kennt.
Stallnachbarin 2, weil mir ihr Reitstil sehr gut gefällt und sie sich in meiner Reitweise gut auskennt
Stallnachbarin 3, weil sie gute Kenntnisse in medizinischen Fragen besitzt.
Der Hofbesitzer, weil er immer weiß, wo es etwas billiger gibt.
Stallnachbarin 4, weil sie gute Kontakte zu den Verbänden hat.
Meine beste Freundin, weil sie mich immer motivieren kann.
XY, weil sie alle wichtigen Internet-Adressen rund ums Pferd kennt.
Mein Tierarzt
Mein Hufschmied
Der Pferdezahnarzt
Die Osteopathin

Materielle Ressourcen
Bücher zu meiner Reitweise
Bücher zu meiner Trainingsmethode
2 Videos zum Thema Pferdeverhalten
2 Sättel
Longen, Führstricke
Trainingshalfter
3 Pferdedecken
Sparbuch für mein Pferd

Infrastrukturelle Ressourcen
Die Tierklinik in ...
Die benachbarte Reitschule
Mein Heimathof
Das Trainingszentrum in ...
Der Reiterferienhof in ...

Sicher finden Sie weitaus mehr Ressourcen, als sie in diesem Beispiel angegeben wurden.
Nicht auf Anhieb werden Ihnen nicht alle zu Verfügung stehenden Ressourcen einfallen. Doch Sie haben die Gelegenheit, Ihre eigene Ressourcenkarte beliebig zu erweitern.

Im nächsten Schritt betrachten Sie sich einfach noch einmal das erste Teilziel und arbeiten punktuell ab, welche Ressource (n) Ihnen beim Erreichen des Zieles behilflich sein könnte (n).

3. Welche Ressourcen können Sie nutzen, damit Sie Ihr erstes Teilziel erreichen?

Persönliche Ressourcen:

individuell einsetzbar

Soziale Ressourcen:.

Mein derzeitiger Reitlehrer, sofern er nicht sauer auf mich ist, denn er kennt sehr viele Menschen in der Szene.

Stallnachbarin 2, weil sie mir eventuell einen Reitlehrer empfehlen kann.

Stallnachbarin 4, weil sie durch ihr Engagement in den Verbänden sicher verschiedene Reitlehrer kennt.

Meine beste Freundin, weil sie mir vielleicht Tipps geben kann, wie ich meinem jetzigen Reitlehrer meine Entscheidung beichte.

Mein Tierarzt und mein Hufschmied, weil beide viel herumkommen und bestimmt einige Reitlehrer kennen.

Materielle Ressourcen:

nicht nötig

Infrastrukturelle Ressourcen:

Die benachbarte Reitschule, weil dort Unterricht gegeben wird und mir bestimmt jemand empfohlen werden kann.

Das Trainingszentrum, weil die Institution mit einigen Trainern und Reitlehrern zusammenarbeitet

ARBEITSBEREICH 4

HILFEN ERKENNEN UND NUTZEN

1.Übertragen Sie hier Ihr erstes, erarbeitetes Teilziel (siehe Arbeitsbereich 3):

2. Erstellen Sie Ihre persönliche Ressourcenkarte

Persönliche Ressourcen

Soziale Ressourcen

Materielle Ressourcen

Infrastrukturelle Ressourcen

3. Welche Ressourcen können Sie nutzen, damit Sie Ihr Teilziel erreichen?

a) Persönliche Ressourcen

b) Soziale Ressourcen

c) Materielle Ressourcen

d) Infrastrukturelle Ressourcen

Kapitel 5

WIE SIE IHREN EIGENEN STIL IM REITERALLTAG WAHREN

Der Alltag und seine Tücken

REITER UND DER INNERE SCHWEINEHUND

Zwischen Theorie und Praxis

Da stehen Sie nun mit Ihren neu erarbeiteten Zielen und ahnen bestimmt im Groben, dass in der nächsten Zeit viel Arbeit auf Sie zukommen wird.

Viele von Ihnen sind nun vielleicht hoch motiviert, träumen von einem glücklichen Reiterleben und Ihre Zukunftsmusik ist nun nicht mehr eine Sonate in Moll.

Ich kann mir aber auch gut vorstellen, dass sich bei einigen meiner Leser an dieser Stelle ein guter, alter Bekannter mit dem klangvollen Namen »innerer Schweinehund« meldet.

Fragen wie: »Werde ich das alles überhaupt schaffen?«, »Wie wird mein Umfeld auf all das reagieren?« und »Was ist, wenn mir bei meiner Arbeit ganz viele Steine in den Weg gelegt werden?«, tauchen möglicherweise schon jetzt auf.

Niemand sagt, dass es leicht für Sie werden wird, und ich werde einen Teufel tun, Ihnen nun das Blaue vom Himmel zu erzählen. Ich werde Sie auch nicht mit Motivationsfloskeln wie: »Sie schaffen das schon« oder »Rom wurde auch nicht an einem Tag erbaut« versorgen.

Stattdessen gebe ich Ihnen Ihre Befürchtungen noch einmal schwarz auf weiß und behaupte: Ja, es wird nicht immer ganz einfach sein. Ja, der Alltag hat seine Tücken und: Ja, Ihr innerer Schweinehund wird garantiert eines Tages vor der Türe stehen und versuchen, sich mit Ihnen zum Faulenzen zu verabreden. Das war die schlechte Nachricht.

Die gute Nachricht lautet: Es gibt Möglichkeiten, sich von diesen widrigen Umständen nicht ins Bockshorn jagen zu lassen.

In diesem Kapitel werden Sie auf Ihren neuen Einstieg in ein zufriedeneres Reiterleben vorbereitet. Sie erhalten einen Einblick in die Schwierigkeiten, die Ihnen zwangsläufig begegnen werden. Doch ich werde Ihnen auch Möglichkeiten aufzeigen, die Ihnen helfen können, diese Schwierigkeiten zu meistern und Ihren eigenen Stil weiter zu entwickeln und zu wahren.

Im Wesentlichen sind es diese Dinge, die Ihnen in naher Zukunft Probleme bereiten können:

1. **Sie selbst**
2. **Sie selbst**
3. **Sie selbst**

Auch auf die Gefahr hin, dass Sie mir im Falle einer persönlichen Begegnung eines Tages mein eigenes Buch an den Kopf werfen, revidiere ich die letzten Zeilen nicht.

»Ja, spinnt denn die?!«, werden Sie nun womöglich denken. »Wenn mein Reitlehrer bei der ganzen Sache nicht mitspielt, trage ich doch schließlich nicht die Schuld daran! Und wenn meine Stallkollegen ekelhaft reagieren, kann ich ebenfalls nichts dafür. Auch für das Wetter bin ich nicht verantwortlich. Und bei schlechtem Wetter kann ich nun mal nicht trainieren. Punkt!«

Genau dies ist jedoch der gröbste Denkfehler, den Sie innerhalb dieses Konzeptes begehen können. Natürlich können äußere Faktoren Ihren Reiteralltag störend beeinflussen, doch es gibt tausendundeine Möglichkeit, darauf zu reagieren. Es ist für Sie möglich, produktiv und damit im Sinne Ihrer Zielsetzung mit diesen Einflüssen umzugehen. Sie können ebenso gut kontraproduktiv und damit verhindernd darauf reagieren

Letztlich fällt also alles wieder auf Sie zurück, auch, wenn das erst einmal ein ziemlich unangenehmer Gedanke ist. Leichter gesagt, als getan, meinen Sie? Da gebe ich Ihnen Recht, aber wie Sie auf den folgenden Seiten lesen können, ist dies keineswegs ein Ding der Unmöglichkeit.

Die Verantwortung für Ihr persönliches Reiterglück tragen einzig und allein Sie selbst; nicht andere.

Kommt Ihnen ein solches Chaos bekannt vor? Um hier Ordnung zu schaffen, muss zuerst der innere Schweinehund überwunden werden.

Sehr wahrscheinlich haben Sie sich Einiges vorgenommen. Viele von Ihnen möchten von nun an womöglich mindestens zweimal wöchentlich ernsthaft mit ihren Pferden trainieren und dabei festgelegte Trainingszeiten einhalten. Einige haben sich vorgenommen, ab sofort regelmäßiger mit ihrem Pferd ins Gelände zu gehen. Andere wollen sich evtl. in naher Zukunft mit einer bestimmten Trainingsmethode beschäftigen. Und dann wird es auch noch jene Menschen geben, die tragende Veränderungen auf sich zukommen sehen, wie beispielsweise die Anschaffung eines Pferdes, die Trennung von einem Vierbeiner, einen Stallwechsel usw.

Wenn Sie Ihr persönliches Konzept bis hierher gewissenhaft geplant haben, wissen Sie genau, wie und wo Sie beginnen müssen, und Sie besitzen eine Vorstellung davon, wohin dieser Weg Sie führen wird. Prinzipiell haben Sie damit die notwendige Plattform für all Ihre Vorhaben geschaffen. Es geht nun »nur« darum, die Ärmel hochzukrempeln und das Ganze in die Tat umzusetzen.

Der innere Schweinehund und seine Gesichter

Er ist das kleine Teufelchen und der blinde Passagier in Ihrem Kopf. Er ist ein charmanter Lügner, erfahrener Verführer, aber auch ein diskussionsfreudiges Schlitzohr und (hinter-)listiger Erfolgskiller.

Manchmal schwingt er die psychologische Keule und redet Ihnen ein, dass Sie ein Nichtsnutz und ein absolut talentfreier Pferdemensch sind, der sich jenseits aller Erfolge bewegt.

Die Rede ist von dem inneren Schweinehund.

Er nervt, ist lästiger als ein Bienenschwarm und mindestens genauso gefährlich. Er ist äußerst intelligent und mit absoluter Vorsicht zu genießen. Er manipuliert, pfuscht in Ihren Gedanken herum und ist ständig auf der Suche nach Ihren Schwachstellen, die er mit schlafwandlerischer Sicherheit und detektivischem Gespür ausfindig machen kann und darin herumstochern wird.

Sein Gesicht zu wechseln gehört zu seinen Spezialitäten, denn er ist ein sehr talentierter Schauspieler. Immerzu schlüpft er in verschiedene Rollen und trägt genau das Gewand, das er benötigt, damit Sie ihm auf den Leim gehen.

Ganz gleich, ob er sich Ihnen nun als vermeintlicher Freund oder als offensichtlicher Feind nähert ... sein Ziel ist immer das Gleiche:

Er will Ihre Pläne durchkreuzen, Ihr Durchhaltevermögen beeinflussen, Ihre Talente in Frage stellen, Ihnen einen dicken Strich durch die Rechnung und Ihre Ziele zunichtemachen. Wenn Sie das kleine, unsichtbare Monster nicht als solches entlarven und beseitigen, wird es ihm gelingen, Ihre Vorhaben in die ewigen Jagdgründe zu befördern.

Der innere Schweinehund zeichnet sich außerdem durch eine enorme Diskussionsfreudigkeit aus. Immer findet er mindestens ein Argument, um eine bestimmte Sache nicht durchziehen zu müssen und verwickelt Sie unermüdlich in unfruchtbare innere Dialoge. Seine Überzeugungskraft ist unvergleichlich groß. Wenn es sein muss, schmiert er Ihnen so lange tiefenpsychologischen Honig ums Näschen, bis Sie all Ihre guten Vorsätze über den Haufen werfen.

Den Burschen überhaupt zu erkennen, erfordert schon ein gewisses Maß an Selbstkenntnis. Damit Sie ihm entschlossen entgegentreten können, brauchen Sie eine gute Portion an Selbstbewusstsein und einen starken Willen.

Aber es wird sich für Sie lohnen, denn dieser unangenehme Kerl ist der Manager Ihres Misserfolges!

Der Manager Ihres Misserfolges

Die beliebtesten Argumente Ihres inneren Schweinehundes

Wie Sie wissen, zeichnet sich Ihr unsichtbarer Kumpel durch stetig wechselnde Charaktere aus. Das macht es äußerst schwierig, ihn zu enttarnen. Hier erhalten Sie einen kleinen Einblick in die Vielfalt seines schauspielerischen Talentes. Der innere Schweinehund zeigt sich u. a. so:

Der »Softie im Blümchenkostüm« argumentiert so:

- »Hey, alles cool Mann ... Nun mach` Dir doch nicht so einen Stress! Du bringst doch schon Spitzenleistungen in Deinem Job; da musst Du Dir am Stall nicht noch weiteren Stress zumuten. Bleib` locker, trinke erst mal `n Kaffee, nur keine Hektik und alles wird gut!«
- »Jeder hat Verständnis, wenn Du heute einmal Fünfe gerade sein lässt. Morgen wirst Du dafür doppelt so viel Power haben. Wenn Du Dich heute ausruhst, wird Dein Pferd davon profitieren.«

Der Schweinehund als Stimme des Gewissens argumentiert so:

- »Du wirst doch wohl nicht schon wieder trainieren wollen?! Deine Freundin wird bitter enttäuscht von Dir sein, denn sie ist so schlecht drauf, dass sie Dein offenes Ohr braucht. Ist Dir Dein Pferd etwa wichtiger als Deine beste Freundin?!«
- »In Deiner Wäschekammer schaut es aus, als hätte dort ein Meteorit eingeschlagen. Wann willst Du Dich endlich einmal Deiner Bügelwäsche annehmen? Dein Mann wird morgen in der Firma garantiert schief angeschaut, weil er wieder einmal mit einem total verknitterten Hemd dort aufkreuzt!«

Der Schweinehund als Meister der Zeit argumentiert so:

- »Hey, da bin ich wieder ... Mein Gott, wieso musst Du mit Deinem Pferd denn ausgerechnet heute die blöden Seitengänge üben? Morgen wirst Du die Halle für Dich ganz alleine haben. Da funktioniert das Ganze sicherlich viel besser!«
- »Immer willst Du viel zu viel auf einmal. Morgen ist auch noch ein Tag zum Trainieren.«

Der Schweinehund als Freizeitanimateur argumentiert so:

- »Hey, schau Dir das schöne Wetter an! Willst Du es Dir wirklich antun, heute durch den Wald zu reiten? Überall da draußen wimmelt es von Pferdebremsen. Das kann keinen Spaß machen! Pack lieber die Badehose ein und fahre mit Deinen Freunden ins Schwimmbad ...«
- »Du hast Deinen Feierabend wohl verdient und musst Dich in Deiner Freizeit wirklich nicht auch noch abrackern. Lasse das Training heute doch einfach einmal sausen, setze Dich zu Deinen Freunden ins Reiterstübchen und pfeife auf die Arbeit mit Deinem Pferd.«

Der Schweinehund als Pferdeliebhaber argumentiert so:

- »Schau Dir doch mal an, wie glücklich Dein Pferd auf der Weide herumtollt. Es spielt gerade so schön. Willst Du ihm das nicht einmal gönnen und ihm noch eine Stunde mit seinen Kumpels zugestehen?!«
- »Willst Du etwa, dass Dein Vierbeiner irgendwann die Nase von Dir und dem ständigen Training voll hat? Gönne ihm doch auch mal eine Pause, bevor es keinen Spaß mehr an der ständigen Schufterei hat.«

Der Schweinehund als Herr über Schuld und Sühne argumentiert so:

- »Dein Reitlehrer ist total unfähig. Wenn Du keine Fortschritte machst, dann liegt das nur an diesem Nichtskönner!«
- »Was ist das eigentlich für eine bescheuerte Trainingsmethode? Seit Wochen machst Du mit Deinem Pferd keinerlei Fortschritte. Das kann nur an der Methode liegen. Da sieht man mal wieder, dass das alles nur Geldmacherei ist!«

Der Schweinehund als psychologischer Keulenschwinger argumentiert so:

- »Du hast schon so häufig versagt. Wieso sollte es dieses Mal klappen?«
- »Die Anderen werden immer besser sein als Du. Deren Leistungen wirst Du nicht einmal annähernd erreichen!«

Wieso ist der innere Schweinehund so mächtig?

Menschen, einschließlich Reiter, sind so etwas wie »Gewohnheitstiere«.

Reiterliches Denken und Verhalten haben sich häufig über viele, viele Jahre eingeschliffen. Gewöhnlich wird dieses Denken und Handeln kaum hinterfragt. Es sei denn, es treten Schwierigkeiten auf und/oder es besteht der Wunsch, grundsätzlich etwas in seinem Reiterleben zu verändern. Fast jeder neigt dazu, den Weg des geringsten Widerstandes zu gehen. Das ist bequem, erfordert keine Anstrengung und zwingt nicht zur Auseinandersetzung.

Wann immer Menschen etwas verändern möchten, tun sie sich schwer, weil sie ihren bekannten, bisherigen Weg verlassen müssen. Das riecht verdächtig nach Arbeit und kann mehr oder weniger große Ängste hervorrufen. Bequemlichkeit und Angst ... das ist das »Lieblingsfutter« des inneren Schweinehundes und bildet seine Arbeits- und Argumentationsplattform.

Bei der Aussicht auf einen entspannten Ausritt bei schönem Wetter hat der innere Schweinehund kaum eine Chance.

Wenn Sie aus irgendwelchen Gründen ängstlich oder unsicher sind, werden Sie froh sein, wenn es jemanden gibt, der Ihnen großzügig erlaubt, alles zu vermeiden, was diese Ängste und Unsicherheiten auslöst.

Fühlen Sie sich ausgepowert, wünschen Sie sich womöglich jemanden herbei, der Ihnen empfiehlt, heute einfach einmal im Bett liegen zu bleiben, um bloß nicht zur Arbeit gehen zu müssen.

Die Funktion des »Retters in der Not« wird nur zu gern von dem inneren Schweinehund übernommen. Zuverlässig wie ein gehorsames Hündchen ist er sofort begeistert zur Stelle, sobald Sie bewusst oder unbewusst nach ihm rufen. Von ihm holen Sie sich im Grunde genommen die »Erlaubnis«, nichts tun zu müssen, es aufzuschieben oder sonst etwas.

Ist es ihm gelungen, einmal bei Ihnen Fuß zu fassen, werden Sie ihn höchst wahrscheinlich häufiger rufen. Und da er so erfolgreich gewesen ist, wird er ebenso häufig bei Ihnen anklingeln, um Sie erneut zu bequatschen.

Ihm zu widerstehen, ist nicht ganz einfach, denn das wäre so ähnlich, als hätte man Sie zu einem tollen Urlaub eingeladen und Sie würden dieses Angebot ausschlagen. Wer tut das schon?

Nur, wer den Blick über den Tellerrand hinaus wagt, wird verstehen, welche Konsequenzen sich hinter diesem verlockenden Angebot verstecken. Im Falle dieses Beispiels würde das bedeuten, dass ein längerer Urlaub zu einem großen Loch in der Kasse führen würde, weil man gleichzeitig nicht mehr in der Lage ist, seiner Arbeit nachzugehen. Langfristig würde der Job verlorengehen und jeder Erfolg würde ausbleiben.

Verglichen mit dem Reiterleben ist es ganz ähnlich. Wer sich dazu hinreißen lässt, sich von dem eigenen inneren Schweinehund »beurlauben« zu lassen, sieht zunächst einmal nur die Bequemlichkeit, die mit dieser Erlaubnis verbunden ist. Dass langfristig die Konsequenz dahintersteckt, seine ursprünglichen Ziele aus den Augen zu verlieren, wird in den meisten Fällen nicht berücksichtigt.

So tricksen Sie den inneren Schweinehund aus

Jeder engagierte Reiter, der seine Ziele erreichen möchte wird ein großes Interesse daran haben der Tretmühle des reiterlichen Misserfolges zu entgehen.

Aber auch der motivierteste Pferdemensch wird früher oder später an einen Punkt gelangen, an dem sein Vorhaben stagniert, an dem er sich fragt, warum er das alles tut und an dem er sogar Rückschläge verbuchen muss.

Manchmal hilft es sehr, sich bereits im Vorfeld darüber im Klaren zu sein, dass Stillstände und Rückschläge völlig normal sind. Der Weg zum individuellen Ziel ist fast immer etwas holprig; Irr- und Umwege gehören vorübergehend dazu.

Nur wenn diese negativen Aspekte auf dem Weg zum großen Ziel überwiegen, sollte sich der jeweilige Mensch noch einmal grundsätzlich mit seinen Zielsetzungen auseinander setzen, denn in so einem Fall scheint der »Wurm« im Konzept zu sitzen.

An dieser Stelle habe ich einige Tricks für Sie zusammengetragen, die Ihnen helfen können, den inneren Schweinehund zu besiegen und sich selbst zu motivieren:

1. Verbinden Sie Ihr Vorhaben mit einem positiven Gefühl

Stellen Sie sich bildlich vor, wie Sie sich fühlen werden, wenn Sie wieder eine Hürde in Ihrem Reiterleben überwunden haben. Welche positiven Auswirkungen wird dieser Erfolg auf Ihr Pferd haben? Was bedeutet es z. B. genau, wenn Ihr Pferd in Zukunft keine Angst mehr vor Bodenhindernissen hat? Wie wirkt sich die neue Gelassenheit Ihres Pferdes auf andere Bereiche aus? Welchen Unterschied werden Sie beispielsweise im Gelände bemerken? An welchen Veranstaltungen könnten Sie teilnehmen, wenn Ihr Pferd nicht mehr die Angst vor den am Boden liegenden Pferdefressern mit sich herumträgt?

Für viele Menschen können auch die positiven Reaktionen aus dem Umfeld eine große Motivationshilfe sein. Was werden andere Reiter wohl sagen, wenn Sie Ihre Trainingsaufgabe gelöst haben? Wie und bei welcher Gelegenheit möchten Sie Ihren Freunden Ihren Erfolg präsentieren?

Lassen Sie Ihre Phantasie ruhig einmal spielen; und freuen Sie sich auf all die angenehmen Dinge, die Sie mit Ihrem Erfolg verbinden können.

2. Suchen Sie sich Gleichgesinnte und verabreden Sie sich regelmäßig zu festen Zeiten

Dieser »Trick« wird häufig auch in anderen Bereichen angewendet. Denken Sie nur an die bekannten Gruppen und Institutionen, die es sich zum Ziel gemacht haben, z. B. gemeinsam eine bestimmte Diät durchzuführen. Warum soll das bei Reitern nicht funktionieren?

Interessengruppen haben den Vorteil, dass die Fortschritte miteinander verglichen werden können und sich die Beteiligten somit gegenseitig unterstützen und motivieren. Des Weiteren wird es Ihnen in einer solchen Gruppe nicht mehr so leicht fallen, sich vor dem Training zu drücken. Da Sie nun nicht mehr »im stillen Kämmerlein« alleine vor sich herumwurschteln, fällt jede Drückebergeraktion ihrerseits natürlich sofort auf; und das kann sehr peinlich werden.

An unserem Hof gibt es beispielsweise einen festgelegten »Trail-Day«. Einmal wöchentlich können sich hier alle treffen, die Spaß daran haben, Ihre Pferde an Hindernisse aller Art zu gewöhnen, und das Angebot wird gerne von den Anwendern der unterschiedlichsten Reitweisen genutzt. Das Gleiche gilt für das regelmäßige Freispringen, welches an einem fest stehenden Tag durchgeführt wird.

Vielleicht können auch Sie so etwas an Ihrem Stall organisieren, denn gemeinsam geht Vieles einfacher …

3. Halten Sie sich stets vor Augen, warum es Ihnen so wichtig ist, ein bestimmtes Ziel zu erreichen.

Sollte Ihnen tatsächlich auf Anhieb nicht mehr einfallen, warum Sie dieses eine und bestimmte Ziel verfolgen, können Sie sich Ihr bisher erarbeitetes Konzept noch einmal ansehen, denn Sie haben ja zu jedem Ziel auch Ihre Beweggründe formuliert.

Sobald Ihnen (wieder?) bewusst wird, warum Sie sich zur Zeit so abrackern, kann Ihnen dies sehr helfen, eine Phase der Lustlosigkeit zu überstehen.

4. Tun Sie jeden Tag etwas, das Ihnen hilft, Ihr Ziel zu erreichen

Keine Angst, dieser Ratschlag hört sich aufwändiger an, als er wirklich ist.

Natürlich müssen Sie nicht jeden Tag etwas Hochproduktives mit Ihrem Pferd machen. Das wäre gar nicht der Sinn der Sache und fürs Training außerdem nicht sinnvoll.

»Etwas für Ihr Ziel tun«, damit meine ich z. B.: Lesen Sie einen Artikel, der für Sie und Ihr individuelles Ziel hilfreich sein kann. Schauen Sie sich ein Videoband zu Ihrem bevorzugten Thema an, telefonieren Sie mit Gleichgesinnten, tauschen Sie sich aus, reflektieren Sie, werfen Sie mal wieder einen Blick in Ihr Erfolgskonzept usw.

Manchmal sind es die völlig unspektakulären Dinge, die einen »Aha-Effekt« auslösen oder frischen Wind in Ihr Training bringen.

5. Lassen Sie sich auf keine Diskussionen mit Ihrem inneren Schweinehund ein

Ich weiß, der Typ ist lästig und zäh wie ein Kaugummi … Der innere Schweinehund wird Sie immer wieder besuchen und nicht so schnell kapitulieren. Lassen Sie sich trotzdem nicht von ihm zuquasseln, krempeln Sie die Ärmel hoch und legen Sie einfach los, damit Sie derjenige sind, der die nächste Schlacht gewinnt!

Überlegen Sie nicht lange, lassen Sie den Kerl nicht zu Wort kommen, würgen Sie sein verführerisches Gedankenspielchen am besten sofort ab. Drehen Sie sich um, lassen Sie ihn stehen und tun Sie einfach das, was getan werden muss. Punkt!

Schluss mit den faulen Ausreden

In erster Linie sind Sie selbst Ihres eigenen Reiterglückes Schmied …

Wenn ich unzufriedene Reiter über ihre Misserfolge und die dazu gehörigen Gründe sprechen höre, dann klingt das in den meisten Fällen sehr ähnlich.

Entweder, die Leute wissen gar nicht so recht, wieso und weshalb sich der Trainingsfrust bei ihnen breit gemacht hat, oder sie finden tausendundeinen Schuldigen, der sie an ihren Erfolgen und an ihrer Weiterentwicklung hindert. Angefangen beim schlechten Wetter, über unfähige Reitlehrer und Trainer bis hin zu den Pferden, die die Pläne durchkreuzen, finden Reiter fast immer jemanden oder etwas, dem sie den berühmten »schwarzen Peter« zuspielen können.

Meist handelt es sich dabei um Ausreden, die äußerst ungern als solche erkannt werden.

Auf den folgenden Seiten wird aufgeführt, wie schnell Pferdemenschen alltäglich in die eigene Gedankenfalle tappen und sich Alibis verschaffen, um sich bequem der Selbstverantwortung zu entziehen.

Wer erst einmal begriffen hat, wie selten tatsächlich äußere Faktoren für Rückschläge und Misserfolge zuständig sind, wird automatisch in verstärkter Form eigenverantwortlich handeln. Und dies ist ein wichtiger Schritt auf dem Weg zu Ihrem persönlichen Reiterglück.

Es ist meist sehr unbequem, Verantwortung zu übernehmen. Doch letztlich ist dies Ihre einzige und wirksamste Möglichkeit, Ihr Glück und Ihren Erfolg selbst in die Hand zu nehmen.

Schluss mit den Verunsicherungen

Wahrscheinlich haben sich einige von Ihnen in der letzten Zeit sehr viele Gedanken über das bisherige und zukünftige Reiterleben gemacht. Sie haben sich umfassend mit Ihren Wünschen und Zielvorstellungen auseinander gesetzt, Ressourcen ermittelt und ein Konzept erarbeitet.

Sie wissen mit Ihrem inneren Schweinehund umzugehen, und Ihr Denken ist auf das Erreichen Ihrer Ziele ausgerichtet.

Dennoch ticken »da draußen« die Uhren genau so schnell oder langsam wie bisher. In Ihrem Kopf hat sich ggf. schon viel verändert; draußen ist alles beim Alten.

An Ihrem Heimatstall hat sich nichts verändert, Sie besitzen noch immer das gleiche Pferd, die Trainingsmethode ist die gleiche wie bisher. Auch die Menschen in Ihrem Umfeld ahnen wahrscheinlich noch nicht einmal, welche Gedanken Ihnen in der Zeit durch den Kopf gegangen sind.

Mit der konkreten Festlegung Ihrer Ziele stehen aller Wahrscheinlichkeit kleinere sowie größere Veränderungen für Sie an, die verständlicherweise Reaktionen und Konsequenzen mit sich bringen werden. Wie diese

Schlechtes Wetter und die Aussicht auf Stallarbeit … Das ist ein gefundenes Fressen für den inneren Schweinehund.

Reaktionen ausfallen werden, hängt zum größten Teil damit zusammen, wie Sie in Zukunft auftreten werden und inwiefern es Ihnen gelingt, Ihren Weg und Ihre Zielvorstellungen klar nach außen zu vertreten.

Das denkbar Schlechteste, was Sie tun können, ist, sich fortan wie der berühmte Elefant im Porzellanladen zu bewegen. Wenn Sie mit Ihrem neuen Konzept in der Hand dahergestiefelt kommen, dieses Buch schwenken und lautstark brüllen: »Hey Leute, ich habe ein neues Konzept und will, dass Ihr gefälligst alle mitmacht!«, werden Ihnen grob geschätzte 80 % der Leute einen Vogel zeigen.

Auch, wenn Sie sich dazu entschließen, gar nichts zu sagen und einfach Ihren Plan »durchziehen«, werden Sie aller Wahrscheinlichkeit nach auf einige Widerstände stoßen, weil einfach niemand kapiert, was mit Ihnen los ist.

Auf den folgenden Seiten habe ich aufgeführt, mit welchen Reaktionen, bzw. Schwierigkeiten Sie rechnen sollten und wie Sie damit umgehen können.

Sie haben neue Ziele, Sie haben sehr klare Vorstellung von der Umsetzung Ihrer Ziele und sind wild entschlossen, diese gemäß Ihrem Zeitplan zu erreichen ...

Aber was ist, wenn die Stallkollegen oder der Stallbesitzer mit Ihren Plänen nicht einverstanden sind? Was ist, wenn es »dumme« Reaktionen gibt, die Sie verunsichern werden? Und sind Sie in der Lage, Probleme von vorneherein zu vermeiden?

Natürlich weiß ich nicht, welche Ziele sich meine Leser stecken werden, daher muss ich diesen Themenbereich einigermaßen allgemein halten, doch mit Hilfe der hier aufgeführten Beispiele erhalten Sie sicher eine Vorstellung von dem, was in Zukunft auf Sie zukommen wird und wie Sie damit umgehen können.

Wenn es Hunde und Katzen regnet ...

Schon bei dem Blick aus dem Fenster sind Sie genervt. Draußen ist alles grau in grau, die Sonne scheint sonst wo, aber definitiv nicht bei Ihnen, und allein der Gedanke an einen gemütlichen Fernsehabend lässt ein bisschen Wehmut in Ihnen hochsteigen.

Ja, Sie haben völlig Recht. Das Wetter IST bescheiden, es IST abartig kalt da draußen, Sie werden später aussehen wie ein begossener Pudel und Millionen von Menschen werden gemütlich daheimsitzen, während Sie mit einem triefenden Pferd durch die Gegend laufen und sich freiwillig nass regnen lassen ...

Aber: Diese Millionen anderer Menschen vor ihren Fernsehern sind auch keine Pferdebesitzer mit ernsthaften Zielen. Und deshalb wird es bei Ihnen selbst bei diesem Mistwetter ganz anders aussehen.

Nein, heute werden Sie sich nicht wieder davor drücken, zum Stall zu fahren. Sie werden tapfer durch den Matsch waten, Sie werden Ihr total verdrecktes Pferd von der fast abgesoffenen Wiese fischen und sich Ihrem Teilziel widmen.

Klar, Sie haben den Regen nicht bestellt, Sie können nichts dafür, dass es ausgerechnet jetzt literweise Wasser vom Himmel regnet.

Aber: Sie können etwas dafür, wenn Sie sich davon Ihre Pläne durchkreuzen lassen!

Fehlende oder überfüllte Reithalle

Ich höre an dieser Stelle einige Leser sagen: »Ha, das stimmt alles gar nicht! Die Sache mit dem Wetter trifft vielleicht auf andere zu. Aber für mich gilt das nicht! Ich habe überhaupt keine Wahl. An meinem Stall gibt es keine Halle, und der Reitplatz steht komplett unter Wasser. Wie soll ich denn da mit meinem Pferd vernünftig trainieren?!«

Andere argumentieren möglicherweise so: »Na, toll. Bei uns gibt es zwar eine Reithalle. Aber bei schlechtem Wetter tummeln sich dort sämtliche Reiter. Es ist dann kaum mehr möglich, dort überhaupt noch einigermaßen gescheit geradeaus zu reiten.«

Ich gebe zu, das sind zumindest Argumente, die wenigstens halbwegs einleuchtend sind.

Doch hier kommen wieder Ihre erarbeiteten Teilziele zum Tragen. Schauen Sie sich Ihre Pläne einfach noch einmal genauer an. Sind Sie wirklich bei allen Übungen, die Sie sich zum Ziel gesetzt haben, auf einen trockenen Reitplatz oder eine halbwegs leere Halle angewiesen?

Gibt es keine Übungen, die Sie im Schritt bewältigen können ohne dabei mit Ihrem Pferd trotz der Matsche auf die Nase zu fallen? Und wie schaut es mit den Zielen aus, bei denen Sie noch nicht einmal Ihr Pferd brauchen? Wollten Sie sich vielleicht neues Trainingsmaterial zulegen, mit dem Vorsitzenden des Reitvereins telefonieren, einen für Sie interessanten Artikel oder ein gutes Buch zum Thema lesen?

Heute wäre der perfekte Tag dafür, um diese Dinge endlich zu erledigen.

Es ist immer sinnvoll, für solche Fälle einen »Plan B« in der Tasche zu haben. Auf diese Weise vergeuden Sie keine wertvolle Zeit und können trotz der schlechten Umstände produktiv an der Erreichung Ihres Zieles arbeiten. Zu tun gibt es sicherlich immer genug …

Termine, Termine …

Haben Sie das so oder ähnlich auch schon einmal geäußert?

»Ich kann heute unmöglich zum Stall fahren. Um 16 Uhr habe ich einen Arzttermin, um 17 Uhr kommen meine Schwiegereltern zu Besuch und danach lohnt es sich nicht mehr für mich, zum Hof zu fahren …«

Fast alle Reiter, besonders die Berufstätigen mit Familie, haben – neben den festen Terminen am Stall – häufig noch eine Vielzahl anderer Termine.

Natürlich gibt es wirklich wichtige Termine, die sich nicht aufschieben lassen. Dazu gehören beispielsweise Arztbesuche, Familienfeste usw. …

In der Regel ist es so, dass ein Pferdemensch ziemlich genau weiß, an welchen Tagen er sein Pferd besucht. Meist handelt es sich dabei um feststehende Tage. Die meisten Menschen wissen genau: »Aha, montags, mittwochs und samstags habe ich ein Date mit meinem Pferd« …

Die Frage, warum dieses »Date« mit dem eigenen Pferd nicht ebenso Ernst und wichtig genommen wird wie andere Termine, sollte jeder für sich beantworten. Irgendeinen Grund dafür muss es wohl geben …

Beeinflussung durch Dritte

Nicht nur »wichtige« Termine sind das perfekte Alibi, um seine Ziele vorübergehend an die Seite zu schieben. Ebenfalls ganz oben auf der Beliebtheitsskala der besten Ausreden befinden sich für einen Reiter andere Personen. Viele Pferdemenschen entwickeln hierbei einen großen und schier unerschöpflichen Einfallsreichtum.

Da ist z.B. die nette Nachbarin, die ausgerechnet an dem festgelegten Stalltag Ihre Hilfe »ganz dringend« benötigt. Oder die Lieblings-Arbeitskollegin braucht unbedingt an jenem Tag Ihre Unterstützung. Immer wieder gut für das

Das Date mit dem Pferd sollte eine ähnliche Priorität besitzen wie berufliche Verpflichtungen.

perfekte Alibi sind natürlich auch die besten Freunde, für die aus Ihrer Sicht womöglich eine Welt zusammenbricht, wenn Sie an Ihrem Trainingstag nicht für Sie da sein werden.

Ich möchte selbstverständlich niemanden unterstellen, dass jemand vorsätzlich andere Personen zum »Sündenbock« abstempelt. Doch ich beobachte häufig, dass sehr viele Pferdemenschen (besonders weibliche) schnell in eine Art Gewissenskonflikt geraten, wenn sie eigentlich ihre eigenen Interessen in den Vordergrund stellen sollten. Anstatt zu sagen: »Hey, ich bin gerne für Dich da. Aber zuerst kümmere ich mich um mein Pferd«, wird den Wünschen der anderen nachgegeben.

Dabei ist es in den meisten Fällen ganz gut möglich, beides »unter einen Hut zu bekommen«, sofern es entsprechend organisiert wird.

Im Endeffekt ist es also auch hier nicht die nette Nachbarin, Ihre Arbeitskollegin oder die Freundin, die »Schuld« daran ist, dass Sie heute wieder einmal nicht trainieren können. Der Fehler liegt vielmehr darin, dass Sie Ihre Grenzen nicht verdeutlicht haben.

Sich Anderen gegenüber abzugrenzen und die eigenen Interessen vorzuziehen bedeutet ja nicht, dass Sie wichtige Menschen »hängen lassen«.

Wenn also wieder jemand an Sie herantritt und Sie von Ihrem Training (und damit von Ihren Zielen) abhalten möchte, bieten Sie demjenigen Alternativen an. Das kann in der Praxis so aussehen, dass Sie z. B. sagen: »Hör zu, in den nächsten 2 Stunden bin ich am Stall. Aber wenn es Dir wichtig ist, können wir uns gerne später treffen.« Das klingt für Ihr Gegenüber schon ganz anders als wenn Sie es so formulieren: »Sieh zu, dass Du Dir woanders Hilfe suchst. Ich muss schließlich mein Pferd versorgen.«

Lustlosigkeit

... oder Bequemlichkeit steckt fast hinter jeder benutzten Ausrede.

Anstatt sich ehrlich einzugestehen, dass hier und heute jeder Antrieb fehlt, um sich mit seinem Pferd zu beschäftigen, suchen viele Reiter nach einigermaßen legitim erscheinenden Alibis.

Da kann es schon einmal vorkommen, dass ein harmloser Schnupfen sich im Kopf des »Alibisuchers« binnen weniger Minuten dramatischerweise zu einer gefährlichen, tropischen Erkrankung entwickelt. Logisch, dass es unter diesen Umständen keineswegs möglich ist, den Stall aufzusuchen ...

Berufstätige Pferdemenschen können sicherlich auch von Umständen wie diesen ein Lied singen: Nach einem Arbeitstag, an dem so ziemlich alles schief gegangen ist, was nur schief gehen kann, fühlt man sich müde, ausge-

Einfach mal liegen bleiben und sich nicht bewegen müssen ... Das wünschen sich mitunter auch Reiter.

laugt und sehnt sich eigentlich nur noch danach, endlich nach Hause zu kommen. Wer an solch einem Tag nicht flugs die Alltagsschuhe gegen die Reitstiefel eintauscht und sich nicht schleunigst auf den Weg in den Reitstall macht, hat in puncto Motivation und Antrieb schon so gut wie verloren.
Ich persönlich kenne nur einen wirkungsvollen Trick, gegen Lustlosigkeit und Co anzukämpfen. Und der lautet: Bloß nicht drüber nachdenken! Sobald sich auch nur ansatzweise der verlockende Gedanke ausbreitet, heute einmal »blau« zu machen, muss er wieder abgewürgt werden. Und zwar, bevor der Dialog mit dem inneren Schweinehund beginnen kann.

Ich habe auf den vergangenen Seiten nur die beliebtesten aller Alibis für Sie zusammengetragen. Natürlich gibt es noch weitere, unzählige Ausreden, die die eigene Bequemlichkeit hervorragend unterstützen. Doch ich denke, dieser kleine Einblick reicht aus, um deutlich zu machen, dass:
1. Ausreden, welcher Art auch immer, den eigenen Erfolg und damit das eigene Reiterglück behindern.
2. Jeder selbst die Verantwortung für sein persönliches Reiterglück trägt.

Die mühselige und unfruchtbare Suche nach einem »Schuldigen« können Sie also getrost hinter sich lassen, denn in 98 % aller Fälle werden Sie ihn dort finden, wo Sie ihn am wenigsten haben möchten: nämlich in Ihrem eigenen Kopf.
Ganz sicher klage ich niemanden an, der mit Schwierigkeiten dieser Art zu kämpfen hat. Diese bequemen »Hintertürchen« kennt jeder; inklusive meiner eigenen Person. Ich selbst kämpfe jeden Tag mit meinem eigenen, inneren Schweinehund, und ich gebe zu, dass der Bursche es tatsächlich hin und wieder schafft, mich mit seinen verlockenden Angeboten zum Schludern zu überreden.
Pferdemenschen, die wirklich ernsthaft ihre reiterlichen Ziele erreichen möchten, sollten den Trainingstagen einen ähnlichen Stellenwert zuordnen, wie allen anderen wichtigen Vorhaben.
Jemand, der beispielsweise engagiert und erfolgreich in seinem Beruf arbeitet, käme wohl niemals auf die irrwitzige Idee, morgens mit seinem inneren Schweinehund darüber zu diskutieren, ob er im Bett liegen bleiben oder zur Arbeit gehen soll. Genauso wenig würde ein solcher Mensch wegen des schlechten Wetters nicht zur Arbeit gehen, Gespräche oder Verabredungen mit den Freunden in die Arbeitszeit verlegen oder wegen eines lächerlichen Schnupfens von der Arbeit fernbleiben.
Wenn diese Grundeinstellung erreicht wird, dann gibt es im Prinzip nur noch sehr wenige Gründe, die ein verpatztes oder verschobenes Training rechtfertigen. So wären höchstens ein erkranktes Pferd, eine schlimme Erkrankung ihrerseits, schwer wiegende, berufliche oder persönliche Gründe ein triftiges Argument für das ausbleibende Training.

SELBSTBEWUSST UND FAIR DIE REITERLICHEN ZIELE VERFOLGEN

Rechnen Sie mit Schwierigkeiten

Es ist eine Tatsache, dass auch äußere Faktoren das persönliche Reiterglück und damit die Trainingserfolge beeinflussen. Ist Ihnen dies bewusst und machen Sie sich schon im Vorfeld Gedanken darüber wie Sie mit sol-

Wenn Stangenarbeit notwendig ist, damit Sie Ihre Ziele erreichen können, ziehen Sie es durch. Ganz gleich, was andere dazu sagen.

chen Faktoren umgehen können, haben Sie wieder eine wichtige Hürde auf Ihrem Erfolgsweg genommen.

Auf den ersten Blick schaut es oft so aus, als seien tatsächlich andere Menschen oder Umstände »das Haar in der Suppe«.

Intensive Recherchen, viele Gespräche mit anderen Pferdemenschen, aber auch meine persönlichen Erfahrungen, Beobachtungen und Eindrücke haben dazu geführt, dass ich auf einige Umstände gestoßen bin, von denen sich Reiter individuell in ihrem Vorankommen beeinflusst sehen.

Viele Reiter lassen sich durch die Reaktionen anderer Pferdemenschen stark in ihrem Denken und Handeln verunsichern. Und wenn dies geschieht, gelingt es diesen Reitern im Regelfall nicht, ihren eigenen Stil zu entwickeln.

Die ersten Schritte zur Entwicklung Ihres eigenen Stils haben Sie durch die detaillierte Erarbeitung Ihrer Ziele und den zu Verfügung stehenden Ressourcen bereits gemacht.

Im nächsten Schritt geht es darum, diese Ziele im Alltag nicht aus den Augen zu verlieren und das, was Sie sich vorgenommen haben, entsprechend nach außen zu vertreten und umzusetzen.

Die größten Schwierigkeiten liegen nach meiner Erfahrung darin, den Reaktionen aus dem Umfeld Stand zu halten. Denn nicht immer kann damit gerechnet werden, dass Sie mit Ihren neuen Ideen und Vorstellungen überall mit offenen Armen empfangen werden.

Einige Reiter geben leider sehr schnell auf, weil sie meinen, dass ihnen im Alltag zu viele Steine in den Weg gelegt werden. Lästereien, gute gemeinte Tipps (die oft leider nur wenig bringen), Streitigkeiten usw. sind häufig der Anlass dafür, dass die Flinte ins Korn geschmissen wird.

Warum Sie andere in Ihre Pläne einweihen sollten

Vielleicht werden Sie fortan regelmäßiger trainieren, Ihre Unterrichtsziele müssen neu definiert werden, die Arbeit mit Ihrem Pferd erhält eine neue Struktur, gegebenenfalls entschließen Sie sich dazu, nach einer neuen Trainingsmethode zu arbeiten. Möglicherweise ist es von Nöten, sich von alten Gewohnheiten zu verabschieden, Sie werden manche Menschen verstärkt, andere wiederum weniger häufig um Ratschläge oder Hilfestellung bitten. All das bringt Konsequenzen mit sich, die sich u. U. auch auf Ihr Umfeld auswirken werden.

In erster Linie sind vermutlich Sie und Ihr Pferd von diesen Veränderungen betroffen. Doch auf direkte und indirekte Weise werden auch andere Menschen mehr oder weniger intensiv etwas von Ihrer veränderten Vorgehensweise zu spüren bekommen.

Wie Sie Ihre Vorhaben ankündigen, mit wem Sie darüber sprechen und wen Sie ausschließen ... all das kann wesentlich zu einem guten, bzw. schlechten Start in ein neues Reiterleben beitragen.

Nun werden Sie womöglich denken: »Was ich mit meinem Pferd mache und wie ich es mache, ist doch wohl meine Angelegenheit. Da muss ich niemanden um Erlaubnis bitten.«

Stimmt, es ist Ihre Sache. Allerdings steckt hinter der Empfehlung, Ihr Umfeld in Ihre Pläne einzuweihen, nicht der Gedanke, sich die »Erlaubnis« für Ihr Handeln einzuholen, sondern Ihren Weg zu verdeutlichen.

Alle Reiter wissen, dass an jedem Stall geredet wird; und dies sehr häufig nicht gerade auf nette und besonders faire Art und Weise. Es wird geklatscht, getratscht, kritisiert (ob nun zu Recht oder zu Unrecht), es werden Tipps verteilt, es wird spekuliert, manchmal auch boshaft schikaniert und es wird selektiert. Wer nicht ins »Raster« passt, ist ein willkommenes »Opfer« für Tratschereien aller Art, die ungeheuer nerven können.

Wann immer Sie also etwas Neues ausprobieren, wann immer Sie sich in irgendeiner Weise von allen Anderen unterscheiden und wann immer Sie etwas tun, was Andere nicht nachvollziehen können, ist die Wahrscheinlichkeit groß, zur unfreiwilligen »Zielscheibe« für verbale Angriffe aller Art zu werden.

Je transparenter und selbstbewusster Sie Ihre Vorhaben nach außen tragen, desto mehr können Sie solch unliebsamen Begleiterscheinungen vorbeugen. Ganz ausschließen können Sie negative Reaktionen natürlich nicht. Aber allein durch die Art und Weise Ihres Auftretens wird es Ihnen gelingen, so manchem potenziellen »Quertreiber« von vorneherein den Wind aus den Segeln zu nehmen.

Wie Sie Ihre Interessen gegenüber Freunden, aber auch denen, die Ihnen nicht sehr wohl gesonnen sind, vertreten können, erfahren Sie im Folgenden.

Wie Sie Überzeugungsarbeit leisten

Es mag vielleicht der Eindruck entstanden sein, dass sich in naher Zukunft alle Pferdemenschen dieser Welt gegen Sie verbünden, Ihren Zielen im Wege stehen werden. Dem ist natürlich nicht so. Vorausgesetzt, Sie stellen es klug an und es gelingt Ihnen durch die entsprechende Überzeugungsarbeit, den Grundstein für Ihre ersten Schritte ins reale Reiterleben zu setzen.

Hier stellt sich zuerst die Frage: Wer sollte in Ihre neuen Pläne eingeweiht werden und wie kann dies am besten geschehen?

Zunächst einmal ist es angebracht, mit den Menschen zu sprechen, die Ihnen in Ihrem Reiterleben am nächsten stehen. Meist sind es gute Bekannte oder sogar Freunde; das ist besonders wichtig, denn die Menschen, die Ihnen persönlich am wichtigsten sind, werden mit ihrer Einstellung auch zukünftig einen entscheidenden Einfluss auf Ihr Reiterleben haben.

Haben Sie den Eindruck, dass diese Leute hinter Ihnen und Ihrer Entscheidung stehen oder diese zumindest akzeptieren, werden Sie mit Sicherheit gleich viel motivierter an die ganze Sache herangehen.

Gewinnen Sie jedoch den Eindruck, dass einer oder gar mehrere Ihrer besten Freunde gegen Ihre Vorgehensweise sind, erschwert Ihnen dies die Arbeit vermutlich – was Sie jedoch niemals davon abbringen sollte, Ihre Ziele dennoch konsequent weiter zu verfolgen.

Gelingt es Ihnen jedoch, die wichtigsten Menschen mit ins Boot zu holen, so haben Sie eine sehr gute Voraussetzung für einen erfolgreichen Start in die Praxis.

Damit Sie wissen, worauf Sie sich in Zukunft einstellen können, ist es besser, gleich zu Beginn Ihres »neuen« Trainings, die Lage zu checken. So wissen Sie von Anfang an, woran Sie sind und Ihre Freunde wissen dies ebenso.

Eine weitere, sicherlich sehr wichtige Person wird für Sie natürlich auch die Reitbeteiligung sein; ebenso wie weitere Menschen, die direkt etwas mit Ihrem Pferd zu tun haben.

Auch der Trainer oder Reitlehrer sollte über Ihre Zielsetzungen genau informiert werden, damit die »klare Linie« erhalten bleibt und der Unterricht auf Ihre persönlichen Zielvorstellungen abgestimmt werden kann.

Manchmal ist es zweckmäßig, auch die Stallbetreiber über einen veränderten Trainingsablauf zu informieren; dies gilt vor allem dann, wenn bislang unbekannte Trainingsmethoden zu Ihrem Ausbildungsrepertoire gehören oder z. B. ein neuer Reitlehrer den Hof besuchen soll.

Überlegen Sie also im Vorfeld am besten sehr gründlich, wer direkt oder indirekt von Ihren Plänen betroffen sein wird und sprechen Sie diese Menschen sehr gezielt und einzeln an.

Jedem das seine ... Entscheidung für Rasse und Reitstil sind jedem selbst überlassen.

Das Ganze erfordert ein wenig Fingerspitzengefühl und ein gewisses Verständnis für die andere Seite. Aus diesem Grund werde ich auf die – vermutlich – wichtigsten Personen in Ihrem reiterlichen Umfeld noch einmal gesondert eingehen

Wie Sie Ihre Ziele klar und selbstbewusst an andere herantragen

1. Machen Sie deutlich, warum eine Veränderung aus Ihrer Sicht notwendig ist

Verstricken Sie sich dabei nicht in Jammereien, ellenlange Ausführungen und Einzelheiten. Je kürzer und bündiger Sie das Ganze formulieren, desto eindrucksvoller wird es bei Ihrem Gegenüber ankommen. Beispiel: »In letzter Zeit war ich ziemlich unzufrieden mit einigen Umständen und habe mich mit meinem Pferd irgendwie im Kreis gedreht. Deshalb habe ich meine Ziele noch einmal gründlich durchdacht.«

2. Bringen Sie Ihre Überzeugung deutlich hervor

Je deutlicher Ihr Gegenüber merkt, dass Sie wissen, was Sie tun, desto weniger wird er Ihre Vorsätze in Frage stellen. Vermeiden Sie daher Formulierungen wie: »Ich versuche einmal …«, »Ich denke, dass …«, »Ich glaube …« usw. Besser läuft es, wenn Sie es so oder ähnlich vorbringen: »Ich weiß nun genau, was ich erreichen will und wie ich es schaffen werde!«

3. Formulieren Sie Ihr Grobziel

Dies macht der anderen Person zusätzlich noch einmal deutlich, dass Sie bestens im Bilde sind über das, was Sie tun.

4. Kündigen Sie Ihr erstes Teilziel an

Hier schlagen Sie gleich 2 Fliegen mit einer Klappe. Sie setzen nicht nur die andere Person über Ihre Vorhaben in Kenntnis, sondern verpflichten sich damit im Grunde genommen auch, die Sache wirklich anzugehen.

5 Machen Sie deutlich, welche großen Veränderungen mit Ihrer Zielsetzung verbunden sind.

Auch hier ist Ihre Überzeugungskraft entscheidend für die Reaktion des Gegenübers. Wenn Sie sagen: »Ich glaube, es ist besser, wenn ich mich von meinem Pferd trenne«, ist das wie eine Einladung für den Anderen, Sie ggf. doch noch eines Besseren zu belehren. Sagen Sie jedoch: »Ich habe das Ganze gut überlegt und gemerkt, dass ich mit meinem Pferd diese Ziele nicht erreichen kann«, dann wird deutlich, wie sicher Sie in Ihrer Entscheidungsfindung sind.

6. Kündigen Sie an, welche Konsequenzen auf den Anderen zukommen könnten und signalisieren Sie Verständnis

Ihr Gegenüber wird womöglich dastehen wie ein lebendiges Fragezeichen. Natürlich wird dieser Mensch sich fragen, was das Ganze für ihn selbst bedeuten könnte. Helfen Sie ihm dabei, ihm einen Teil dieser Sorgen zu nehmen, bekommt das Ganze gleich ein anderes Gesicht. Beispiel: »Ich kann mir gut vorstellen, dass Dir tausend Dinge durch den Kopf schießen. Bis ich ein anderes Pferd für mich gefunden habe, wirst Du ohne mich ausreiten müssen. Aber sobald ich den neuen Vierbeiner habe, reiten wir natürlich wieder gemeinsam aus.«

7. Sagen Sie Ihrem Gegenüber, in welchen Bereichen Sie seine Hilfe gebrauchen können.

Im Regelfall reagieren Andere, besonders nahe stehende Menschen, darauf mit Erleichterung, weil Sie nun nicht mehr den Eindruck haben, »außen vor« zu stehen, während Sie »Ihr Ding« durchziehen.

8. Verlangen Sie ein Feedback, aber lassen Sie sich dadurch nicht verunsichern

Eine Rückmeldung ist wichtig, damit Sie wissen, wie der Andere über diese Neuigkeiten denkt. Außerdem fühlt sich derjenige nicht völlig »überfahren«. Reagiert der Andere nach Ihrem Empfinden negativ, so sollte das für Sie noch lange kein Grund für den emotionalen Weltuntergang sein. Bleiben Sie souverän und signalisieren Sie weiterhin Ihre Gesprächsbereitschaft. Beispiel: »Du kennst nun meine Einstellung. Es ist Dein gutes Recht, die Dinge anders zu sehen. An meinen Zielen/meiner Entscheidung wird sich nichts ändern. Aber wir können uns später gerne noch einmal zusammensetzen und Einzelheiten besprechen.«

Stehen Sie zu Ihren Zielen

Wenn Sie Ihre Ziele und Vorstellungen so selbstbewusst äußern, wie es hier empfohlen wurde, schützen Sie sich zwar in gewisser Weise vor ungebetenen Ratschlägen. Trotzdem müssen Sie damit rechnen, dass nicht jeder gleich »Ja und Amen« zu all Ihren Ideen sagen wird. Es ist sogar sehr unwahrscheinlich und noch nicht einmal der Sinn der Sache. Sofern die Kritik an Ihrem Vorhaben konstruktiv bleibt, ist dagegen überhaupt nichts einzuwenden und kann sogar sehr hilfreich für Sie sein.

»Meuterei« der unangenehmen Sorte von der anderen Seite bedeutet fast immer, dass gewisse Unsicherheiten und manchmal sogar Ängste vorhanden sind. Die Anderen können die Sorge haben, dass sich auch für sie grundlegende Dinge verändern werden. Vielleicht fällt das gemeinsame Training in Zukunft aus, womöglich wird weniger Zeit gemeinsam verbracht, u. U. besteht die Sorge auch darin, dass Sie erfolgreicher werden als die Anderen.

Die einzige Möglichkeit, nahestehenden Personen die Sache »schmackhaft« zu machen, besteht darin, Ihnen die Vorteile aufzuzeigen, von denen auch sie betroffen sein werden.

Zum Beispiel: »Wenn es mir endlich gelingt, meinem Pferd die Angst vor Bodenhindernissen zu nehmen, werden unsere Ausritte demnächst viel entspannter verlaufen. Außerdem landen wir mit unserer Mannschaft beim nächsten Spaßturnier dann ganz bestimmt nicht wieder auf dem letzten Platz!« Vergessen Sie keinesfalls zu erwähnen, welche (für die Anderen positiven) Dinge sich nicht verändern werden. Z. B.: »Jeden Sonntag reiten wir trotzdem gemeinsam aus« oder »Ich bleibe bei meiner Trainingsmethode, und wir werden auch weiterhin einmal wöchentlich zusammen die einzelnen Einheiten trainieren.«

Auch die Ankündigung, dass Sie die Hilfe Ihrer Freunde bei verschiedenen Trainingseinheiten gut gebrauchen können, wirkt oft Wunder.

Haben Sie danach noch immer den Eindruck, dass Sie auf taube Ohren stoßen, hilft wirklich nur noch eines: aufhören zu reden, und stattdessen mit guten Ergebnissen glänzen. Wenn der eingeschlagene Weg dann tatsächlich von Erfolg gekrönt ist, ist dies die beste Überzeugungsarbeit, die Sie leisten können. Und ganz ehrlich: Wer sich dann noch immer nicht mit Ihnen freuen kann oder sogar versucht, Ihnen (oder anderen Menschen) Ihre Erfolge durch Äußerungen oder Taten madig zu machen, kann nicht wirklich Ihr Freund sein. Oder?

Haben Sie Familie, ist es natürlich ebenso wichtig, diese mit ins Boot zu holen. Zumindest bei der Festlegung der Trainingstage sollten andere Familienmitglieder schon ein Wörtchen mitreden dürfen.

Gemeinsam zu überlegen: Welche Tage können in Zukunft ausschließlich für das Pferd reserviert werden und an welchen Tagen hat die Familie den Vorrang, erspart Ihnen jede Menge unnötige Diskussionen.

Den eigenen Stil zu besitzen bedeutet zu wissen, was Sie wollen, wie Sie es erreichen können und wie Sie es nach außen tragen.

Stehen Sie zu Ihrem Unterricht

Irgendwie sind einige Reitlehrer noch immer so etwas wie »Lichtgestalten« oder zumindest Menschen, vor denen Pferdemenschen einen Heidenrespekt haben. Ein etwas mulmiges Gefühl in der Magengegend mag noch normal sein, wenn Sie kurz davor stehen, Ihrem Reitlehrer Ihre (vielleicht ganz neuen) Ziele vorzustellen. Trauen Sie sich gar nicht erst, wäre es vielleicht einmal

Gehen Sie Ihren Weg. Sie wissen am besten, wo er Sie hinführen soll.

an der Zeit zu überlegen, ob die Chemie zwischen Ihnen und Ihrem Trainer überhaupt noch stimmt oder je gestimmt hat.

Viele Reitlehrer – meist sind es die wirklich »Guten« – freuen sich über Schüler, die mitdenken und klare, umsetzbare (!) Ziele vor Augen haben.

Wenn Sie feststellen, dass der bisherige Reitunterricht inhaltlich weit von Ihren definierten Zielen entfernt ist, gibt es nur eines: Nämlich das Gespräch mit dem Trainer/ bzw. Reitlehrer suchen.

Erklären Sie auch ihm auf die bewährte Weise, welches Grobziel Sie verfolgen und welche Teilziele in der nächsten Zeit für Sie anstehen. Wenn Sie keine eigene Idee haben, wie Ihr Reitlehrer Sie bei dem Erreichen Ihrer Ziele unterstützen kann, fragen Sie ihn ruhig einmal direkt danach.

Verfolgen Sie z. B. in den nächsten vier Wochen vorrangig das Ziel, Ihr Pferd an bestimmte Hindernisse oder Gegenstände zu gewöhnen, könnten Sie Ihren Reitlehrer gezielt darum bitten, genau solche Elemente in den Unterricht einzubinden. Sind Sie ggf. unsicher, wie Sie verschiedene Bodenarbeitsübungen in den Sattel zu übertragen, ist Ihr Reitlehrer dafür sicher der richtige Ansprechpartner.

Überlegen Sie nach dem Unterricht, inwiefern Ihnen diese spezielle Unterrichtsstunde bei dem Erreichen Ihrer Ziele behilflich sein konnte. Denn häufig stellen sich bei Schülern Unzufriedenheiten ein, weil die im Unterricht erarbeiteten Lektionen meilenweit vom Alltag des Schülers entfernt sind.

Ist Ihnen nicht klar, ob bestimmte Übungen für Ihre Zielerreichung wichtig sind, scheuen Sie sich nicht davor, Ihren Reitlehrer danach zu fragen.

Befinden Sie sich auf der Suche nach einem neuen Trainer/Reitlehrer, berichten Sie ihm am besten noch vor der ersten Unterrichtsstunde, welche Ziele Sie mit Ihrem Pferd erreichen möchten und bitten Sie ihn, dies in seinem Unterricht zu berücksichtigen.

Mitunter geschieht es, dass der eigene Trainer oder Reitlehrer aus der Sicht anderer Pferdemenschen nicht besonders »gut« ist. Sollten Sie zu denjenigen gehören, die diesbezüglich verunsichert sind, hier ein Ratschlag: Trägt der Reitlehrer mit seinen Unterrichts- und Lehrmethoden entscheidend dazu bei, dass Sie Ihre Ziele erreichen und fühlen Sie sich wohl während des Unterrichts, dann ist er für Sie definitiv der richtige Reitlehrer; ganz egal, wie andere dies betrachten.

Stehen Sie zu Ihrer Trainingsmethode

»Beschäftigungstherapie für schlechte Reiter«, »Hausfrauengehampel«, »Manegenspielereien für Arme«, so werden verschiedene Trainingsmethoden oft abwertend genannt.

Oft entbrennen heftige Konkurrenzkämpfe zwischen den Anwendern der unterschiedlichen Trainingsweisen oder die Anwender einer bestimmten Methode sind die »Exoten« am Hof.

Akzeptanz wird hier häufig nicht besonders groß geschrieben und die Kritik an der Methode ist in vielen Fällen vollkommen aus der Luft gegriffen.

Wenn Sie auf Menschen treffen, die ganz offensichtlich das Feixen nicht lassen können, haben Sie zwei Möglichkeiten:

Entweder Sie ignorieren Sprüche dieser Art einfach (das kann ausgesprochen wirksam sein) oder Sie lassen den Besserwisser freundlich auflaufen. Das geht ganz einfach. Sie müssen eigentlich nur ein paar Gegenfragen stellen und schon entlarven Sie den anderen als jemanden, der wirklich keine Ahnung hat. Freundliche Fragen wie: »Ehrlich? Wie viele Pferde kennst Du denn, die durch diese Methode verkorkst wurden?«, lassen den Besserwisser meist im Regen stehen und er verliert sehr schnell das Interesse daran, sein Halbwissen bei Ihnen loszuwerden. Dies ist also eine recht wirkungsvolle Art, so jemanden in die Wüste zu schicken ohne sich gleich fürchterlich mit ihm zu streiten.

Fast jeder, der nach einer bestimmten Trainingsmethode arbeitet, bekommt hin und wieder die »klugen Sprüche« seiner Stallkollegen zu hören. Das wird sich wahrscheinlich auch niemals ändern, obwohl ich bis heute nicht so ganz verstehe, was so etwas soll.

In den allermeisten Fällen ist es vollkommen zwecklos, sich auf irgendwelche Diskussionen mit den Unkenrufern einzulassen oder sich gar in die Rechtfertigungsposition drängen zu lassen.

Die Hauptsache ist, dass Sie selbst wissen, warum und weshalb Sie nach dieser Trainingsmethode arbeiten und was es Ihnen und Ihrem Vierbeiner bringt. Dafür brauchen Sie sich nicht rechtfertigen, Sie müssen auch niemandem beweisen, dass Ihre bevorzugte Methode besser ist als alle anderen oder andere Trainingsmethoden schlechter sind als die, die Sie verfolgen. Solche Diskussionen bringen unterm Strich überhaupt nichts, kosten wertvolle Zeit und führen nur dazu, dass Sie sich ärgern und dadurch weniger auf Ihr Pferd konzentrieren können.

Salopp gesagt: Pfeifen Sie auf Unkenrufe dieser Art, tun Sie, was getan werden muss und behalten Sie einfach nur Ihre Ziele im Blick.

Verteidigen oder rechtfertigen Sie sich niemals für die Dinge, die Sie mit Ihrem Pferd tun, denn dies signalisiert Unsicherheit.

Stehen Sie zu Ihrem Pferd

»Das Pferd ist viel zu klein für die Reiterin!«, »Das Pferd ist viel zu gut für die dürftigen Reitkünste dieses Reiters«, »Dieses Pferd besitzt eine Ausstrahlung wie Quasimodo; und damit will sie Turniere gehen!«

Auch »freundliche« Statements dieser Art geistern durch die Reitställe. Manchmal bekommen Pferdebesitzer »zufällig« mit, dass solche Äußerungen gemacht wurden. Denn in den seltensten Fällen wird jemand persönlich auf Sie zukommen und sagen: »Hey, ich finde, dass Dein Pferd überhaupt nicht zu Dir passt!«

Besonders, wenn es um das eigene Pferd geht, reagieren Reiter verständlicherweise oft sehr empfindlich. Wer also das Pferd eines anderen Reiters zu Recht oder Unrecht kritisiert, trifft damit beinahe immer recht zielsicher einen wunden Punkt.

Hier hilft nur, das Ganze nicht allzu persönlich zu nehmen und sich auch hier auf keinerlei Diskussionen einzulassen. Es sei denn, Äußerungen dieser Art häufen sich. In diesem Fall macht es Sinn, die entsprechenden Leute einmal direkt anzusprechen und zu fragen: »Wieso glaubst Du das? Welche Fakten hast Du, die belegen, dass mein Pferd für mich nicht das richtige ist?«

Wenn Sie die Antworten der Anderen genauer unter die Lupe nehmen, werden Sie sehr schnell feststellen, ob die Meinung dieser Leute einen konkreten Grund hat oder ob evtl. persönliche Dinge eine Rolle bei der Beurteilung spielen.
Auch hier gilt: Wenn Sie genau wissen, dass Sie mit Ihrem Pferd Ihre Ziele erreichen können (was Ihnen u. A. auch Ihr Reitlehrer bestätigen sollte) und Sie grundsätzlich einen »guten Draht« zu Ihrem Vierbeiner besitzen, dann gibt es keinen Grund für Sie, sich von negativen Äußerungen verunsichern zu lassen.

Stehen Sie zu Ihrem Heimatstall

»Hast Du schon mit bekommen, dass die Pferde gestern wieder nicht auf die Koppel gebracht wurden?«, »Nächste Woche ist die Halle schon wieder wegen irgendeiner Veranstaltung gesperrt«, »Neulich musste ich mein Bodentraining wieder einmal ausfallen lassen, weil Pferde auf dem Platz untergebracht wurden!«
»Beschwerden« dieser oder ähnlicher Art sind an jedem Hof zu hören. Es kann sehr schnell passieren, dass solche »Peanuts« zu ellenlangen Diskussionen führen, die nichts weiter bringen als miese Stimmung hervorzurufen.
So lange diese »Peanuts« Sie nicht wesentlich bei dem Erreichen Ihrer Ziele behindern, ist es völlig kontraproduktiv, in Diskussionen dieser Art einzusteigen. Es ist nichts weiter als Zeitverschwendung. Kein Stall ist wirklich perfekt. Wer den Anspruch hat, einen Hof zu finden, an dem er keinerlei Abstriche machen muss, befindet sich auf dem Holzweg.
Wenn Sie sich für einen Hof entschieden haben, werden Sie dies aus gutem Grunde getan haben; auch, wenn es Kleinigkeiten gibt, die Ihnen nicht gefallen.
Mal sind es vereinzelte Stallkollegen mit denen Sie einfach nicht »können«, mal ist es die fehlende Reithalle, ein schlecht beleuchteter Außenplatz oder sonst etwas, was Sie stören wird.
Wenn Sie sich trotzdem grundsätzlich an Ihrem Heimatstall wohlfühlen, dort sehr viele Vorteile genießen und die wichtigsten Voraussetzungen zum Erreichen Ihrer Ziele vorhanden sind, sollten Ihnen die kleinen Abstriche nicht die Laune verderben; sie sind der Diskussion nicht Wert.

Stehen Sie zu Ihren Stallkollegen

»Deine Freundin hängt im Sattel wie ein Schluck Wasser in der Kurve. Ein wenig Unterricht würde der auch mal gut tun«, »Anstelle Deiner Freundin, hätte ich mein Pferd schon längst verkauft«, »Du kümmerst Dich viel besser um das Pferd als die eigentliche Besitzerin. Hat sie etwa keine Lust mehr zu reiten?«, »Schlimm, wie Deine Freundin ihr Pferd überfordert! Wieso sagt ihr das keiner?«
Wer so etwas zu hören bekommt, weiß oft nicht, wie er sich verhalten soll. Selbst, wenn die Meinung des Gesprächspartners geteilt wird, möchte wohl niemand einen guten Freund »in die Pfanne hauen«. Hier einigermaßen neutral zu reagieren, ist oft nicht so einfach.
Stimmen Sie in solch einem Fall dem Gesprächspartner zu, bekommt der/die Betroffene garantiert irgendwann einmal Wind davon und schon ist der Stunk vorprogrammiert. Äußern Sie sich gar nicht, macht das u. U. einen seltsamen Eindruck, und es schaut so aus, als hätten Sie keine eigene Meinung. Eine dumme Situation ...
Hier gilt: Je deutlicher Ihre Freunde wissen, wie Sie zu bestimmten Dingen stehen und je stärker Sie auch die kleinen »Fehler und Macken« Ihrer Freunde respektieren und Hintergründe kennen, desto weniger müssen Sie die Sorge haben, dass Sie falsch reagieren könnten.

Freundschaften sind wichtig. Gegenseitige Unterstützung sollte selbstverständlich sein

Ist dies für Sie klar, wird es Ihnen nicht mehr so schwer fallen, die richtigen Worte zu finden, falls Sie auf bestimmte Dinge angesprochen werden. Bezogen auf die hier aufgeführten Beispiele könnten Ihre Reaktionen dann in etwa so aussehen: »Meine Freundin ist vielleicht nicht die beste Reiterin, aber das ist auch nicht wichtig für sie. Wenn es ihr mehr Spaß macht, ins Gelände zu reiten, anstatt häufiger zu trainieren, dann akzeptiere ich das, und dem Pferd scheint es nicht zu schaden.« Oder: »An Stelle meiner Freundin hätte ich dieses Pferd auch schon längst verkauft, aber sie hat ihre Gründe dafür, es nicht zu tun.« Oder: »Die Pferdebesitzerin schafft es momentan zeitlich einfach nicht, häufiger zum Stall zu kommen. Es stört sie selbst; deshalb hat sie mich gebeten, mich etwas mehr um das Pferd zu kümmern. Dem Tier geht es trotzdem gut; deshalb sehe ich darin kein Problem.« Oder: »Ich sehe es auch so, dass meine Freundin manchmal zu viel von ihrem Pferd verlangt. Wir haben schon häufiger darüber gesprochen und sie überlegt schon, wie sie ihr Training verändern könnte.«

Auch an dieser Stelle kann also eine klare und faire Haltung zur Entwicklung Ihres eigenen Stils beitragen.

Stehen Sie zu den Dingen, die Sie nicht wollen

»Wie?! Bei dem schönen Wetter reitest Du nicht ins Gelände, sondern rackerst Dich lieber in der Halle ab?« »Du hast keine Lust, beim Spaßturnier mitzumachen? Aber das tun doch alle!« »Willst Du etwa nicht wie alle Anderen an der nächsten GHP teilnehmen?«…

Fragen oder Bemerkungen wie diese können ganz schön nerven. Sehr schnell geraten Reiter in eine Rechtfertigungsposition, wenn jemand so oder anders an sie herantritt. Sie verteidigen sich, sie erklären, warum und weshalb sie dieses oder jenes nicht tun möchten, geraten ins Stottern und reden sich in ihrer Erklärungsnot um Kopf und Kragen.

»Nein, ich reite nicht ins Gelände, weil ich unbedingt noch etwas an meinem Sitz arbeiten muss. Ich würde ja gerne mit Dir ausreiten, aber es geht wirklich nicht. Mein Reitlehrer bekommt eine Krise, wenn er in der nächsten Unterrichtsstunde sieht, dass ich wieder nicht trainiert habe. Außerdem habe ich letzte Woche schon kaum mit meinem Pferd gearbeitet …« »Eigentlich würde ich gerne am Spaßturnier teilnehmen, aber ich habe mich mit meinem Pferd viel zu wenig darauf vorbereitet. Bestimmt landen wir sowieso wieder auf dem letzten Platz. Irgendwie habe ich auch gar keine richtige Lust auf dieses Turnier.« »Nein, ich nehme mit meinem Pferd nicht an der GHP teil. Ich habe so viel geübt, aber wir sind einfach noch nicht so weit. Für mein Pferd wäre das wirklich nichts weiter als ein riesiger Stress, und das will ich ihm nicht zumuten. Vielleicht machen wir beim nächsten Mal mit …«

So oder ähnlich verteidigen viele Pferdemenschen ihre Entscheidungen und entschuldigen sich damit in gewisser Weise für das, was sie nicht wollen oder nicht können. Auch damit wird Unsicherheit signalisiert und das ist »Gift« für die Entwicklung des eigenen Stils.

Wenn Ihren Stallkollegen jedoch deutlich klar gemacht wurde, welche Ziele Sie mit Ihrem Pferd erreichen möchten, erübrigen sich Fragen wie diese fast von alleine.

Sollte man versuchen, Sie dennoch immer wieder zu Dingen zu überreden, die nicht in Ihr Konzept passen, reicht es vollkommen aus, wenn Sie kurz und bündig erklären, dass Sie es dies nicht wollen. Auf Fragen wie: »Du willst heute nicht ausreiten? Du willst nicht am Spaßturnier und an der GHP teilnehmen?«, antworten Sie (sofern Ihrem Gegenüber Ihre Ziele schon bekannt sind) doch einfach mit: »Nein, das will ich nicht!« Punkt. Sie müssen nichts mehr erklären, Sie brauchen sich nicht zu rechtfertigen und Sie sollten sich auch nicht verteidigen. Höchst wahrscheinlich wird es eine Weile brauchen, bis Ihre Haltung von jedem akzeptiert und respektiert wird. Doch wenn Sie konsequent auch hinter den Dingen ste-

hen, die Sie nicht möchten und sich nicht länger in lange Erklärungen verstricken, werden Sie bald nicht mehr mit Überredungsversuchen konfrontiert werden. Ihre Haltung kommt so klar, deutlich und unmissverständlich zum Ausdruck. Und das ist genau das, was den eigenen Stil ausmacht.

Stehen Sie zu Ihren Fehlern

Ihre erarbeiteten Ziele und das dazu gehörige Konzept schützen Sie selbstverständlich nicht vor möglichen Fehlern. Dass auch Sie Rückschläge einstecken werden müssen und sich der Fehlerteufel einschleichen wird, darauf kann ich Ihnen Brief und Siegel geben; beides lässt sich nicht vollständig vermeiden. Fehler zu machen ist also die normalste Sache der Welt, obgleich diese so etwas wie ein gefundenes Fressen für all diejenigen sein können, die Ihrer Vorgehensweise kritisch gegenüberstehen. Je mehr Sie selber tun, je mehr Sie ausprobieren, je mehr Teilziele Sie erreichen wollen, desto größer ist die Wahrscheinlichkeit, dass Ihnen bei der Umsetzung Fehler unterlaufen werden.

Na und? Fehler sind dazu da, aus ihnen zu lernen und sie möglichst kein zweites Mal zu begehen. Was soll daran so schlimm sein?

Einige Ihrer Stallkollegen werden das freilich anders sehen. »Ich habe ja gleich gesagt, dass das nicht funktionieren wird«, oder: »Es war doch klar, dass sie/er sich mit der ganzen Sache übernommen hat« ... Das sind die bevorzugten Reaktionen auf Fehler aller Art.

Stellen Sie sich darauf ein, dass es nicht Ihre Erfolge sind, die zuerst von den Anderen bemerkt werde und über die gesprochen wird. Es sind auch nicht die Fortschritte und kleinen Verbesserungen, die anderen Reitern ins Auge fallen. Es werden die Fehler sein, die für Diskussionen und eindeutige Reaktionen sorgen.

Wem es nicht gelingt, hinter diesen Rückschlägen oder Fehlern zu stehen, wird sehr schnell verunsichert werden und womöglich sogar sein bisheriges Konzept in Frage stellen.

Wenn Sie also bemerken, dass Ihnen ein Fehler unterlaufen ist, fragen Sie sich am Besten, warum etwas schief gelaufen ist und wie Sie es in Zukunft vermeiden können. Haben Sie dies für sich herausgefunden, wird es ein Leichtes für Sie sein, selbstbewusst darauf zu reagieren. Vertuschen Sie den Fehler am besten nicht (Sie werden eh irgendwann damit auffliegen), reden Sie ihn nicht schön, aber machen Sie auch kein Drama daraus. Wenn Sie sagen: »Ich ärgere mich, dass mir dieser Fehler passiert ist. Aber ich weiß, wie er zustande kam und wie ich ihn in Zukunft vermeiden kann«, wird den Anderen recht schnell der Gesprächsstoff ausgehen.

Nur, wenn Sie selbst durch Ihr eigenes Verhalten diesem Fehler zu viel Bedeutung beimessen, kann aus einer kleinen Mücke ein riesiger Elefant gemacht werden. Bemerken die Anderen, dass Sie sich davon nicht aus der Bahn werfen lassen, wird niemand lange auf diesen einen Fehler herumreiten.

Und wenn gar nichts mehr hilft: Versuchen Sie`s mit Humor; das hilft fast immer ...

HUMOR ...

Ein zuverlässiges Abwehrsystem für drohende Konflikte

So kontern Sie charmant

Es wird immer wieder Dinge geben, die Sie als Reiter fürchterlich aufregen werden. Manchmal ist Humor der beste Weg, damit umzugehen. Hier einige Beispiele:

Reitschüler: »Das machen wir schon immer so ...«
Reitlehrer: »Immer ist jetzt vorbei!«
Reitschüler: »... Und plötzlich war die Erde keine Scheibe mehr ...«

Reiter 1: »Hast Du keine Augen im Kopf?!«
Reiter 2: »Nein, das sind Glasmurmeln.«

Reiter 1: »Du hast ja keine Ahnung.«
Reiter 2: »Super! Dann sind wir schon zwei ...«

Zuschauer: »Ich glaube, Du bist zu schwer für Dein Pferd.«
Reiter: »Stimmt. Neulich ist sogar die Hinterachse des Linienbusses gebrochen.«

Zuschauer: »Du bist viel zu dick für das zarte Pferd!«
Reiter: »Ja, während meines letzten Sommerurlaubs haben mich die netten Leute von Greenpeace vom Strand zurück ins Wasser gezogen …«

Reitlehrer: »Das habe ich Dir jetzt schon hundertmal erklärt!«
Reitschüler: »… Aber kein einziges Mal richtig.«

Reitlehrer: »Musst Du eigentlich immer das letzte Wort haben?«
Reitschüler: »Wer denn sonst?«

Reitlehrer: »Sooo schwer kann das doch nicht zu verstehen sein.«
Reitschüler: »Sooo schwer kann das doch nicht zu erklären sein.«

Reitlehrer: »Das gibt es doch nicht! Du machst immer den gleichen Fehler.«
Reitschüler: »Der gefällt mir halt so gut.«

Reiter 1: »Du musst nicht glauben, dass Du ein guter Reiter bist – nur, weil Du auf diesem tollen Pferd sitzt.«
Reiter 2: »Da hast Du völlig Recht. Ich werde ja auch kein Ferrari, wenn ich in einer Garage stehe …«

Reiter 1: »Dir steigt wohl der Erfolg zu Kopf, was?«
Reiter 2: »Niemals! Das geht nur, wenn oben der erforderliche Hohlraum vorhanden ist.«

Reiter 1: »Es ist keine Kunst, einem Pferd so etwas beizubringen.«
Reiter 2: »Wenn man einen Hund so dressiert hat, dass er über einen See fliegen kann, gibt es garantiert immer ein paar Neider, die das Tier für wasserscheu halten!«

Reitlehrer: »Ich lache mich scheckig! Was machst DU denn da schon wieder?!«
Reitschüler: »Lache niemals über die Dummheit Deiner Schüler. Sie ist Dein Kapital!«

Reiter 1: »Sollte das eben etwa eine Vorhandwendung sein?«
Reiter 2: »Nein, wir tanzen jetzt Flamenco.«

Noch ein paar Zeilen zum Abschluss

Ich hoffe, Ihnen dabei geholfen zu haben, Ihr eigenes Reiterleben (und sich selbst) zu reflektieren sowie Ihre individuellen Ziele zu formulieren. Vielleicht ist Ihnen außerdem klar geworden, warum andere Menschen wie reagieren. Zu verstehen, wie Ihre Stallkollegen »ticken« macht es meistens wesentlich leichter, darauf mit Verständnis zu reagieren, ohne sich selbst davon verunsichern zu lassen.

Als ich von verschiedenen Reitern darum gebeten wurde, ein Buch wie dieses zu schreiben, dachte ich, das Ganze sei ein Ding der Unmöglichkeit. Es dauerte lange, bis ich mich thematisch an diesen ungewöhnlichen Ratgeber herangewagt habe. Nun freue ich mich, mit diesem Werk dazu beitragen zu können, dass viele Reiter ihre Ziele neu definieren und ihren eigenen Stil entwickeln können. Wie Sie diesen Ratgeber für sich nutzen, bleibt selbstverständlich Ihnen überlassen. Ich hoffe, dass Sie neue Impulse für Ihr Reiterleben erhalten haben und Ihrem ganz persönlichen Reiterglück in Zukunft ein gutes Stück näherkommen werden.

Sie besitzen nun das theoretische Wissen, das Sie benötigen, um zukünftig Reiterfrust zu vermeiden und »frischen Wind« in Ihr Reiterleben zu bringen.

Auf den letzten Seiten finden Sie einen »Vertrag zu Ihrem persönlichen Reiterglück«. Dies ist mein letzter, unterstützender Beitrag für Ihre reiterliche Zukunft. Für den »Rest« sind Sie selbst zuständig.

Haben Sie eine spannende, erfolgreiche und natürlich auch glückliche Zeit mit Ihren Pferden. Und vergessen Sie nicht: Alles, was Sie wirklich wollen, werden Sie auch schaffen. Das Reiterglück liegt in Ihren Händen, Sie müssen es nur beim Schopfe fassen.

Gemäß meines persönlichen Leitsatzes »LOVE IT, LEAVE IT OR CHANGE IT« verabschiede ich mich hiermit und wünsche Ihnen auf Ihrem Weg ein gutes Gelingen und viel Erfolg.

Kirstin Rinne

Kontakt:
kirstin-rinne@t-online.de
reitanlage-fockenberg.de

1.) Mit diesem Vertrag verpflichte ich mich, mein eigenes Reiterglück mit sofortiger Wirkung selbstständig in die Hand zu nehmen.
Mein Grobziel lautet:

____

____

____

____

____

2.) Folgende Menschen werde ich über meine Zielsetzungen informieren, bzw. sie um Unterstützung bitten:

____

____

____

____

____

3.) Nach Prioritäten sortiert ergeben sich aus der Formulierung meines Grobziels folgende Teilziele:
Teilziel 1

____

____

____

____

____

Am ____________________
werde ich mein erstes Teilziel erreicht haben.

Teilziel 2

____

____

____

____

____

Am ____________________
werde ich mein zweites Teilziel erreicht haben.

Teilziel 3

____

____

____

____

____

Am ____________________
werde ich mein drittes Teilziel erreicht haben.

4.) Trainingszeiten:
Ich verpflichte mich, an folgenden Tagen in der Woche gezielt mit meinem Pferd zu trainieren

Dienstag, Donnerstag

____

____

____

____

5.) Zulässige Arbeitsverhinderungen sind:
Krankheit des Pferdes, Erkrankung eines Familienmitglieds, eigene Erkrankung, Anwesenheit durch Urlaub/Kur, Familienfeste und Verhinderung durch unvermeidbare, berufliche Umstände

6.) Unzulässige Arbeitsverhinderungen sind:
Schlechtes Wetter, Verabredungen mit Freunden, Verabredungen mit meinem inneren Schweinehund, Sonstiges:

____

____

____

7.) Schlussbestimmung:
Ich bin mir darüber bewusst, dass die Nicht-Einhaltung der vorangestellten Regelungen zum Scheitern der aufgeführten Zielsetzungen führen werden.
Weitere Personen und/oder Umstände sind hierfür von meiner Seite nicht verantwortlich zu machen; auch nicht die, die ich nicht leiden mag.
Diesen Vertrag unterzeichne ich in vollem Besitz meiner geistigen Kräfte, auch wenn andere u. U. an denselbigen zweifeln werden.
Der Vertrag wird gut sichtbar an meinem Spind platziert.

____

Ort der Unterzeichnung, Datum, Unterschrift